理由论证

中国审判的"前置命题"研究

陈肇新———著

当代中国出版社
Contemporary China Publishing House

图书在版编目（CIP）数据

理由论证：中国审判的"前置命题"研究／陈肇新
著. -- 北京：当代中国出版社，2023.7
ISBN 978-7-5154-1274-0

Ⅰ.①理… Ⅱ.①陈… Ⅲ.①审判—研究—中国
Ⅳ.①D925.04

中国国家版本馆 CIP 数据核字（2023）第 123060 号

出 版 人	冀祥德	
责任编辑	邓颖君　彭世帆	
责任校对	贾云华	
印刷监制	刘艳平	
封面设计	鲁　娟	
出版发行	当代中国出版社	
地　　址	北京市地安门西大街旌勇里8号	
网　　址	http://www.ddzg.net	
邮政编码	100009	
编 辑 部	(010)66572744	
市 场 部	(010)66572281　66572157	
印　　刷	中国电影出版社印刷厂	
开　　本	710 毫米×1000 毫米　1/16	
印　　张	18.5 印张　2 插页　262 千字	
版　　次	2023 年 7 月第 1 版	
印　　次	2023 年 7 月第 1 次印刷	
定　　价	78.00 元	

版权所有,翻版必究;如有印装质量问题,请拨打(010)66572159 联系出版部调换。

序　一

　　肇新是从 2015 年开始跟随我进行硕博连读的。在门下弟子中,他的问题意识比较清晰、用工颇勤,研读总能"契其要领、汰其繁冗",给我留下了良好印象。他的专业兴趣始终聚焦于法律论证这个重要主题,在硕士阶段从辩护权切入,到博士阶段又从不同角度考察议论的理由以及对话的制度条件,逐层递进。他善于学习,并借助既有理论框架的叙述来缩短试错过程、收事半功倍之效;但他又不拘泥定见,总能从中找到适当的分析支点来别出心裁,勾勒出若干得意之笔。令人欣慰的是,在五年时间里他顺利获得博士学位,随即到华东师范大学法学院任教,整个过程如行云流水、一气呵成。现在他的博士学位论文经过修改、补充、完善后正式出版,请我来作序,当然义不容辞。需要顺便说明的是,原稿曾经通过法学院推荐获得上海交通大学优秀博士论文提名奖,也可见我对他的欣赏绝非仅出于护犊之情。

　　这本书立论的切入点是"实现法律效果与社会效果的有机统一"的司法政策,即兼顾法律的解释推理与利益的衡量协调。为此,需要在规则与现实之间进行说理、沟通,也就是各自论证其理由的议论。如果相关理由论证的社会背景是指那种以自在或自由的个人为前提的公共协作机制,那么实现论证性对话的必要制度条件当然应该是法律公正程序;在上述意义上也可以说,通过合乎程序要件的议论达成合意,就构成法律运行的最重要的正当化机制。然而在中国的文化传统中,情与理既被认为是整合的标准,同时也可以理解为正当的根据;倘若把情理这样的实质性因素也投入法律议论,就势必使理由的论证过程复杂化。所以特别需要通过实践哲学这个中介来扬弃因复杂性而引起的悖论,也就是应该把实践理性作为法律议论活动的合理性,而不能限于法条和逻辑。以此为出发点,那就必须考察法律议论的结构以判断标准,而麦考密克的《法律推理与法律理论》和阿列克西的《法律论证理论——作为法律证立理论的理性论辩理论》恰好提供了相反相成的参照系。显而易见,从这里还可以顺理成章地进一步引申出关于程序本位的"议论的法社会学"的主张。

尽管肇新在一定程度上采取了法社会学的广角观点和思维方法,但他的学术活动还是立足于法解释学或者法理学,这本书以浓墨重彩勾勒的篇章也是在规范裂缝和实践差异之中对作为论证对象的那些理由进行规范性分析和正当性说明。围绕论证的理由之所以要进行活泼的"法律议论",目的就是在价值判断上达成一致;而从价值或规范的层面来看,辩论术和修辞学这些古老的法律技艺对于合理性的议论依然具有更重要的意义。只是需要注意,着眼于法律议论的实践哲学,其内部还存在究竟是强调"推理"还是强调"讨论"这样立场上的重大区别;麦考密克的理论以及菲韦格的论题学属于前者,阿列克西的理论以及哈贝马斯的真理合意说甚至卢曼的沟通本质说则属于后者。既然这本书开宗明义把射程设定在辩护以及审判的释法说理,所以作者必然更侧重前一谱系,试图通过比较演绎化的议论来进一步考察和阐述在法庭发现规范的过程与对司法判断进行正当化的过程。但是,在那些分析论证型式以及论证理由可废止性的内容中,读者却可以发现作者虽然没有具体阐述那种公众对法律议论的议论——"社会议论",但仍然通过包容那种强调"讨论"的立场等方式展现了对论证结论的开放性、可选择性。显然,如果在法律议论中正确的结论可以是复数的,那就意味着不预设实质性判断的前提,这是一种完全程序主义的态度。在这里,议论程序的合理性就会成为一个焦点问题,某种程序主义理念也得以贯穿于议论之中。

可想而知,当理由论证不限于内在正当化的规则和形式,还包括对相关前提也进行追问的外在正当化时,经验性讨论势必占有重要的地位,从而把所谓"社会理由"也带进法律议论之中。对社会理由的推敲自当促进对法律现象和法律功能进行实证研究,也将强调案例的比较分析、注重围绕审判的互动关系,并考察理由论证中的政策性考量以及意识形态的影响,这些都是司法社会学的兴趣所在。法社会学的基本特征是从事实和实践的角度对法条主义进行批判,尤其是其中的左派和后现代主义者(例如邓肯·肯尼迪)还把批判的锋芒指向司法判断中潜藏的意识形态。但在另一方面,也存在像图尔敏论证模型所显示的那种非演绎主义路径:从法律解释学的固有立场出发,通过议论把归纳性证否方法而不是演绎性推理方法应用于法律,与此同时还始终保持与形式逻辑进行决斗的姿态。实际上,我在《中国法学》2015 年第 6 期发表《法律议论的社会科学研究新范式》一文,也有通过法律议论扬弃法社会学与法解释学的差异,把基于实践经验的反思理性贯彻到规范和价值判断当中去的旨意。沿着这条思路,本书所理解的法社会学视域就是进一步把法律议论界定为有关法律论证的外部性描述,突出话语实践赋予行动理由的属性,但却又使之与"社会议论"区别开来,甚至还有些两相对峙之势。这样本书就进一步凸显了法律规范研究的疆界,同时又能在相当程度上跳出专业视野。希望肇新能够持续抓住这个法学理论的核心课题,在广泛涉猎的基础上进行更深入的探索,争取通过归纳性证否的方法找到程序与议论的最佳组合方式,进而实现法律论证学说的体系化以及推陈出新。

从方法论上看,正如作者自己明确指出的那样,本书没有对中国司法理由论证的现状进行实证调查和经验总结,而是立足于实践哲学并通过阐述和分析"理由论证"的概念基础来整合当前有关说理、论证、议论的理论研究,试图在说理普遍性的基础上提出一个适合中国审判需求的关于理由论证的分析性框架,作为反思和改革的参照系。但需要强调的是,肇新为了使理论作业更切合司法实践,避免核心概念的空心化以及图尔敏所忌惮的演绎主义流弊,实际上也做了一些典型案例的调查研究,并形成了若干评析性论文。在这层意义上也可以认为,本书的论述已经在一定程度上经过了作者自己的经验实证分析和归纳性证否的洗礼。当然,一本著作在出版之后就有了脱离作者的独自生命,还要进一步接受广大读者的"二阶观察"以及或批评或喝彩的洗礼。在某种意义上,作者与读者的反复互动和沟通也是一种理由论证,作为学术繁荣之前提的反思理性以及那些经得起实践以及历史检验的论著将在这种充满社会议论的氛围和选择空间里茁壮成长。

是为序。

季卫东

2022 年出伏时节

序　二

　　法理学是研究法学基本问题、探求法律一般原理的学科。多年来，在法理学如何指导部门法学实践以及如何回应现实法律问题并寻找理论方案上，学界始终未能达成广泛的学术共识，以致形成法理学与部门法学渐行渐远、法理学变成"其他法学"的态势。所以，追问"法理学是否已经死亡"以及"法理学如何再生"的声音不时出现。本书可以视为回应这些声音的一个尝试。

　　在我看来，中国法理学应当在以下两个问题上持续发力：一是探究国家与法律、法治的关系，优化良法善治的制度基石；二是立足实践需求，为中国法律职业和司法活动建构理论分析架构。这两个问题的交汇点，就是法律职业实践的规范性问题。法律职业实践是一种依据法律的实践，使法律的规范性得以传递到法律职业之中并成为法律实践的正当性来源。法律人是严格甚至是机械适用法律的典范。但众所周知，法律人需要利用自身实践来明确法律的边缘地带，也需要通过专业的法律解释操作技术来填补法律漏洞。在我国，法律解释体系的条块化结构以及立法的简约主义风格，更是在制度上为法律人特别是法官群体通过法律解释来发展法律规则、细化法律制度创造了条件。法官对法律的解释不仅需要依循法律解释的一般要求、体现法律文本的制定者意图，更是需要使法律的解释成为教育民众服从法律和供给未来立法者发展法律的素材。为实现这一目标,包括法官在内的法律职业群体,除了需要让法律解释是其所是之外,更要让法律解释与民众情感和社会常规有机融合,使法律能够真正发挥指引行为、教育守法的功能。因此,就需要裁判说明理由并广布于众,让裁判接受法律同行和社会大众的评价,并在同行评议和公众争论中树立起法律、法院和法律职业群体的权威,从而将法治落到实处、收获成效。

依据理由进行论证,"讲道理",是一个再正常不过的事情,只是在裁判中"讲道理",不仅是要讲法律的条条道道,而且要顾及社会公众的日常生活经验,以及尊重民众朴素的甚至是传统的直觉认知,才能同时避免严格法条主义所带来的机械执法嫌疑以及灵活的法律现实主义所带来的枉法裁判指责。例如在法律人普遍熟悉的"大学生掏鸟窝案"等案件中,裁判受到社会舆论关注甚至是抨击的关键,不是法官没有严格适用法律裁判,而是当法官在面对具有社会管理秩序性质的法律条文与日常生活之间的巨大隔阂时,没有积极地说明理由来弥补法律条文与生活经验之间的裂痕。而"冷冻胚胎案""电梯劝阻吸烟案"等之所以能够获得社会的认可,是因为这些案件的裁判说理既能够旗帜鲜明地表达法律的立场,也能够体现法律对其他社会规范的尊重与礼让。可见,裁判说明理由的出发点是切实尊重每个社会成员的自主地位及其自主做出判断的主体资格,进而根据诉讼程序来确保当事人的权利主张得到充分体现。

正是在这一点上,裁判说理不仅跟法律规范的生成机制相挂钩,也跟更具抽象意蕴的"实践理由"概念挂钩。这正是本书研究的一大亮点。法治发展和法治理念认知的演变,是一项让实践经验与法律逻辑有机结合的理论事业,需要通过大范围的历史经验实践来实现经验与逻辑、事理和历史的交融共生。逻辑植根法律,经验却要来自实践,因此,审判的关键就在于通过动员法官、当事人、律师和其他社会力量来筛选出满足逻辑需要并经得起实践检验的理由及其论证方案。本书所给出的理论构图看似繁茂,实则始终紧扣"理由论证"这个关键词,浓墨重彩地展开了理由论证的宏大叙事以及中国优势法律话语的变迁分析,梳理了行为理由的概念谱系和基于实践理性的法律论证方案,甚至还从人工智能法律建模领域中颇为详细地展开理由论证的技术操作分析。在这一点上,"理由论证"也可以视为德沃金"整全法"的一套中国实践方案。一定程度上,也可以通过本书观察作者作为规范性追求者的学术旨趣。本书致力于建构以法律职业主体实践为主轴、以"说明理由"为核心的实践规范性研究框架,又博采众长,不拘泥于学科范式的边界反而是渴望打通学科之间的边界,不仅为开拓法理学和法律职业研究的新疆域创造条件,也使得本书增添了许多亮眼的理论洞见。

从这个角度来说,本书真正的抱负也许不是书中所提到的为中国司法实践提供一个理论参照系,而是试图用"理由论证"这个关键词来打通实践哲学的"理由"与法律方法的"理由"这"两个理由"之间的藩篱。当然,这样的方案能否成立,不仅需要来自法哲学领域的专家意见,也需要来自伦理学和社会学的思想碰撞,从而使本书成为一个激荡思想火花的学术"标靶"。

参加工作后,肇新迅速成长起来。在跟随我于法律职业和社会治理领域开展博士后研究工作的过程中,他勤奋机敏、实心用事,能够真切感受到他对学术研究和教师职业的忠诚和热爱。肇新来自广东,在重庆接受法学本科教育,又在上海受到海派学术风格的熏陶,这些经历使他的研究既有"不尽长江滚滚流"的理论与历史厚重感,也有"敢为天下先"的卓越品质。面对这样一个将实践哲学、法学方法论、法理学等学科纵横结合的研究成果,我们当然有理由对它及其后续的拓展持有积极开放的态度,也愿意相信这个研究将成为未来更好、更多学术成果的前沿。

张志铭

2022 年 9 月

目　录

导　论　　1

第一章　理由论证的社会背景　　11

第一节　追寻说理的现代性基础　　11

一、理性与自主的个体　　12

二、自主个体的社会整合：分化、承认与沟通　　16

三、社会整合的"国家和市民社会"框架　　22

第二节　中国传统法秩序中的"情""理"规范　　26

一、"第三领域"与"情""理""法"的引出　　26

二、"情""理""法"根植的社会土壤　　28

三、"情""理"在传统中国审判的功能及其意义　　34

第三节　"情理"与法律在现代中国审判中的非对抗性证成　　38

一、现代中国审判与情理听讼的牵连　　39

二、审判合法性重建的需要　　42

三、革命法制传统的展现　　43

第二章　理由论证的对话条件　　47

第一节　基准框架：以程序调和价值冲突　　47

一、程序与契约相互正当化的命题　　47

二、程序与契约正当化机制的合理化　　53

三、程序综合主义与公共的理由论证　　58

第二节　实践路径：法条主义与后果主义的调和　　61

一、法条主义的概念界定及其论争　　61

2　理由论证:中国审判的"前置命题"研究

二、后果主义的概念及其理论困难　64

三、法条主义与后果主义的调和方案　68

第三章　"理由"的规范性分析　72

第一节　行为理由的概念及其规范性意义　73

一、行动、行为与理由的概念　73

二、行为理由的规范性证成　76

第二节　行为理由规范性的类型分析　79

一、基于内心意图的行为理由观　80

二、基于客观价值的行为理由观　84

三、基于主体性的理由观　89

第三节　行为理由的分类　90

一、与规范性有关的行为理由类型　90

二、与行为理由冲突有关的行为理由类型　93

第四章　理由论证的正当性说明　101

第一节　法律给予行为理由　102

一、给予行为理由的法律规则　102

二、法律给予行为理由的方式　107

三、法律"触发地给予"的理由类型　111

四、"法律触发地给予的理由"与"行为理由"的关系　118

第二节　理由论证的逻辑证立　121

一、实践差异与规范性裂缝的概念界定　121

二、实践差异与规范性裂缝的消除　126

三、法律给予行为理由的逻辑证成　128

四、法律的权威命题与行为理由　134

第三节　理由论证的实践证立　135

一、"制度事实"的概念界定　136

二、从"制度事实"到"法律的制度理论"　138

三、行为理由的规范性给予及其实践根源 144

第五章 理由论证的型式构造 148

第一节 "论题"作为理由论证的方法论起点 148

一、"论题"的先声:图尔敏的论证模型 151

二、"新修辞学":议论和"论题"的复兴 156

三、论题学法学与"论题"概念的深化 160

第二节 基于"论题—分析"型式的法律论证 167

一、逻辑三段论在法律论证当中的修正 167

二、内部证成的逻辑化与议论本质 169

三、外部证成的公式化及其论题导向 176

第三节 "理由论证"的论证型式 188

一、法律论证理论的"论题导向"及"充足理由"概念之生成 188

二、充足理由的事实属性之证成 195

三、特殊实例命题的修正与理由论证的型式 199

第四节 理由论证的可废止性 204

一、"可废止性"的概念及其由来 204

二、逻辑化的"可废止性"概念在法学研究中的"再入" 213

三、可废止性概念的类型 220

四、可废止性对理由论证的影响 226

结 论 240

参考文献 254

后 记 278

导 论

中国的法治秩序建构与司法实践的变迁说明,现实难题已经不在于规则之有无或多寡,而在于在注重完备的法律规则体系的情况下同时强调"徒法不足以自行",以求在"规则之治"和"解决纠纷"之间觅得一种动态的均衡。在审判实践中,这种情况集中体现为"实现法律效果与社会效果的有机统一"的司法政策。

在概念上,"法律效果"是指裁判者利用演绎、归纳和类比推理等方式,凭借严格适用法律来体现依法审判的效果。① 这一内容表明,"法律效果"是指裁判者运用法律解释方法,理解、获取和阐明法律文本含义的过程,或者说是包含法律解释论点或主张在内的法律解释结果的诸多形态。② 而"社会效果"则是要求裁判者在审判时持有一种衡平思维,在法律允许的范围内最大限度地把当事人认可度、社会满意度、政策接受度、裁判结果实现难易度以及有利于社会发展等诸多因素纳入考虑范畴,进而在具体的审判处境中平衡各方利益,实现公平与效率

---

① 参见李国光:《认清形势,统一认识,与时俱进,开拓创新,努力开创民商事审判工作新局面,为全面建设小康社会提供司法保障》,载最高人民法院民事审判第二庭编,李国光主编:《民商审判指导与参考》(2002 年第 2 卷·总第 2 卷),人民法院出版社 2003 年版,第 13 页。

② 参见张志铭:《法律解释学》,中国人民大学出版社 2015 年版,第 11、47 页。

的统一。^①可见,"法律效果与社会效果有机统一"的司法政策是法律解释权与法官裁判权在分离基础上形成的某种耦合,能够体现中国法院的"积极司法"形态。^②它既要求通过依法准确的判断来彰显裁判的正当性,又要求积极协调案涉社会利益来关注裁判的目的合理性。

在追求"法律效果与社会效果有机统一"的议题上,最高人民法院始终强调裁判者在"敏感于规则"的同时也要"敏感于现实",更妥适地调动包括法律在内的社会资源来回应现实需求。在法治建设滞后于经济和社会转型发展的时期内,最高人民法院也许不会过分担心这一司法政策可能带来枉法裁判风险,却有可能担心裁判者因机械理解法条而不当地处置纠纷,或者是担心裁判者拘泥于法条规定而缺乏和发展法律的勇气,又或者是担心基层法院动辄把"社会效果"落空的责任推卸给立法机关和上级法院。在当前形势下,"实现法律效果与社会效果的有机统一"的提法依然能够充分体现法院发挥审判职能参与社会治理、健全社会公平正义法治保障制度,也有助于最高人民法院通过转化、导入和制定司法政策的方式来指导案件审判工作。这意味着"法律效果与社会效果有机统一"的司法政策仍然有必要继续坚持,并在实践中继续深化它的内涵。

在这样的背景下,被确立为司法改革重要着力点的裁判文书释法说理(以下简称"裁判说理"),成为统一"法律效果"与"社会效果"的重要切入点。^③根据法发〔2018〕10号《最高人民法院关于加强和规范裁判文书释法说理的指导意见》,裁判说理旨在通过阐明事理、法理、情理、文理,展示裁判结论的形成过程及其正当理由,增强审判透明度,提高审判可接受性,提升司法公信力,强化司法权威,进而发挥审判的定分止争和价值引领作用。在这里,"事理"是指裁判认定的案件事实及其认定理由;"法理"是指裁判依据及适用该裁判依据的理由;"情理"是指裁判文

---

① 参见李国光:《认清形势,统一认识,与时俱进,开拓创新,努力开创民商事审判工作新局面,为全面建设小康社会提供司法保障》,载最高人民法院民事审判第二庭编,李国光主编:《民商审判指导与参考》(2002年第2卷·总第2卷),人民法院出版社2003年版,第13-14页;江必新:《在法律之内寻求社会效果》,载《中国法学》2009年第3期,第5页。

② 参见张志铭:《中国法治实践的法理展开》,人民出版社2018年版,第83、110页以下。

③ 参见雷磊:《从"看得见的正义"到"说得出的正义"——基于最高人民法院〈关于加强和规范裁判文书释法说理的指导意见〉的解读与反思》,载《法学》2019年第1期,第173-184页。

书所给予的符合社会主流价值观、协调情理法的理由;"文理"是从整体上要求裁判文书的说理过程逻辑清晰、表达准确,说理的技艺运用得当。

事实上,法院系统很早就关注到了"说理"对增强审判质量上的效用。他们意识到:说理是勾连事实与规范的桥梁,能够敦促法官更准确地把握法律实施过程中的关键因素,在防止机械司法的同时,通过严谨、合乎逻辑以及清晰的说理展示法律规则客观性和程序公正要素,增强民众对法律实施的合理预期。[①] 如今,除指导性案例外,最高人民法院发布的典型案例和非司法解释类审判业务规范性文件已经成为裁判说理的重要辅助性依据;针对审判业务而召开的审判工作会议纪要和专业法官会议纪要,也逐渐成为强化裁判说理的新的实践支撑点。[②] 至此,通过强化裁判说理来回应社会需要与公共政策要求,已经是法院系统的共识。这正是中国审判通向全面科学且理性的裁判说理以及围绕着裁判理由展开充分说理的新起点。针对裁判者如何完善说理的实践经验总结和相关的调查研究工作,正在紧锣密鼓地推进中。[③] 此时,审判活动需要在事实认定和法律适用上更加充分、明确、完整地给出获取裁判结论所需的"理由"。"说理"就是"说明理由"。这些理由不仅在整体上支撑整个裁判结论的逻辑结构(对应"文理"),而且需要证成个案结论的正当性与合理性(对应"事理"和"法理"),还要在一定程度上彰显裁判背后的价值判断和普通民众的感情(对应"情理")。此时横亘在裁判者面前的问题,就是如何准确理解和把握这些"理由"并更好地利用这些理由来论证裁判结论的正当性与合法性,以此积极回应社会议论,实现法律效果与社会效果的有机统一。

---

① 参见唐文:《让现代司法理念看得见:试论如何增强疑难案件裁判文书的公信力》,载《法律适用》2005年第6期,第54—58页;胡云腾:《论裁判文书的说理》,载《法律适用》2009年第3期,第48—52页。

② 例如《全国法院民商事审判工作会议纪要》《全国法院破产审判工作会议纪要》《全国法院审理债券纠纷案件座谈会纪要》。专业法官会议纪要方面,可参见贺小荣主编:《最高人民法院民事审判第二庭法官会议纪要——追寻裁判背后的法理》,人民法院出版社2018年版。

③ 参见邹碧华:《要件审判九步法》,法律出版社2010年版;孙华璞、王利明、马来客主编:《裁判文书如何说理——以判决说理促司法公开、公正和公信》,北京大学出版社2016年版;宋北平、孙长江等:《裁判文书的语言、逻辑和理由研究》,人民法院出版社2017年版;胡昌明主编:《裁判文书释法说理方法:〈最高人民法院裁判文书释法说理指导意见〉的案例解读》,人民法院出版社2018年版。

相较而言,学术界更关注裁判说理在提高法律实践效能、增强法律说服力方面的方法论意义,特别是说理的"技艺"与法学方法之间的关系,从而把"说理"的研究延展到经典的法律论证领域。①

法律论证的核心关切是证成裁判理由的正当性与合理性。有学者提出,法律的说理本质决定了审判需要借助符合逻辑和事理的论证来证明法律陈述和司法决定的正当性与合理性,因此确立论证理由是法律论证在审判中的首要任务。② 也有学者主张,论证理由是法律规则与案件情境相结合的产物,它能够串联起审判的合法性与合理性,从而增强裁判的理性化程度。③ 是故,法律论证是一个借助"对话"或"商谈"获取共识和共识不断被废止的螺旋式上升过程。

根据法律论证理论,裁判理由的"可接受性"是裁判理由获得证立的根源。有论者提出,裁判者与诉讼各方主体的"对话"与"商谈"能够在形式逻辑的缝隙中导入融贯法律、道德和政策的实质理由,这些实质理由才是证立裁判理由具备可接受性的终极因素。④ 这个观点表明,不能再从逻辑上"非真非假"的角度来理解包括法律规范在内的各类支撑裁判理由的论据,而是要从"可辩驳"或"可废止"等非形式逻辑论证理论的观点来理解论据在论证过程中的地位和作用。⑤ 也有学者提出用"融贯"这个与"可辩驳"或"可废止"相对的概念来说明法律、道德、政治等领域之间的逻辑一致性以及信念之间的相互支持关系,从而论证裁判理由和结论在认知与价值判断上的合理性。⑥ 在这里,"融贯"的概念被赋予了商谈

---

① 参见张骐:《司法判决与其他案例中的法律推理方法研究——说理的艺术》,载《中国法学》2001 年第 5 期,第 42-53 页;蔡琳:《法官如何说理:基于司法职能与法律认识的追问》,载《兰州学刊》2008 年第 12 期,第 103-106 页;陈金钊:《把法律作为修辞——讲法说理的意义及其艺术》,载《扬州大学学报(人文社会科学版)》2012 年第 2 期,第 17-28 页。

② 参见葛洪义:《试论法律论证的概念、意义与方法》,载《浙江社会科学》2004 年第 2 期,第 56-62 页。

③ 参见陈金钊:《法律论证的理论探寻》,载《东岳论丛》2005 年第 1 期,第 85-92 页。

④ 参见侯学勇:《证明还是论证——兼论二者在法律论证理论中的关系》,载《东南学术》2007 年第 1 期,第 105-112 页。

⑤ 参见邱昭继:《法律中的可辩驳推理》,载《法律科学(西北政法学院学报)》2005 年第 4 期,第 29-37 页;宋旭光:《论法学中的可废止性》,载《法制与社会发展》2019 年第 2 期,第 120-135 页。

⑥ 参见蔡琳:《融贯论的可能性与限度——作为追求法官论证合理性的适当态度和方法》,载《法律科学(西北政法学院学报)》2008 年第 3 期,第 63-73 页。

和平等对话的意义,它深化了法律论证的话语论辩与可接受的本质,体现法律商谈的公共性基础。在此研究的延长线上,有学者给出了合理化法律论证的四个构成要件即司法裁判为当事人建构未来生活方式的法律依据、事实依据、逻辑依据和制度保障。[①] 这种把裁判理由和结论认定为"可能生活"的见解,意味着法律论证不仅可以在审判中发挥作用,还能影响行为主体的生活方式,从而和社会规范性预期的建构有关。

社会规范性预期的建构首先涉及社会成员对具体行为含义的理解,而这种理解又根本地牵涉社会成员之间的沟通。具体到法律体系中,这种沟通是立足于必要的程序要件,通过反复博弈和理由论证来释明规范性概念的内涵,并做出关乎理解和适用具体概念的价值判断。[②] 这里的难点是对相关规范的价值判断。一般认为,法教义学不解决价值判断的问题,它是用作为法律安定化装置的法律解释技术限制在法律论证中实施价值判断的空间,或者是通过"程序真实≠客观真实"的决断来掩盖法律推论在价值判断上的裂缝。但从法律系统之外的广阔社会空间来看,法律论证所使用的一系列概念、技术及其表达,都可以认为是一种带有特定意向、表征具体行为实现条件的话语(discourse),这些话语代表着特定时空环境下的社会秩序和权力结构。

依据这一进路,法律论证的过程首先是参与论证的多方主体的话语辩驳、理由论证与共识形成的过程,可以称之为"法律议论"。笔者曾将"法律议论"定义为:从外部视角描述论辩主体运用法律和社会规范开展的话语沟通过程,借助法律的含义分析来确认法律规范的意义并达成理想的法律合意,进而建构符合法律发展规律的话语实践模型。[③] 它可以被认为是进阶版本的法律论证。也有学者持有类似的观点,即"法律议论的型构过程是复线并动态互构的,理想逻辑与社会伦理的讨论场景下的

---

① 参见张继成:《可能生活的证成与接受——司法判决可接受性的规范研究》,载《法学研究》2008 年第 5 期,第 3-22 页。

② 参见季卫东编著:《议论与法社会学——通过沟通寻找最大公约数的研究》,译林出版社 2021 年版,第 15 页以下。

③ 参见季卫东编著:《议论与法社会学——通过沟通寻找最大公约数的研究》,译林出版社 2021 年版,第 203 页以下。

博弈效果呈现非均质的状态,并以对话方式走向沟通与共识"。① 或者可以这样说:法律议论是法律社会学视野下有关法律论证的外部性描述,它能够突出言说赋予行动理由的属性,揭示议论作为法律话语的实践。据此,法律议论还涉及与论证相关的社会主体针对法律论证的过程性评价和不特定社会主体对法律论证所导出的裁判理由和裁判结果的实体性价值评价,体现了社会对于法律运作的预期和回应。对这种由社会公众对法律议论所施加的议论,我们可以称其为"社会议论",它可以视为对法律议论的"二阶观察"。

上述分析表明,裁判理由的给予、说明和论证过程将成为法官基于法民兼顾、情法协调、以吏为师的"法民关系"观念而与民众之间进行话语和价值观上的互动桥梁。② 作为法律议论与"社会议论"的耦合产物,这种"法民关系"观念所指导的裁判说理将引入法律之外的道德和公共政策等其他理由作为导出裁判结论、强化法律适用合理性和辅助裁判结论说理的因素,意在提高裁判结果的可接受程度。③ 对于这种情况,有学者尝试用"后果主义"的概念来表达社会议论对审判的影响,并以此作为社会议论与法律论证的沟通媒介,试图聚敛裁判可接受性的实体性检验标准,④进而与既有的"利益衡量"理论研究、"能动司法"研究、裁判的"设证推理"研究以及"实用主义司法"研究等结合起来。在后果导向的审判思路下,原来被用于辅助说理的社会舆论和公共政策等审判后果被提升为证立审判结论的必要条件;不过,这种思路也可能消解法律的规范性分析路径,引发法律论证理论的整体性危机。⑤ 因此,有学者主张在捍卫形

----

① 马雁、史志钦:《法治话语、法律议论的公众型构过程与背景——以社会诉讼为载体》,载《北京行政学院学报》2007 年第 1 期,第 76–80 页。

② 参见凌斌:《"法民关系"影响下的法律思维及其完善》,载《法商研究》2015 年第 5 期,第 3–12 页。

③ 参见孟融:《中国法院如何通过司法裁判执行公共政策——以法院贯彻"社会主义核心价值观"的案例为分析对象》,载《法学评论》2018 年第 3 期,第 184–196 页。

④ 参见杨知文:《司法裁决的后果主义论证》,载《法律科学(西北政法大学学报)》2009 年第 3 期,第 3–13 页。

⑤ 参见桑本谦:《法律论证:一个关于司法过程的理论神话——以王斌余案检验阿列克西法律论证理论》,载《中国法学》2007 年第 3 期,第 100–113 页;雷磊:《法律论证何以可能? ——与桑本谦先生商榷法律论证理论的基本问题》,载《政法论坛》2008 年第 4 期,第 138 页;桑本谦:《法律教义是怎样产生的——基于后果主义视角的分析》,载《法学家》2019 年第 4 期,第 1–16 页;雷磊:《反思司法裁判中的后果考量》,参见《法学家》2019 年第 4 期,第 17–32 页。

式逻辑的前提下调和理论分歧,试图在满足形式规则、融贯性和最小损害原则等基本条件的情况下,促成裁判意图与裁判依据的平衡。①

对深化法律论证研究而言,"后果主义"的概念意味着针对裁判理由的研究开始从单纯的方法论维度拓展到了本体论的实践法学研究维度,开始关注法律与"行为理由"之间的关系,针对裁判理由与"行为理由"之间的关系、裁判理由的功能及其类型学分析等研究开始苗生。② 与之相映成趣,有学者从卢曼的社会系统理论出发,对法律论证理论进行二阶观察,认为法律论证实际上是法律系统借助"理由"来回应环境刺激并建构封闭系统的独特逻辑,从而使针对裁判理由的研究拓展到了一般的社会理论层面。③

在这里,"理由"概念开始显现出它在审判理论的本体论研究中的意义:裁判者运用理由来给予(give)和证立(justify)裁判结果,"理由"概念因此在裁判者的审判作业中扮演着基础性作用。这一作业可以定义为"根据理由的论证"(argumentation with reasons)。模仿"法律论证"语词的用法,也可以称之为"理由论证"。它将揭示裁判者如何运用理由来进行说理,继而论证裁判结论,并展示裁判者利用法律议论回应社会议论的过程。它能够基于"理由"概念而将审判的"说理""论证""议论"有机整合在获取裁判结论和实现法律系统与社会的互动过程之中,并有望与法律规范性有关的理论尤其是实践哲学中的"理由"研究展开对话,④有助于进一步夯实"议论的法社会学"范式的本体论基础。

基于上述分析,本书将在分析"说理"的普遍性和中国社会特殊性需求的基础上,讨论将实践哲学上的"理由"概念嫁接到理由论证中的可行

---

① 参见孙海波:《告别司法三段论?——对法律推理中形式逻辑的批判与拯救》,载《法制与社会发展》2013 年第 4 期,第 133–144 页;孙海波:《在"规范拘束"与"个案正义"之间——论法教义学视野下的价值判断》,载《法学论坛》2014 年第 1 期,第 71–82 页。

② 参见杨知文:《司法判决证立的理由》,载《广东社会科学》2012 年第 4 期,第 251–256 页;范凯文、钱弘道:《论裁判理由的独立价值——中国法治实践学派的一个研究角度》,载《浙江社会科学》2014 年第 4 期,第 64–72 页。

③ 参见宾凯:《社会系统论对法律论证的二阶观察》,载《华东政法大学学报》2011 年第 6 期,第 3–12 页。

④ 参见谢世民主编:《理由转向:规范性之哲学研究》,台北,台大出版中心 2015 年版;范凯文:《裁判理由的发现与论证》,中国政法大学出版社 2018 年版;金韬:《理由与权威——约瑟夫·拉兹的法律规范性理论》,法律出版社 2021 年版。

性并讨论理由论证的规范性来源,进而在此基础上建构能够整合"理由""说理""论证""议论"四个关键词的"理由论证"概念。这也决定了本书并非着眼于对中国审判的理由论证的现状进行实证调查和经验总结,而是以中国审判的理由论证现状作为问题意识的引出和理论作业的出发点,通过阐述和分析"理由论证"的概念基础来整合当前有关说理、论证、议论的理论研究,全面观照和转化司法审判涉及的多种理由类型,并给出关切中国审判的理由论证型式。

准确地说,本书所讨论的"理由论证"是有关中国审判的理由论证的"前置命题"的研究,也就是借助"理由"概念及相应理论命题,确立中国审判的理由论证的分析性框架。用康德的术语,就是"中国式理由论证之批判"(a critique of argumentation with reasons in China)。据此,本书的题目即定为"理由论证:中国审判的'前置命题'研究"。全书内容总共分为三个部分:

第一部分讨论理由论证的社会背景,主要包含第一章和第二章。第一章从普遍性和特殊性两个维度切入"审判为何需要理由论证"的追问,讨论理由论证所植根的社会背景。有关普遍性维度,本书将借助现代性理论追寻说理的社会根基,表明人们在多元社会生活中因差异性及相互沟通而需要给予理由,而审判不过是在公共生活中人们通过法律沟通给予理由的一种特殊实例。有关特殊性维度,本书将从中国社会兼具现代与传统特征的社会特征以及自革命法制诞生的当代中国审判机制出发,表明中国审判机制在定分止争的同时努力调和各方利益,高度重视政策和"情理"对于个案裁判的影响,并试图通过审判活动来回应社会议论、引领社会价值规范,为社会主体提供充分的行动理由。这两个维度也共同证成了理由论证在中国审判中的必要性依据。

本书第二章关注依据理由论证的对话条件。首先,本章将程序主义理论作为中国审判的理由论证的制度基础,并论述程序主义理论是如何为理由论证提供条件、创造对话空间,并最终证成以商谈为基础的法律意识形态。此时,理由论证就是法律程序竞技场当中的话语游戏。其次,本章将基于理由论证的初始问题意识即"法律效果与社会效果的有机统一"所开放出的"法条主义"与"后果主义"理论争执,沿着辩证的法律的政治性学说进路,说明法条主义同样关注裁判后果,而后果主义同样关注法条在裁判中的效用,因此在理由论证的指引下,"法条主义"与"后果主义"之间的理论争执是非对抗性的,且它们可以在审判当中获得调和的理论与实践空间,能够为观察审判的话语竞赛创造条件。

第二部分讨论理由论证的规范性来源,主要包括第三章和第四章。本书第三章将从审判的理由论证研究中提取出"理由"概念,并使之植根于法哲学意义上的"理由"和"行为理由"的概念。为此,本章将从"理由"和"行为理由"的概念出发,试图从实践哲学的角度阐明"理由"之于实践主体的关系及其对于实践所具有的功能。

本书第四章将探索实践哲学中的"行为理由"概念是如何落脚到理由论证中并获得正当性证成,分析理由论证如何具有获取裁判结论以及发展规范体系的功能。本章首先明确法律将如何给予行为理由,以此在审判这一实践论证中为行为理由奠定规范性基础。在此基础上,本章将用"理由"概念来转化法律、政策、"情理"、道德等概念,使得这些概念之间的相互比较和相互通约得以可能。随后,本章从逻辑和实践两个维度关注行为理由在理由论证中的证立。首先把在具体情境下得到的"最佳理由判断"与"规范性裂缝"问题联系起来,并将后者塑造为获取最佳理由判断的动力装置,以此突出不同理由之间的话语博弈特征,最终通过分析"审判给予理由"与"审判给予理由之证成"这两个步骤来加深对"理由论证"概念的理解。以理由论证为中介,本章探索制度的法律理论是如何建构并描述审判的法律发展功能,从实践的角度说明理由论证具有回应社会议论的功能。

第三部分即本书第五章讨论"理由论证"的论证型式。本部分首先在重述阿列克西、麦考密克、图尔敏、佩雷尔曼、菲韦格等人的法律论证理论的基础上,围绕着理由论证的前提条件、有效论证的过程、认可的标准等内容展开论述,说明法律论证理论本质上描述的是裁判者给予理由的过程,继而给出描述理由论证的概念模型展示理由论证的运作机制与功能,促成法律论证理论的"理由转向"。这一转向的意义是:第一,原本异质的、多元的法律概念被转化为理由的不同类型,并且反过来说明法律、原则、政策、道德等要素在参与审判的过程中如何为给予行为主体以理由;第二,它们围绕着审判而产生的冲突将相应地转变为不同理由类型针对审判行为的冲突;第三,协调和解决这些冲突的路径将相应地转变为行为理由类型的效力判定方法,也就是在理由论证中依循程序要件,通过辩论来实现获得共识与废止共识的螺旋式上升。本章将这一过程归纳为"理由论证的可废止性",并通过分析"可废止性"概念在理由论证中的作用,阐述作为理由论证的理想状态的"可废止地论证"。

第一章 理由论证的社会背景

本章将从普遍性和特殊性两个维度讨论理由论证的社会背景,试图回答"为什么需要说理"以及"审判为什么需要理由"的问题。所谓普遍性维度,是指理由论证具有"给予理由"(reason-giving)和"依据理由进行论证"(argument by reasons)的两个面向,并为呈现中国审判的理由论证的特殊性提供理论设计渠道。所谓特殊性维度,是指中国审判强调裁判说理的价值引领、注重满足当事人和社会舆论的公平正义感、契合社会主流价值观与协调"情理"的要求。这些内容不仅和中国社会所独有的"情理法协调"的道德秩序与社会结构有关,也与当代中国法院的传统及法院所具有的政治功能有关。这些情况表明,审判活动是一个以法律议论与社会议论相结合的过程,它表明法律实践的实效性生成于法律议论和社会议论中诸多复杂话语的辩驳之中。这些内容构筑起理由论证所处的社会背景。

第一节 追寻说理的现代性基础

现代性理论揭开了社会瓦解与重组的全息图:原本的社会结构和运作方式发生了根本性的改变,原子化的个人及其集合成为社会新的构成元素。在面对这样的多元格局时,需要通过寻找社会的共识或规定性基础来实现社会整合。针对这一点,有理论和历史两种回应思路。本节试图通过概述这两个回应路径来回答"公共生活为何需要理由论证"的问题。

一、理性与自主的个体

现代性(modernity)理论的一条重要线索就是人作为主体的能力获得全面释放。[①] 它进而开放出现代性的理性与主体性范畴,并使得关注多元社会与自主个体命题的研究成为可能。而且,在线性的时间维度上呈现出的理性以及主体性乃是"现代"的本质,它们构成了现代性的两个根本特征,也是意志自由与多元社会得以形成的根本前提。

在这种"以我为主""厚今薄古""古为今用"的立场引导下,"当下"就成为人们区分"现代"与"历史"的重要节点。此刻,现代要想按照自己的模样来为自身寻找存在的根基,且要对过去和历史保持着反思和批判的态度,就必须依赖于自身的理性。也只有理性,才能够为人们建构出一整套理想的世界图景。而理性贯彻到底的表现,则是理性自身所在的主体也是由理性的反思所建构出来,从而形成理性的自我指涉。当黑格尔把借助个人的反思来确保自由的主体性原则作为现代性的标志后,"现代性"就从宗教学和社会学的层面上升到了哲学层面,成为一个与个人(individual)有关的哲学命题。

主体哲学借助理性的自我指涉,论证了作为现代性的核心概念的主体性(subjectivity)和自我意识。主体性的概念有两个面向:一是个人的自明性和肯定性,它导出现代性最为关键的怀疑和批判精神;二是普遍主义与个体主义,它导出抽象的形式平等与普遍尊重,并充当"所有人各自的幸福要求的源泉和终极权威"。[②] 这意味着,现代性表征着通过对传统

---

① 这是自笛卡尔以来的主体哲学的研究传统。参见[英]柯普斯登:《西洋哲学史(四):笛卡尔到莱布尼茨》,邝锦伦、陈明福译,傅佩荣校订,台北,黎明文化事业公司 1990 年版,第 18—27 页。另外一条路径是关于如何在理性的范围内为宗教寻获一条更为融贯自洽的形而上学的路径。参见[美]米歇尔·艾伦·吉莱斯皮:《现代性的神学起源》,张卜天译,湖南科学技术出版社 2012 年版,序言第 4 页。这种观点早在康德处即可见端倪。参见《康德著作全集·第 6 卷:纯然理性界限内的宗教道德形而上学》,李秋零主编,中国人民大学出版社 2013 年版。

② 参见[德]尤尔根·哈贝马斯:《后民族结构》,曹卫东译,上海人民出版社 2019 年版,第 182—183 页。

的自我批判而彰显理论上的自我意识,也同时表征着通过普遍的个体平等和尊严的证立来展示自我决定与自我实现的道德和伦理观念。当黑格尔把康德为人类的理性划定界限并指明理性的使用条件的"三大批判"作为"现代性自我理解的标准解释"之后,与"三大批判"有直接关联的认识领域、实践领域、美学领域都成了理性的知性力的运用过程;也因为知性力的运作必然是理性批判的过程,因此,它们将服从于理性的批判。①"理性"因此成了西方现代性理论中的核心概念。

也正是在服从于理性的过程中,诞生出了与现代性自我批判密切相关的"危机"概念,"批判与危机"由此成为剖析现代性的分析模式。黑格尔式的现代性观点以及"批判与危机"的现代性分析范式,是源于个人的理性在应对日益复杂的社会时自然流露出的一种无力感与不确定性,是理性的批判力难以应对生活世界日益涌现的未知的杂多对既有的理性生活范畴的冲击,亦即对一种被理性所检验的生活方式的根本性颠覆。②加上理性在批判的过程中将自身放在了拒绝批判的位置,导致批判的现代化过程将同时是压制乃至吞噬现代化的过程。③ 如果说,理性的批判证立了时间维度上的现代性,那么启蒙辩证法的宣言则从空间维度上证立了现代性的异化。哈贝马斯正是在这个意义上指出,现代性是社会瓦解的动力。④ 只不过,社会的总体性危机既然不可避免,那么问题也就只能在总体性的维度上才能解决。也因此,研究社会危机的病理学以及社会的历史的、辩证的发展机制,进而确定相关的预防和缓和举措,就成了宏大叙事的着力点。这就是现代性问题在社会理论上的投射。

但遗憾的是,以理性或启蒙为导向的总体性的宏大叙事,始终未能给出一个自洽的总体性方案,反而在自由与异化之间来回摇摆。有学者指

---

① 哈贝马斯在这里实际上指出了人类的知识领域(即文化领域)是如何通过理性的批判来实现再生产的。参见[德]尤尔根·哈贝马斯:《后民族结构》,曹卫东译,上海人民出版社2019年版,第183-184页。

② 参见[德]尤尔根·哈贝马斯:《合法化危机》,刘北成、曹卫东译,上海人民出版社2009年版,第一部分"社会科学的危机概念"。

③ 参见[德]马克斯·霍克海默、西奥多·阿多诺:《启蒙的概念》,载《启蒙辩证法——哲学断片》,渠敬东、曹卫东译,世纪出版集团、上海人民出版社2006年版,第1-34页。

④ 参见[德]尤尔根·哈贝马斯:《后民族结构》,曹卫东译,上海人民出版社2019年版,第184页。

出,启蒙带来了三种理性主义:一是认为人能够设计出某种彻底有效的政治、经济、社会秩序的建构理性传统;二是认为社会生活完全契合数学和自然科学范式的科学主义与逻辑实证主义传统;三是以理性的组织形式形成社会秩序网络,并以科层官僚制、社会组织与法团等为代表。① 这三种思路都无法完全解决自由和异化的问题。目前较受认可的是第三种思路,但它也同样存在根本性困难。例如,韦伯用理性行为的类型学分析来区隔传统与现代、东方与西方,并尝试实证地从基督教教派与教义伦理的多元化中界定普适的目的理性行为和合理生活方式的动力因,因为一元化的宗教教派与教义伦理已经无法应对根植于文化合理化的价值分化现状,也无法有效地解释资本主义苗生的精神机制。但资本主义所依赖的理性的科层官僚制、理性的社会组织和理性的规则体系,亦即以启蒙理性为基础的法理型支配,却最后可能导向宰制个体的"铁屋"。② 这种理性的"铁屋",实际上又根源于理性的卡里斯玛权威所造就的工具理性意识形态。

支配的社会是势所必至,理所固然。在这一情况下,要想在确证资本主义优越性的基础上实现工具主义理性的超克,就必须诉诸支撑资本主义发展的新教伦理与宗教精神。韦伯既看到工具理性意识形态所带来的是他治而非自治,也看到了个人的理性运作在历史上与良心自由的紧密关联。也正是如此,他试图通过"理性卡里斯玛"的自反性来解决这一悖论:通过崇拜在个人的良心自由及其衍生出的主观权利之上的基本权制来塑造出一种总体化的理性活动,并令这种总体化的理性活动与资本主义的理性生产方式相抗衡并最终实现均衡,使个人的理性运作"必然会基于神意以及个人为最明白自己之利益所在者的道理,至少会在相对而言最好的世界中产生出来"③,最终在制度与自由的二元悖论之中结束这一

---

① 参见马剑银:《现代法治、科层官僚制与"理性铁笼"——从韦伯的社会理论之法出发》,载《清华法学》2008 年第 2 期,第 33–53 页。

② 参见[德]马克斯·韦伯:《新教伦理与资本主义精神》,康乐、简惠美译,广西师范大学出版社 2010 年版,第 182–183 页。

③ [德]马克斯·韦伯:《支配社会学》,康乐、简惠美译,广西师范大学 2010 年版,第428 页。

悖论。① 也因此，韦伯宣布"理性卡里斯玛"是"卡里斯玛在其波澜万状的命运之旅中所采取的最后形式"。② 显然，"理性卡里斯玛"是一个黑格尔辩证法式的正反合命题的集合：一是"良心自由"即个人理性，二是工具理性，三是二者的抗衡与整合。它同样体现了韦伯理论中黑格尔哲学的痕迹。

但是，正如哈贝马斯所指出的，韦伯之所以始终对"理性的卡里斯玛"持有怀疑，是因为他发现了用诉诸良心自由来抗拒"意义丧失"与"自由丧失"的无力，最终结果就是公共领域唯余理性的"铁屋"，而个体就只能在个体的私人空间上得到自由，而无法以整全的同一的生活方式来对抗因合理化而导致工具理性长驱直入、社会处于分裂状态的情况。③ 在很大程度上，这种理论方案的缺陷的产生是因为自由与异化的矛盾。也可以认为：理性的制度与浪漫的人之间的矛盾运动，乃是现代性不断辩证地否定之否定的动力因。④ 或者说，正是在现代性的贫困及其诊断方案中，现代性的全息图才会充分展现出来。这也是"理性卡里斯玛"或"启蒙辩证法"告诉我们的。而且，除了韦伯的"理性铁屋"之外，无论是马克思的"异化"理论、⑤卢卡奇的"物化"概念、⑥抑或是哈贝马斯的"生活世界的殖民化"观点，⑦无一例外地揭示出理性与自主的人之间存在的根本

————————

① 参见［德］马克斯·韦伯：《支配社会学》，康乐、简惠美译，广西师范大学 2010 年版，第 425-429 页。另外，韦伯指出，对"主观权利"的保障并不必然存在于资本主义的利害关系中。参见［德］马克斯·韦伯：《法律社会学 非正当性的支配》，康乐、简惠美译，广西师范大学出版社 2011 年版，第 275 页。

② 参见［德］马克斯·韦伯：《法律社会学 非正当性的支配》，康乐、简惠美译，广西师范大学出版社 2011 年版，第 428 页。

③ 参见［德］尤尔根·哈贝马斯：《后民族结构》，曹卫东译，上海人民出版社 2019 年版，第 189 页。

④ 参见唐爱军：《论韦伯的现代性分析框架——兼与马克思的比较》，载《学术研究》2014 年第 11 期，第 9-14 页。

⑤ 参见《马克思恩格斯选集》（第 1 卷），人民出版社 2012 年版，第 49-63 页，尤其是第 54-58 页。

⑥ 参见［匈牙利］卢卡奇：《历史与阶级意识——关于马克思主义辩证法的研究》，杜章志、任立、燕宏远译，商务印书馆 1996 年版，第 143-177 页，尤其是第 152-153 页。

⑦ 关于哈贝马斯论述系统与生活世界的表述，参见［德］尤尔根·哈贝马斯：《交往行为理论（第 1 卷：行为合理性与社会合理化）》，曹卫东译，上海人民出版社 2018 年版，第 173-179 页；Jürgen Habermas, *The Theory of Communicative Action*: *The Critique of Functionalist Reason* (*Vol.* 2), trans. by Thomas McCarthy, Beacon Press, 2003, p. 148-149.

矛盾。

然而,消解这一矛盾的任务还远没有完成。现代性的真相更像是如同哈贝马斯所说的那样,是一个现代性的多种面孔相互交织、缠绕不清的"未完成的工程"。[①] 所以,有学者从后现代的视角中反思现代性本身,认为是自由而不是理性,才是现代性的始因。而且,自由将自由地解构自身,导致现代性的基础将建立在没有基础之上,因为自由表明"每一项政治行为都以自己为根据,每一种生活都以自己为基础,每一种哲学都是自我奠基的"[②]。这种存在主义或虚无主义式的后现代观点并不在意现代性的基础设置在"有无相生"的悖论之上,而更在意的是将被黑格尔泛化使用的"存在"概念重新聚敛起来,用对克尔凯郭尔致敬的方式来重新定义现代性:现代性就是以多元的人的自由、自主和自我实现为范式,主张绝对自由、自主且审慎地选择自己的行动方案,并绝对地依靠自我责任感来实现自我。这也同时意味着:理性与自由,构成了主体性问题的两极,它们从两个路径证立了与现代性有关的个体的规定性。接下来,我们需要看的是现代性问题的另外一极,亦即自主的个体是如何穿越错综复杂来完成社会整合。

二、自主个体的社会整合:分化、承认与沟通

自主的个体实现社会整合的可能性、路径及其限度的问题,是社会理论和政治哲学的一项核心关切。其中,社会分化与人在其中的地位,是社会理论讨论自主个体实现社会整合的基本出发点,也是当代政治哲学讨论社会整合的基本预设。它是一种直觉式的存在。这当然与西欧事实上长期存在的多元政治传统有关,[③]却也源于诊断现代性的理论动机。

在关涉社会分化与人的问题上,社会理论着眼于现代性条件下的人类行为而非作为主体的人,因此"人际"或"主体间"而非主体性问题成了社会学的研究主题。更长久地说,这是"社会秩序何以可能"问题项下的

---

① 参见[德]于尔根·哈贝马斯:《现代性——未完成的工程》,载汪民安、陈永国、张云鹏主编:《现代性基本读本》(上),河南大学出版社 2005 年版,第 107-119 页。

② [匈牙利]阿格尼丝·赫勒:《现代性理论》,李瑞华译,商务印书馆 2005 年版,第 26-27 页。

③ 参见卢云豹:《多元政治与西方法律传统》,载《现代法学》2001 年第 2 期,第 35-43 页。

一个侧面。

但耐人寻味的是，关注现代人在公共生活中际遇的社会理论一方面讨论社会如何整合与社会秩序如何形成的问题，另一方面却始终存在着将人驱逐出社会理论的意图。受到理性所导致的社会分化与角色分化的事实影响，社会理论致力于实现沟通媒介的符码化和主体的符号化，而这种理论作业与"去主体"（de-subjectivity），实属一体两面。例如，"结构—功能"框架不是以作为主体的"人"，而是以抽象的"社会行动"或"沟通"或"意义"来分析社会中的元素如何恰当而有秩序地推进社会整合。在帕森斯的社会系统理论中，作为主体的人可以在"行动"（action）概念中有所显现，还可以在权力、金钱、影响和义务这四个"交换的一般性符号媒介"（generalized media of exchange）中寻获踪影。① 而在卢曼的一般系统理论中，"系统/环境"而非"整体/部分"的基础性区分在用符码和结构耦合导出社会的功能分化与社会诸系统的沟通时，也使得意义系统的符码与沟通直接解构了人的主体地位。人因此变成指引信息的路标。② 这种理论旨趣也着实反映了立足于抽象化的沟通媒介的社会理论对于社会分化与角色分化的偏爱。

如果说卢曼理论的这种偏爱体现在源于意义的沟通装置，那么吉登斯的理论偏爱则体现在"脱域"的社会分化机制。③ 在这个机制中，象征标志的使用，以及职业化、理性化和角色分化及因其产生的专家系统的反思性运作，都极大地扩展了以符码为基础的沟通媒介的运作范围。④ 现

---

① 参见[美]塔尔科特·帕森斯：《社会行动的结构》，张明德、夏遇南、彭刚译，译林出版社2012年版，第822—825页。

② 卢曼的"意义"概念是人际间的沟通成为可能的装置，它令人的行动具有多元性和复杂性，并且能够在化约复杂性的同时储存复杂性。具体可参见泮伟江：《卢曼与他的现代社会观察》，载《读书》2016年第1期，第40—48页。

③ 参见[英]安东尼·吉登斯：《社会的构成：结构化理论大纲》，李康、李猛译，生活·读书·新知三联书店1998年版，第23—26页。不过，吉登斯认为"脱域"的概念是对"分化"或"功能专门化"概念的超克，能够更好地处理时空延伸、分离、重组的问题。但本书在这里仍把"脱域"放在社会分化之下，是因为本书对"社会分化"仅仅对其采取的是客观的描述立场，并不寻求结构主义、功能主义或时空分离的理论支持。参见[英]安东尼·吉登斯：《现代性的后果》，田禾译，黄平校，译林出版社2011年版，第18—19页。

④ 在这里，"象征标志"是指超越场景而得到普遍适用的信息交换媒介，例如货币；而"专家系统"则是指由技术成就和专业队伍所组成的体系，例如律师、工程师、建筑工人、警察。参见[英]安东尼·吉登斯：《现代性的后果》，田禾译，黄平校，译林出版社2011年版，第19—26页。

代性视野下的社会扩张和沟通因符码和角色而得以可能,人的主体地位似乎从社会理论中隐退。

只不过,社会理论不可能不谈论人,即便只是如卢曼所言,人作为社会基本运作单元所依凭的路标,或者如吉登斯所言,人作为"脱域机制"所依赖的符号或沟通媒介的载体。而且,在现代性理论中,主体性哲学的地位并没有被根本性撼动。黑格尔的"批判与危机"的现代性研究范式之所以可能,是因为它将个人对社会分化的西西弗斯式的对抗规定为发展的根本矛盾运动。① 启蒙辩证法也说明了这一点。查尔斯·泰勒把这种对抗归结为私人生活的浪漫主义与公共生活的工具主义之间的对抗。② 按照他的观点,这种对抗根源于现代性的三大隐忧,即个人主义、工具主义理性和公共生活的逃避:当个人主义与道德的主观主义相结合产出原子化的个体,这样的个体与工具主义理性的结合,就体现为对公共生活的逃避,从而在政治层面造成不民主的后果。③

人们并没有在逃避,而且也无法逃避。现代性理论所开示的差异化的个体及其行动如何实现社会整合,仍然是当代社会学与政治哲学所关心的核心问题之一,并分别用"信任"和"承认"来展开各自的救赎。

在社会学当中,信任理论本质上回答的是人在社会中的主体性地位的建构及其与社会连接的关系问题。有研究考察了当代西方信任理论的研究谱系,发现信任的发展过程是基于人际的行为互动,并借助媒介(货币、行为、规则、关系)对时空、人际关系和血缘等因素的脱域,实现从人的信任到抽象信任的转变。④ 就此而言,吉登斯所说的"脱域"机制在用符号和角色取代人的行动的同时,也使得符号和角色成了人的行动的目的。

————————

① 也有学者尝试摆脱这样的论证思路。参见[美]劳伦斯·E.卡洪:《现代性的困境——哲学、文化和反文化》,王志宏译,商务印书馆 2008 年版。

② 参见刘森林:《历史唯物主义:现代性的多层反思》,中山大学出版社 2016 年版,第 227 页。

③ 参见[加拿大]查尔斯·泰勒:《本真性的伦理》,程炼译,上海三联书店 2012 年版,第一章"三个隐忧"。

④ 参见郑红娥、张艳敏:《论系统信任:关于中国信任问题的思考》,载《江淮论坛》2008 年第 1 期,第 116-122 页。而且,系统信任正是社会关系再人的奥妙。这种从身份到普遍连结再到基于契约身份的社会结构转变,正好暗合从"身份"到"契约"再到"身份"的法律发展机制。参见[英]安东尼·吉登斯:《现代性的后果》,田禾译,黄平校,译林出版社 2011 年版,第 105 页。

申言之,通过赋予人的行动以特定的抽象意义,使得抽象的人的行动被另一种抽象的目的性行动所替代。由于这种抽象的目的性行动必然是多元的,也因此得以形成行动上的差异。信任正是在这种差异的基础上展开针对多元的行动群体在社会中的行动意义的描述。在此,看似被符码和沟通媒介所遮蔽了的人,又会以另一种方式重新显现出来。

与此同时,卢曼有关信任的研究还揭示出"信任"是如何充当着社会结构与"人"的中介。[①] 在"整体/部分"范式下,如果将社会标示为整体而追问构成它的部分为何,就会被很自然地导向"人"这个答案。人们通过共同生活来组成社会,这样一种人文主义的社会观便自然而然地形成了。既然社会是由人所构成的,那么人便被包含在社会秩序之中,成为其固有的组成部分。如此,社会秩序(或者社会本身)何以可能的问题就转化为:是什么在保证着人与人之间和谐的共同生活?

这个问题将接续西方古典政治哲学和古典社会学的一个核心主张,就是希望能够寻找到用以实现社会整合的理论原点,亦即实现社会整合的规范性要素,例如亚里士多德的"人的社会本性"假定、古典社会契约论中隐含的"利益的天然同一性"假设、涂尔干的"集体意识"和帕森斯的"文化系统",等等。[②] 但问题在于,这种试图以某一理论原点来塑造价值共识的企图,正不断被其自身的理论局限、现代社会的现实困境以及理性多元论所瓦解。这种情况促使人们从范式的高度进一步反思规范整合的路径。的确,卢曼有理由将社会秩序问题的人文主义传统归结为一种规范整合的路径。"整体/部分"的范式使得以之为基础的一般系统论具有"内部单元的取向"(intra-unit orientation),[③]因为系统的环境无法因这

---

① 参见[德]尼克拉斯·卢曼:《信任:一个社会复杂性的简化机制》,翟铁鹏、李强译,上海人民出版社 2005 年版,第 50-60、73 页。

② 参见[古希腊]亚里士多德:《政治学》,吴寿彭译,商务印书馆 1965 年版,第 4-8、109 页,边码 1252.a.25-1253.a.5、1274.b.40;[英]霍布斯:《利维坦》,黎思复、黎廷弼译,杨昌裕校,商务印书馆 1985 年版,第 92-97 页;[英]洛克:《政府论》(下篇),叶启芳、瞿菊农译,商务印书馆 1964 年版,第 5 页以下;[法]埃米尔·涂尔干:《社会分工论》,渠东译,生活·读书·新知三联书店 2013 年版,第 159-177、339-346 页;[美]塔尔科特·帕森斯:《社会行动的结构》,张明德、夏遇南、彭刚译,译林出版社 2012 年版,第 98-115 页。

③ See Niklas Luhmann, *Social Systems*, trans. by John Bcdnarz, Jr. & Dirk Baecker, Stanford University Press, 1995, p. 8.

种区分方式而被标记出来。而且,在系统论的功能分析中,系统持存是无法回避的首要问题。在这种内部单元的取向下,该问题的解决自然会采取内部单元整合的方案。在社会系统中,实现这种整合的不可能是物理性的锁链,只能是规范性的价值共识。正是这种道德共识充当了个人间团结的纽带,使得系统不会消散为单元的集合。① 因而"整体/部分"的范式将社会秩序问题的方案十分自然地导向了规范整合的路径。而一旦这种范式被"系统/环境"所取代,彻底承认个人的自在行动的后果,就必然导向功能分化下的以符码为中介的沟通。这也宣示着规范多元的可能。它使得社会建构得以可能,并成功地将人的问题放在了社会建构问题的项下。

与之并驾齐驱的是,政治哲学和社会学哲学也尝试通过"承认"(recognition)的概念来回答自主的个体与社会整合的问题。自启蒙以来,理性与自由带来的"本真性"(authenticity)概念,令社会重建与整合源自承认并因承认而深化。② "承认"的概念因此成为现代社会理论与政治哲学或道德哲学的核心关切。③ 在一定程度上,承认也是法哲学的叙事得以展开的底纹。④ 承认意味着主体的差异,意味着分化与多元,⑤意味着自我的认同与(对)他者的承认的综合,亦即"主体间的承认"(intersubjective recognition)。这种主体间的承认将贯穿私人领域和公共领域,塑造人际关系、社会角色乃至公共政治的表现。泰勒就是在这一维度上指出,基于人类社会根本性的对话(dialogicality)特征,现代社会中的自我认同只能在与"有意义的他者"(significant others)的沟通中才能形成,或者说,自我认同只有在自我与他者的区分与内外相向而行的对话式

---

① See Niklas Luhmann, *Differentiation of Society*, 2 The Canadian Journal of Sociology 29, 29-53 (1977).

② 有关"本真性"的概念。可参见[加拿大]查尔斯·泰勒:《本真性的伦理》,程炼译,上海三联书店 2012 年版,第三章"本真性之源"。

③ 参见[德]阿克塞尔·霍耐特:《为承认而斗争——论社会冲突的道德语法》,胡继华译,曹卫东校,上海人民出版社 2021 年版,第 95 页以下。

④ 例如哈特首先阐述的"承认规则"。然而结合他自身将其理论定位为"描述社会学的尝试",故承认概念留驻于社会学亦有可能。参见[英]H. L. A. 哈特:《法律的概念》(第 3 版),许家馨、李冠宜译,法律出版社 2018 年版,"第一版前言",以及第 152 页以下。

⑤ 泰勒指出,承认是"多元文化主义"(multiculturalism)的核心体现。See Charles Taylor, *The Politics of Recognition*, 98 New Contexts of Canadian Criticism 25, 25 (1994).

联系中才得以可能。① 这一主张加以推广,就会导出这样的理论:社会惯习与政治制度都是源自主体间的互动,且它们同时构成自我认同的基础。这种观点意味着个人认同与社会制度之间是一体两面的关系:良好的自我认同源于某种良好的惯习和制度,这种惯习和制度应当是对平等政治与差异政治的扬弃。② 追问这一良好惯习与制度及其生成机制与动力因,同时以此反思自由主义及其项下的"权利优先于善"命题,就构成了承认的政治理论的核心问题。③

就此而言,查尔斯·泰勒关注的是如何能够更好地提供一个审视政治生活及其共同分享的价值标准的尺度,令不同的社群能普遍地参与公共决策并得以保持其差异性。只不过与桑德尔对罗尔斯的反对意见相比,④这种思想还说不上"社群主义",一如马克思说他不是那种光怪陆离的"马克思主义者"那样。⑤

当桑德尔以社群主义的旗帜向罗尔斯的自由主义宣战的时候,也使得处于理论光谱同侧的泰勒在一定程度上与哈贝马斯相呼应:既然人际间的连结与整合不可避免,那么社会的规定性就不再是个体,而是主体间。不过,与泰勒相比,哈贝马斯更注重公共领域的变迁与规范对公众参与的保障性功能。他尝试从资产阶级公共领域与国家之间从对抗走向融合的关系变化来说明,当国家的社会化与社会的国家化同时上演的图景中,为对抗国家所需的自由主义的规范体系就需要吸纳更多的实质因素,使自身转变为保障公众参与的派生性权利,因之在社会福利国家当中,公众参与令公共领域具备了被中介化的公共性特征。⑥ 在这里,"其

---

① See Charles Taylor, *The Politics of Recognition*, 98 New Contexts of Canadian Criticism 25, 32-33 (1994);应奇:《解释的冲突与承认的政治——查尔斯·泰勒政治哲学述要》,载爱思想网 2011 年 1 月 11 日,http://www.aisixiang.com/data/38337.html。

② Charles Taylor, *The Politics of Recognition*, 98 New Contexts of Canadian Criticism 25, 44-45, 56-61 (1994).

③ 参见范进学:《权利是否优先于善——论新自由主义与社群主义理论之争》,载《政法论丛》2016 年第 3 期,第 3-10 页。

④ 参见[美]迈克尔·J. 桑德尔:《自由主义与正义的局限》,万俊人等译,译林出版社 2011 年版,第 208 页以下。

⑤ 参见《马克思恩格斯选集》(第 4 卷),人民出版社 2012 年版,第 603、771-772、775 页。

⑥ 参见[德]哈贝马斯:《公共领域的结构转型》,曹卫东、王晓珏、刘北城、宋伟杰译,学林出版社 1999 年版,第 259-264 页。

权利被各种组织中介了的公众应当通过这些组织推动公众交往的批判过程",①交往就是主体间的对话式的交往。② 因此,一种以程序为形式的商谈就成为社会获取其规定性的动力。③ 尽管哈贝马斯没有明确提及承认问题,但他却一直致力于解决共同体的集体认同问题,并且给出了基于法律的族群间的(interethnic)包容和精英意志的教化两条行动思路。④

由此可见,在社会理论中,社会分化的事实描述与建构都说明了多元与差异乃是社会的基本特色,它在呈现人的多元面孔的同时,抽象化了多元群体之间基于行为和角色而产生的冲突。当这种冲突围绕着某个特定的议题或特定的场景展开,分歧(disagreements)将公开化与合法化。同样,哈贝马斯与泰勒通过承认理论也说明,"承认"以"差异"为基础,而且与差异伴生的公众参与和沟通,将和差异一道,共同证成分歧的公开性。正是在围绕分歧展开的沟通当中,共识——或者如罗尔斯所说的"重叠共识",才能得以形成。⑤ 也正是在这样的背景下,追求共识所需的论辩以及支持论证活动的理由给予的过程开始了。

三、社会整合的"国家和市民社会"框架

上述的理论分析说明,社会的多元性与差异性体现为社会分化,它促使分歧公开化、合法化。在历史的维度上,与现代性、多元政治相关的法律传统的理论建构将指向社会整合与社会秩序背后的事实渊源,并最终落脚到个体如何具象化地依据不同的行动方案形塑公共领域、参与公共生活并从中确立未来的行动预期。这集中体现在"国家和市民社会"及

---

① [德]哈贝马斯:《公共领域的结构转型》,曹卫东、王晓珏、刘北城、宋伟杰译,学林出版社 1999 年版,第 264 页。

② 参见[德]尔根·哈贝马斯:《后形而上学思想》,曹卫东、付德根译,译林出版社 2012 年版,第四章"论行为、言语行为、以语言为中介的互动以及生活世界",尤其是第 58 页以下。

③ [德]哈贝马斯:《在事实与规范之间——关于法律和民主法治国的商谈理论》(修订译本),童世骏译,生活·读书·新知三联书店 2014 年版,第 144-163 页。

④ 参见[德]尤尔根·哈贝马斯:《包容他者》,曹卫东译,上海人民出版社 2018 年版,第 179-206 页;另见童世骏:《政治文化和现代社会的集体认同——读哈贝马斯近著两种》,载复旦大学当代国外马克思主义研究中心编:《当代国外马克思主义评论》(第 1 辑),复旦大学出版社 2000 年版,第 52-73、334-335 页。

⑤ 参见[美]约翰·罗尔斯:《政治自由主义》(增订版),万俊人译,译林出版社 2011 年版,第四讲"重叠共识的理念",尤其是第 133-138 页。

其衍生的"国家—社会—个人"的框架之中。①

"国家和市民社会"的二元对立，是一个关于研究公共生活、政治秩序和法律秩序何以可能的经典框架，也是研究社会基本矛盾运动的基本框架。从英文"civil society"具有的"市民社会""政治社会""文明社会"三个层面的内容可知，"市民社会"具有经济、政治和伦理共同体的三个维度。② 这三个维度各有交织，且在它们的因果关系判定上，不同学者持有不同立场，例如黑格尔从伦理精神及其外在强制性保障的组合来阐明市民社会与政治国家的同一与差异的辩证关系，马克思从唯物史观和资产阶级生产方式来阐明市民社会与政治国家之间的区分和再入。③ 考虑到市民社会理论通常以文化系统和经济系统的区分作为其现代转向的主要标志，故本书将从文化的"伦理共同体"维度来关注"国家和市民社会"的框架将如何描述社会整合。

有研究表明，只有当黑格尔通过严格区分市民社会与政治国家来说明市民社会欠缺伦理生活之后，有关中介和克服市民社会的必要性论证才宣告完成。④ 进言之，黑格尔的市民社会辩证法展示了市民社会如何在伦理的维度上充当起自主的个人与政治国家之间的中介：作为调整个人生活的客观伦理有其辩证发展过程，亦即从直接的或自然的伦理精神（正）到丧失直接统一而产生分化（反），再到通过分化和中介实现否定之否定（合）。与之对应的，即是"家庭—市民社会—政治国家"的发展框

---

① "国家和市民社会"框架的关键矛盾是国家与社会的矛盾，基于个人自由意志的同意是社会形成的基础，故"个人"被"社会"所遮盖。本书将"个人"从"社会"中提取出来，是为了更好地引出下文有关中国传统社会司法裁判有关的"情""理""法"，因为前现代、现代和后现代交织的社会现实，预示着"个人"与"社会"之间存在着相互龃龉的可能。另外，托依布纳认为，在全球化的背景下，"政治国家和市民社会"的这种区分已然面临着挑战，他因此主张用诸系统内的公共领域和私人领域的分野来取代这一范式。参见［德］贡塔·托依布纳：《宪法的碎片——全球社会宪治》，陆宇峰译，纪海龙校，中央编译出版社 2016 年版，第四章"超国家的宪法规范：功能、领域、过程、结构"。

② 参见何增科：《市民社会概念的历史演变》，载《中国社会科学》1994 年第 5 期，第 67－71 页。

③ 参见《马克思恩格斯全集》（第 3 卷），人民出版社 2002 年版，第 5－158 页。马克思后来进一步澄清了"市民社会"一词与物质生产关系而非人类精神之辩证发展的关联。参见《马克思恩格斯全集》（第 31 卷），人民出版社 1998 年版，第 412 页。

④ 参见郁建兴：《黑格尔的市民社会理论》，载《人文杂志》2000 年第 3 期，第 13－14 页。

架。具体来说，作为原始伦理性实体的家庭因自然死亡与教育而走向解体，具备独立人格的个人因此被解放出来，并形成以个人的相互联合为特征的市民社会。由于市民社会是家庭解体的结果，因而它必然是伦理丧失的；又因为家庭原有的财产被独立的个人所继承，所以自由个体的联合就必然带有经济利益的动机，也因此市民社会是各种需要相互冲突、个体互为实现目的之手段的阶级社会，它只能依靠法律体系和司法、执法力量等外部力量来维系秩序，而这些外部规范正是政治国家的基本要素。与此同时，政治国家作为绝对自在自为的理性事物，体现伦理理念之现实和新的伦理精神；个人只能通过成为国家的成员来分享理性的伦理精神，并证成自身的客观性、真理性和伦理性。因此，市民社会必须在政治国家的维度上才能实现超克。此时，市民社会的唯一功能就是中介功能，也就是促使那些丧失了伦理的个人在市民社会与政治国家的辩证统一中获得伦理精神的再生。[①]

由此可见，黑格尔从伦理精神的维度将市民社会的特征描述为：基于自主主体的个人的相互中介及其外部的强制性伦理保障而形成的共同体。在这一共同体中，个人因共同的需要而形成能够保障其个人需要和意志舒畅的自治性团体，并通过服从于国家的外部权威和意志而获得意志的自由。[②] 其市民社会理论通过伦理精神的否定之否定来整合家庭、个人、社会与国家，尤其是借助市民社会与政治国家的区分来为个人与社会服从于自主存在的国家提供理论基础。他既承认家庭身份的解除是对人的解放，并在自主意志的人的联合中形成追逐经济利益的市民社会，也强调市民社会及其市民主体只能通过服从国家意志来重获伦理精神与实现自由。如果说家庭是原始的伦理共同体、市民社会是典型的经济共同体，那么国家就是综合了经济共同体与政治共同体的伦理共同体：只有在国家之中，经济共同体才能获得维持秩序所需的外在规范和内在规范，市民阶级或资产阶级（bourgeoisie）才能够重新获取秩序整合的伦理动力。这还意味着作为国家的政治共同体必须首先是伦理共同体，它是使市民

————————

① 参见贺麟：《黑格尔著〈法哲学原理〉一书评述》，载［德］黑格尔：《法哲学原理》，范扬、张企泰译，商务印书馆2011年版，第19－23页。

② 参见何增科：《市民社会概念的历史演变》，载《中国社会科学》1994年第5期，第71－72页。

社会不至于沦为自然状态的基础,国家和法律都将因国家的此种绝对存在而获得正当性。

这种对伦理共同体和市民社会的伦理基础的强调,在马克思对黑格尔市民社会辩证法的扬弃之后获得了新的阐发。马克思将市民社会界定为私人利益之总和,指出资产阶级的生产方式引发了私人生活与政治生活、市民社会与政治国家之分离,本质上是经济系统与政治系统的分离。尽管市民社会中的个人仍是作为他人实现利益的工具而存在,但经济生活与摆脱身份依附的个人将进一步导致政治系统的民主化,原本依附于政治国家的同业公会和各类机构就转变为代表不同利益的市民社会团体。① 就此而言,马克思的市民社会理论既扬弃了黑格尔的市民社会理论,又通过揭示政治民主化的经济条件而扬弃了古典契约理论。

站在马克思的肩膀上,安东尼奥·葛兰西通过"文化霸权"(cultural hegemony)概念来说明"市民社会"兼具经济基础和上层建筑的双重特性。简单来说,"文化霸权"是指经过政治社会(political society)的长期灌输而在市民社会中形成的占据优越地位的统治阶级文化。它作为一种意识形态,在一定程度上已经成为民众同意(consent)的结果,并披上民主的外衣。在资本主义社会中,资产阶级的"文化霸权"对维系其经济基础具有强大的反作用,甚至比资产阶级的国家机器还要顽固,因此,争夺文化领导权是西欧的阶级斗争方法论的重要内容,以此为最终的政治革命创造条件。② 无独有偶,哈贝马斯也是通过区分经济系统和文化系统的角度来深化市民社会的理论研究。按照他的说法,由于市民社会的文化生产导出政治国家的合法性,因此市民社会不仅是社会的公共文化领域,而且也同时作为政治国家的根基。反过来,市民社会与政治国家的耦合也是合法化危机的重要诱因。因此复兴市民社会,关键在于实现社会文化生活的去殖民化。

由此可见,从伦理共同体的角度关注市民社会与政治国家之间的关

---

① 参见俞可平:《马克思的市民社会理论及其历史地位》,载《中国社会科学》1993 年第 4 期,第 60-62 页。

② 葛兰西是在论述知识分子的社会功能和概念的问题上提到"市民社会"的。参见[意]安东尼奥·葛兰西:《狱中札记》,曹春雨、姜丽、张跣译,河南大学出版社 2014 年版,第 10-11、299-300、304-305 页。

系,主要目的在于关注如何从伦理的角度,在市民社会与政治国家之间的辩证统一中寻求社会融合的基本立场,而这将进一步导出涉及市民社会和政治国家何者为本位以及政治国家合法性来源的各类观点,例如自由主义、国家主义、社群主义、法团主义等。这些观点反映了国家、社会与个人之间所存在的内在矛盾,而正是这种内在矛盾构成了社会整合与发展的基本动力。它们表明了国家与社会的斗争性,也进一步佐证了"分歧"在现代社会中的根本意义,为基于商谈的理由论证所导向的社会整合提供了前提条件。而通过理由论证解决根本性分歧并促成社会整合的根本动力,则蕴藏在国家与社会的同一性之中。彰显现代社会整合基本范式的"国家与市民社会"框架,正是通过"第三领域"这一揭示国家与社会同一性的概念而切入中国社会秩序的研究中。

第二节　中国传统法秩序中的"情""理"规范

一、"第三领域"与"情""理""法"的引出

根据黄宗智的观点,"第三领域"(third realm)是"去批判性"(de-criticism)的"公共领域",[①]它描述的是国家权力并未实现直接统治、私人领域未能覆盖的社会领域,是国家与市民社会之非正式中介,例如中国传统的士绅阶层、新型商会、自治社团和"单位"等。此时,"国家和市民社会"的框架相应地修正为"国家/第三领域/市民社会"框架。该框架令援

---

① "第三领域"的概念是在反驳哈贝马斯"资产者公共领域"(bourgeois public sphere)的概念上提出的。与后者相比,"第三领域"既突出社会历史建构的一面,又同时避免价值判断所引起的冲突,还能排除"国家社会化"和"社会国家化"的嫌疑。参见黄宗智主编:《中国研究的范式问题讨论》,社会科学文献出版社 2003 年版,第 268-270 页。黄宗智在该书第 270 页有一个有趣的比喻。他认为,从国家和市民社会二元对立的框架来看"公共领域",就如同追问双亲中的哪一方对幼儿产生更大的影响,却忽视了幼儿自身内部的成长这一变量,所以批判理论不能在此实现理论建构的任务。

引近代中国以来的经验材料来分析中国社会变迁成为可能。[①]

基于这种理解，黄宗智认为调解是"第三领域"中司法行为的代表，因为调解是一种由官方和私人宗族共同参与的半制度化机制，它本身并不从属于二者之一，而是兼而有之。但梁治平认为，将"调解"作为"第三领域"的代表，实际上是对传统中国司法裁判的形态做了简单化的处理。[②] 进言之，之所以难以在理论上将调解纳入"第三领域"，并不是因为调解在空间维度有别于官方的审判——调解的确不同于审判——而是因为在传统中国，法律与"情理"或习惯法之间并不存在本质上的差异。在此条件下训练出来的司法官员，在进行审判时并不会以"严格依法裁判"为圭臬。毋宁说，调解之所以能够在传统中国的民事审判中发挥重大作用，乃是源自官民互动以共同实现息诉的理念。

上述围绕着"第三领域"及传统中国司法形态的争执说明，无论是主张调解发生在司法裁判机构和社会宗族所共建的"第三领域"，还是主张调解与裁判之间并未存在全然区隔的界限，都共同说明了在传统中国司法的场合中，法律和法外要素的确存在着共同致力于纠纷解决的现象。而且，与西方法律意识形态和法学思维所强调的"一断于法"不同，传统中国的法律在纠纷解决中并未获得排他性的法源地位，法律在很大程度上必须要借助法律之外的实质要素即"情""理"（或者合称为"情理"）才能发挥作用，是故传统中国的法律与"情""理"乃是互补的关系。

此时，"情理"就意味着法律道德化及其实现形式，或者说儒家的伦理道德观念就构成了"情"的标准。[③] 如果进一步结合梁治平"法律建立在情理之上"和季卫东关于中国传统法律适用过程中遍存道德反思空间的观点，"情理"则在更强的程度上获得了对法律规范以至司法制度的支

[①] 参见黄宗智主编：《中国研究的范式问题讨论》，社会科学文献出版社 2003 年版，第 260、274—282 页。萧公权对清代保甲制和士绅阶层在社会治安、赈灾救济、文化教育等方面的研究也说明了这一点。参见萧公权：《中国乡村——19 世纪的帝国控制》，张皓、张升译，九州出版社 2018 年版，第 209、282、378 页以下。

[②] 参见梁治平：《清代习惯法》，广西师范大学出版社 2015 年版，第 17 页。

[③] 参见霍存福：《中国传统法文化的文化性状与文化追寻——情理法的发生、发展及其命运》，载《法制与社会发展》2001 年第 3 期，第 13 页。在很大程度上，道德与情理存在天然的联系。参见刘悦笛：《孟子道德动机中的"情"之论辩："肯定情感论"与"否定情感论"》，载《哲学与文化》2017 年第 10 期，第 179—193 页。

配地位。① 此时,结合"情理"在个案裁判和法律规范体系中的作用,可以明确,"情""理"对"法"的支配不局限于宏观的规范体系,且渗透到了微观的个案裁判层面。也正是在这个意义上,有学者主张"情理"兼具事实维度与规范维度。②

那么,"情""理""法"的这种关系缘何形成?这是具体讨论三者关系之前所首先要解决的问题。

二、"情""理""法"根植的社会土壤

(一)"己""家""群"与关系本位的社会秩序建构

"第三领域"揭示出"情""理""法"在中国传统裁判文化当中的重要地位,且它们的运用与特殊主义倾向的关系主义密切相关。传统中国社会以家庭为本位的(familistic)社会结构,导致个人自主乃至个人权利仅仅存在于家庭结构的夹缝之中,甚至只有在角色扮演的余光之中才能略微显现出来。③ 在这个意义上,传统中国文化秩序中的个人的自主性,只能在通过与家庭的区分中而得以证立。值得注意的是,以家庭为本位的社会结构却不是影响个体行为的充分条件。这部分源自儒家伦理观念与社会结构和个人身份之间存在着的内在冲突(例如"忠孝不能两全"),部分则源于"己"(自我)和"家"与"群"之间单向度的秩序建构关系。在这里,"己"只能依靠自己内心的道德压力,在"家"之外建构起"群"这样一套理想的秩序。④ 这正是儒家格外重视自我的道德修养,提倡"穷则独善其身、达则兼济天下"或"修齐治平"这样的对偶(polarities)式观念以及"反求诸己"或"慎独"等理念的根本原因。反过来,也正是因为从"己"到"群"是单向度的秩序建构,因此在"己"还未能发挥锚定效应之前,群己界限始终是无法确定的。在很多时候,"己"只能通过有限度地以"化家

---

① 参见季卫东:《中国的传统法律思维模式》,载《中国法律评论》2014 年第 1 期,第 119-126 页。也正是在这种意义上,调解才能成为法律发展的机制。参见季卫东:《调解制度的法律发展机制——从中国法制化的矛盾情境谈起》,载强世功编:《调解、法制与现代性:中国调解制度研究》,中国法制出版社 2001 年版,第 1-87 页。

② 参见郑志华:《由事实迈向规范:刍议情理的二大维度》,载《交大法学》2013 年第 1 期,第 103 页。

③ 参见金耀基:《中国社会与文化》(增订版),牛津大学出版社 2013 年版,第 6-8 页。

④ 参见《梁漱溟全集》(第 1 卷),山东人民出版社 2005 年版,第 369 页。

为群"的方法来实现"己"与"群"的勾连。①

不难发现,当复数的"己"在混沌的空间内按照儒家的理想秩序簇生出复数的"群"的秩序时,势必会存在相互的交涉、互动和博弈,并追求最终的"融摄家庭、社会、政治、宗教以为一"。② 此时就需要强调以道德反思、有限度的禁欲主义、实践层面的同理心和相互成全来满足更高的"礼"的要求。③ 由于"礼"的本质就是"伦""纲""常",因此"礼"在很大程度上就体现了"关系"。是故,传统的中国社会不能简单贴上"个人主义"或"集体主义"的标签,而是要用强调特殊个体之间的"关系"来理解传统中国社会的伦理基础。④ 进言之,人是"关系的存在"(relational being),自我是在与之存在联系的、复数的他者的交互和差异所形成的关系网络中证立自身的角色、功能及其社会性。⑤ 然而,这种"关系的存在"所承载的特殊性意涵,也意味着上述所提到的差序和个人的定位都是建立在关系已经确立的基础之上的,它并不能发展成为普遍适用的道德体系。

由此可见,个人行动的预期和范式都是在这种情境化、特殊化的人际关系网络之中形成的。这也同时意味着,在"关系"没有确立之前,个人面对的不过是完全陌生的环境和陌生的他者,上述这一系列的价值规范

---

① 在这里,金耀基认为儒家的社会伦理始终未能在个体和家庭以外的群体建立起"可行的联系"。参见金耀基:《中国社会与文化》(增订版),牛津大学出版社 2013 年版,第 11 页。不妨把这种"可行的联系"理解为在规范上可以普遍适用的联系。事实上,传统中国的"家"的观念在很大程度上只能实现非常具象化的秩序建构,且始终存在与其他社会结构和价值规范的冲突。最典型的就是古代中国"化家为国"的制度建构。参见钱穆:《中国历代政治得失》,生活·读书·新知三联书店 2018 年版,第 5-10 页。

② 参见唐君毅:《中国文化之精神价值》,广西师范大学出版社 2005 年版,第 28-33 页。

③ 参见[德]马克斯·韦伯:《中国的宗教:儒教与道教》,康乐、简惠美译,广西师范大学出版社 2010 年版,第 218-219 页。

④ 参见梁漱溟:《中国文化要义》,上海人民出版社 2011 年版,第 78、91 页。

⑤ 参见金耀基:《中国社会与文化》(增订版),牛津大学出版社 2013 年版,第 14-15 页。有学者把这种"关系的存在"拓展为以下假设:一是差序地建构关系网络;二是差序式的关系网络具有对内固定和对外流动的特点;三是每一序列内的人都尽量以平衡性原则来与位处中心的个体进行社会交换;四是平衡性的要求与标准、与关系的远近呈正相关关系;五是平衡性的功能有助于保持关系网络的稳定性;六是人际关系结构的不平衡将导致关系网络的再定义,产生地位级别化、情感差距化以及产生紧张或冲突。参见翟学伟:《人情、面子与权力的再生产》,北京大学出版社 2005 年版,第 104-106 页。

也就不再具有约束力了，甚至个人的社会存在属性都不复存在了。① 此时，个人一方面将"人不为己，天诛地灭"地在自然状态中攻城略地，伴随着令人痛心的"道德滑坡"；另一方面也要"拉关系"，即通过个体身上不同的"资格"来分别与不同的陌生人之间建立关系，从而形成具备强烈聚敛的文化特征和依附于血缘或拟制血缘的新的关系网络。② 是故"拉关系"乃是一项社会工程。③

（二）中国式的互惠观

当我们重返社会秩序生成的基础环节，就会发现，在这样的关系社会之中特别强调"情境伦理"或者说"情境资格"对具体行为预期的影响，因为不同的关系和情境代表着不同的"主体资格"。④ 在这里，互惠性行为将充当生成社会秩序的基本行为形态，并"呈现出市场交涉的彻底化或者说讨价还价泛化的状态，也就是二者契约之锁和二者关系之链的普遍化"⑤。是故，互惠与合作式的博弈就成为确立行为预期的黄金律。值得注意的是，这里的"互惠"或者说"报"约莫对应英文上的"reciprocate"或"reciprocity"，也有学者把这种"互惠"或者说"报"称之为交换（exchange）。⑥ 只不过，这里的"互惠"有两种特殊性：一是更强调特定场景下使双方均能

---

① 这一思路事实上也能回应近代以来有关传统中国社会"公""私"观念的争执。由于传统中国的伦理秩序是以"己"为核心，来构筑"家"与"群"的秩序，因此"公"在很大程度上是因"私"的区分而成立的，"公"的空间范围也是由"私"的空间属性所确立的。但由于群己权界始终处于不明之中，很容易产生"公私不分"甚至是"有私无公"的情况。加上在这一伦理秩序中，"家"部分地充当着中介"己"和"群"的作用，事实上仍然是延续着由"私"推"公"的秩序建构思路。是故，这套秩序始终缺乏规范的"公"的概念，这就导致中国古代的政治秩序始终在"家天下"和"公天下"之间短路结合。参见金耀基：《中国社会与文化》（增订版），牛津大学出版社2013年版，第84-85、101-116页；梁启超：《饮冰室合集·专集》（第3册），中华书局2015年版，第12页。

② 参见金耀基：《中国社会与文化》（增订版），牛津大学出版社2013年版，第17-18页；[德]马克斯·韦伯：《中国的宗教：儒教与道教》，康乐、简惠美译，广西师范大学出版社2010年版，第42-49、141-145页。

③ 参见金耀基：《中国社会与文化》（增订版），牛津大学出版社2013年版，第83-84页。

④ 这里的观点得益于中根千枝对日本社会的比较研究。不过与日本社会单一性联结原因不同，中国人是以"资格"而非"场所"作为其基础性集团要素。参见[日]中根千枝：《纵向社会的人际关系》，陈成译，东尔校，商务印书馆1994年版，第12-34页。

⑤ 季卫东：《中国的传统法律思维模式》，载《中国法律评论》2014年第1期，第119-126页。

⑥ 参见梁漱溟：《中国文化要义》，上海人民出版社2011年版，第91页。

获利的情况,尤其是注重人际的来往关系和相互之间的"施"与"报",至于先后顺序,则暂且不问;①二是以礼制(例如"来而不往非礼也")和"忠恕之道"等社会制度规范为基础,②将这种行动的交互性与未来的行为预期和不确定性综合在一起,预期在人情法则之下,他人对自己的"施"即"人情"(favor)③或"社会投资"(social investments)会在将来的社会交换(social exchange)中收到相应的回报,④即使这种将来的预期是不确定甚至高度不确定,又或者需要借助关系网内他者行动预期的介入。⑤

因此,在互惠的场合,利他的契机(对应"施")与利己的契机(对应"报")总是相互交错,并且在此种对他者行动"预期的预期"中不断地实现社会资源的交替支配和重新组合。这种互惠的属性植根于中国传统社会中的强人际关系和"普遍而强韧的网络结构"的特征,导致了它不会具有确定的正义标准,"而是通过反复的议论和试错来寻找到适当的平衡点,并以此作为伦理规范的支柱或核心"⑥。

(三)关系化的道德直觉

传统社会的上述特征以及司法裁判维护这一关系网络结构的功能,决定了司法裁判的过程着重于伦理指向的相互博弈和相互承认。在这种情况下,司法裁判的格局会呈现为"不可言说""无穷之辞""以更为

---

① 参见杨联陞:《中国文化中"报"、"保"、"包"之意义》,贵州人民出版社 2009 年版,第 3-4 页。

② 参见金耀基:《中国社会与文化》(增订版),牛津大学出版社 2013 年版,第 29-30 页。

③ 将"人情"对应"favor"的表述。参见黄光国、胡先缙等:《人情与面子——中国人的权力游戏》,黄光国编订,中国人民大学出版社 2010 年版,第 1 页。也有学者把"人情"界定为"摆不上台面的私情",与之相对应的"情理"就是"摆的上桌面来讲的日常道理"。参见范忠信、郑定、詹学农:《情理法与中国人——中国传统法律文化探微》,中国人民大学出版社 1992 年版,第 27 页。

④ 参见杨联陞:《中国文化中"报"、"保"、"包"之意义》,贵州人民出版社 2009 年版,第 67-69 页;另可见参见金耀基:《中国社会与文化》(增订版),牛津大学出版社 2013 年版,第 35-36 页。翟学伟进一步指出,这种"相应的回报"不同于西方基于个人主义价值观而产生的等值或等价的人际交换,中国的人情交换是以"算不清、欠不完"为妥,这样才能保证人情关系持续地维持下去。为此,就需要加重"报"的分量,来使得原来"施"的那一方反欠人情,如此循环下去。是故在这种意义上,人情关系就是无法计算的"人情债"。参见翟学伟:《人情、面子与权力的再生产》,北京大学出版社 2005 年版,第 86-87 页。

⑤ 参见黄光国、胡先缙等:《人情与面子——中国人的权力游戏》,黄光国编订,中国人民大学出版社 2010 年版,第 15-19 页。

⑥ 季卫东:《中国式法律议论与相互承认的原理》,载《法学家》2018 年第 6 期,第 2 页。

师""并无异说"等四个位相。具言之,"不可言说"就是洞见法官在裁判时必须设身处地参悟个别化情境下当事人的主观感受、行动意向、对具体行为的理解以及内心对行为的期许,而不可能全部掌握争议的全部信息。① 这是在礼法结合后关系性秩序组合进法律性秩序、法律适用必须关注特殊的关系处理的结果。而由于在裁判中存在只能参悟而无法言说的内容,针对这一部分内容的陈述很容易导向"无穷之辞",即进行反复的话语争执与博弈,甚至陷入无休止的修辞论辩当中。而且,由于裁判依据本身是关系秩序的组成部分,因而更多呈现出柔性的一面,司法官员也只能通过"胡萝卜加大棒"或者"动之以情、晓之以理、绳之以法"地正反施压来阻断可能持续的博弈。在这里,"以吏为师"体现的就是官员在裁判中的职权与决断能力的体现,②最终通过"相互主观的反复监察达到全体一致的同意"③,也就是所谓的"并无异说"。

不难发现,在四个位相中起决定性或基础性作用的,乃是"不可言说"。"不可言说"表明司法裁判注重实事求是和司法决定尽可能发现客观真实、切合当事人的主观感受,但受限于"不可言说"的自身特性而导致充满弹性的法律议论("无穷之辞"),进而需要强调法官作为公权力意志代表人的决断性地位("以吏为师")来取得司法决定的整全性合意("并无异说")。当然,这里的"不可言说"与维特根斯坦在其早期逻辑哲学中关于"不可说"与"保持沉默"的理论是否具有同一性,还有待商榷。但之所以"不可言说",是因为作为局外人的他方主体在探知他者的主观感知时,要么源于与己无关的普适性与同一性视角,要么源于自身的特殊性视角。在某种程度上,这一探知过程依赖的是猜测和移情,因而通常只能持续逼近而无法完全把握,也因此才不断要求不同的参与主体相互地"换位思考"。

这种基于日常伦理所形成的移情和"同情共感",的确是中国传统文化中的重要特征,在司法问题上也同样如此。既然情理可以被认为是道

---

① 对此可以参考滋贺秀三和寺田浩明对"情理"的分析。参见[日]滋贺秀三、寺田浩明、岸本美绪、夫马进:《明清时期的民事审判与民间契约》,王亚新、梁治平编,王亚新、范愉、陈少峰译,法律出版社 1998 年版,第 13-14、123-124 页。

② 参见张志铭、于浩:《转型中国的法治化治理》,法律出版社 2018 年版,第 307 页。

③ 季卫东:《法治秩序的建构》(增补版),商务印书馆 2014 年版,第 116-120 页。

德的一种,那么"不可言说"的本质似乎更应当被理解为基于情境化与特殊性的关系主义而形成的道德直觉(moral intuition),①而不仅仅是在承认当事人内在特殊性的情况下,其自身涌现出来的那种主观意向和行为预期。否则,就很容易遮蔽"不可言说"背后所存在的情景基础,也无法阐述这种现象对传统中国司法形态所具有的制度性意义。至于结合这一意义而理解当代中国司法审判为何关注格外重视"社会效果"的理论作业,更是无从谈起。

道德直觉主义的基本命题之一就是:基本的道德命题是自明(self-evident)的,它们不需要依赖话语和论证就可以获得证立。此时,命题的正确性不依赖于我们对其内容的理解,也无须借助推理和证明,而依赖于直觉本身。②而且,这样的命题之所以是自明的,还因为它的这种特性与特定的群体或个人有关。"某人知道一项自明的命题"(knowing a self-evident proposition)和"某人知道一项命题是自明的"(knowing that proposition is self-evident)并不等同。③前者意指一项可以经过直觉或推理所得出的结论,后者则是意指一项命题的自明性被人们所经验,因此一项外观看上去自明的命题可能并不当然地具有自明性。在这样的情况下,亨利·西季威克提出了判断一项命题具有自明性的四步测试:一是命题的术语应当明确;二是命题的自明性应当在深思熟虑后方能确认;三是不与其他自明的命题发生矛盾;四是相关自明的命题能够获得普遍共识。④

---

① 参见《梁漱溟全集》(第1卷),山东人民出版社2005年版,第478-479页;翟学伟:《人情、面子与权力的再生产》,北京大学出版社2005年版,第85页。

② 洛克在怀疑先天实践原则的时候曾提到,自明的道德准则"一定是很分明的,而且可以借其光亮为人人所切实知道……命题本身就具足自己的光明和证据,并不需要别的证明;任何人只要一理解这些名词,就能一直同意这个命题,要不然我们便没别的方法使他同意"。参见[英]洛克:《人类理解论》(上册),关文运译,商务印书馆2011年版,第三章第一、四节,第28、30-31页。戴维·罗斯则认为,命题的自明性则体现为"显而易见的,而不需要任何证据或超出它本身之外的证据"。参见[英]戴维·罗斯:《正当与善》,[英]菲利普·斯特拉顿-莱克编,林南译,上海译文出版社2008年版,第86页。

③ "一个自明的命题是这样一个命题:一个清晰的直觉足以证明我们相信它,并且基于这种直觉去相信它。"Philip Stratton-Lake, *Intuitionism in Ethics*, Stanford Encyclopedia of Philosophy(May 15, 2020), https://plato.stanford.edu/entries/intuitionism-ethics/#Int.

④ 参见[英]亨利·西季威克:《伦理学方法》,廖申白译,中国社会科学出版社1993年版,第354-358页。

道德直觉主义的上述基本观点说明,人们经验到的("知道这是一项自明的命题")不代表这一经验判断符合它本身的属性(这项命题是自明的)。这说明道德直觉主义试图在回答休谟命题的同时开放出两个面向:第一,在道德的多元主义和道德直觉主义之间设立沟通桥梁。由于道德直觉与群体和个人的经验和理智有着密切关系,在假定所有人的知性力一定的情况下,针对同一项道德命题可以存在不同的道德直觉,也因此生成了多元的道德直觉。第二,它说明不同的道德直觉之间不能直接地进行化约和比较,即便在面对同一项道德命题时也同样如此。通俗地说,第一个面向表明不同的人和群体会对同一个规范产生不同的认知,而第二个面向则表明这些不同的认知之间不能够相互理解,否则就成为论证而不成为直觉。正如洛克所说,一旦持有一种直觉的人或群体尝试用自己的知性力去理解另一种直觉,那么就必然意味着追问、反思,也必然意味着对方有给出相应理由的义务;这不是直觉的给定过程,而是准则的论证过程,因而会根本地动摇道德直觉主义的理论基础。①

需要注意的是,这种道德直觉是完全基于情境和关系的,因此它与西方元伦理学上的"道德直觉主义"还不能完全等同,后者乃是始终存在着客观、可普遍化、可指导实践的道德直觉。也由于西方的审判秩序重视程序和区分案件事实与客观事实,所以"实事求是"的话语必然导向"不可言说"。但是,这种理论的借鉴仍然有助于澄清"不可言说"的理论内涵。

三、"情""理"在传统中国审判的功能及其意义

"第三领域"的概念说明,除了国家和市民社会的对抗与法团主义式的合作方案之外;还存在着借助正式制度与非正式制度的结合来协调国家与社会的公共空间。而有关中国传统秩序生成机制的分析,也在一定程度上说明了"第三领域"不仅是国家与社会之间的中介,而且是产生国家和社会的动力来源。在日常情况下,它则是协调和平衡国家与社会之间力量的重要一极。如果暂且搁置有关传统中国纠纷解决机制是否作为"第三领域"的代表、民间调处和官府裁判的互动关系是对抗还是一致等

---

① 参见[英]洛克:《人类理解论》(上册),关文运译,商务印书馆2011年版,第三章"没有天赋的实践原则",第30—31页。

争执,①"第三领域"的概念将开放出"情""理""法"的概念,并要求纠纷解决的过程兼顾情理,以实现"情理法"相统一。② 这种理念一直持续至今。

尽管"情""理"如此重要,它们的概念却不甚清晰。③ 有学者认为,"情"是中国传统的普遍性人际关系的同位或换位思考,它只能在具体情境中才能准确把握。④ "理"是相对普遍的、能够广泛接受的普遍共识。"情理"的结合则是以人情为基础的、二者对立且统一的中国式理智,它呈现出从情感(human feeling)向人情(human obligation)、从事实向规范的衍化。⑤

也正是如此,"情理"通常是在情境化的审判实践中加以把握的,并构成广义的法律渊源。⑥ 滋贺秀三在分析清代"听讼"时指出,法律的确

———————————

① 这主要是针对黄宗智和梁治平的争论。参见梁治平:《习惯法、社会与国家》,载《读书》1996 年第 9 期,第 45-55 页。滋贺秀三则把传统中国的判决理解为"教谕式调解"。参见[日]滋贺秀三、寺田浩明、岸本美绪、夫马进:《明清时期的民事审判与民间契约》,王亚新、梁治平编,王亚新、范愉、陈少峰译,法律出版社 1998 年版,第 21 页。

② 相关研究,可参见郑志华:《试评情理法融会贯通的传统价值追求——对清代刑案裁判论证正当性的剖析》,载叶孝信、郭建主编:《中国法律史研究》,复旦大学出版社 2003 年版,第 273-320 页;柏桦、崔永生:《"情理法"与明代州县司法审判》,载《学习与探索》2006 年第 1 期,第 188-192 页;汪雄涛:《"情法两尽"抑或是"利益平衡"?》,载《法制与社会发展》2011 年第 1 期,第 29-37 页;郭卫华:《"情"—"理"的历史哲学形态》,载《南昌大学学报(人文社会科学版)》2015 年第 5 期,第 25-31 页。

③ 这从"情"的外文翻译中就可见一斑,它有 human sentiment、circumstances、human feeling 等诸多译法。参见[日]滋贺秀三、寺田浩明、岸本美绪、夫马进:《明清时期的民事审判与民间契约》,王亚新、梁治平编,王亚新、范愉、陈少峰译,法律出版社 1998 年版,第 24、37 页;杨联陞:《中国文化中"报"、"保"、"包"之意义》,贵州人民出版社 2009 年版,第 69 页。

④ 参见苏亦工:《清代"情理"听讼的文化意蕴——兼评滋贺秀三的中西诉讼观》,载《法商研究》2019 年第 3 期,第 179 页。

⑤ 参见[日]滋贺秀三、寺田浩明、岸本美绪、夫马进:《明清时期的民事审判与民间契约》,王亚新、梁治平编,王亚新、范愉、陈少峰译,法律出版社 1998 年版,第 38-39 页;郑志华:《由事实迈向规范:刍议情理的二大维度》,载《交大法学》2013 年第 1 期,第 105 页。

⑥ 参见[日]滋贺秀三、寺田浩明、岸本美绪、夫马进:《明清时期的民事审判与民间契约》,王亚新、梁治平编,王亚新、范愉、陈少峰译,法律出版社 1998 年版,第 20 页。季卫东教授则分别将"情""理""法"界定为"关系规范""政策规范""法律规范"。季衛東『中国的裁判の構図:公論と履歴管理の狭間で進む司法改革(神戸法学双書)』(有斐閣,2004 年)はしがき 3 頁参照。寺田浩明进一步认为,作为法源的"情""理"主要用于涉及"户婚田土细事"等民事诉讼即"听讼"中。参见[日]寺田浩明:《清代民事审判:性质及意义——日美两国学者之间的争论》,王亚新译,载《北大法律评论》(第 1 卷第 2 辑),法律出版社 1998 年版,第 603-617 页。但也有学者认为,"情""理"是"法"的文化背景或文化性状,法律的情理化或情理性因而被理解为对法律精神的文化追寻。参见霍宪福:《中国传统法文化的文化性状与文化追寻———情理法的发生、发展及其命运》,载《法制与社会发展》2001 年第 3 期,第 1-18 页。

是审判的重要理由,但审判本身并不需要受到法律的明确约束,也不存在法律解释的空间,因此法律与裁决生成之间是充分不必要关系。换言之,审判并不需要严格依照律例,但也不能完全摆脱法律约束。此时,要想裁判"兼顾情理法"并输出妥当的结果,就需要根据案件事实、地方风俗和情理等因素来变通解释法律,只要这种变通解释并不违背法律,且能够帮助裁判者规避司法问责的风险即可。① 寺田浩明进一步提出,"法"可以被理解为明确化并赋予强制力的"情""理"的核心部分,于是裁判者在"情""理""法"之间相互穿梭、出入其中,不仅没有违背"法"的要求,反而在根本上彰显了法律的意义。②

可见,情理作为柔性规范,它的功能在于缓和刚性的法律规范,因此它缺乏演进为规范的动力,含义自然是混沌不清的。在情理所赋予的社会压力下,审判将重视人们在任意生活场合当中对行动预期的预期,尤其要采取移情的方式展示人际关系的互惠性。在这种情况下,审判就需要借助"略法言情""格外尽情"(即法官酌情照顾裁判中或现实中处于不利地位的当事人)和"情让"(即法官要求胜诉方作出一定让步)来适当地调整双方当事人的利益配比,确保双方最低限度的互惠,防止"赢者通吃"的局面。③

情理在审判中的上述表现,揭示了中国传统司法的核心功能不是简单的定分止争,而是维护伦理关系的确定性。④ 而且,审判的这种功能并

---

① 例如清代的方大湜就曾说过:"自理诉讼,原不必事事照例。但本案情节,应用何律何例,必须考究明白。再就本地风俗,准情酌理而变通之。庶不与律例十分相背。否则上控之后,奉批录案,无词可措矣。"参见[日]滋贺秀三、寺田浩明、岸本美绪、夫马进:《明清时期的民事审判与民间契约》,王亚新、梁治平编,王亚新、范愉、陈少峰译,法律出版社 1998 年版,第 29 页。
② 参见[日]滋贺秀三、寺田浩明、岸本美绪、夫马进:《明清时期的民事审判与民间契约》,王亚新、梁治平编,王亚新、范愉、陈少峰译,法律出版社 1998 年版,第 29 页。
③ 有研究进一步指出,传统中国文化并不热衷于西方意义上的衡平正义,因此情理不应当被认为是"正义衡平感觉",而应当被认为是"哀矜折狱",即诉讼当中的同情心或同理心,或者说更看重对于弱小一方的实质意义上的"关怀"(caring)。参见郑志华:《由事实迈向规范:刍议情理的二大维度》,载《交大法学》2013 年第 1 期,第 104-110 页。
④ 例如《名公书判清明集》卷四《户婚门·妄诉田业》所载胡石壁判词:"词讼之兴,初非美事,荒芜本业,破坏家财,胥吏诛求,卒徒斥辱,道途奔走,犴狱拘囚。与宗族讼,则伤宗族之恩;与乡党讼,则损乡党之谊。幸而获胜,所损已多;不幸而输,虽悔何及。故必须果抱冤抑,或贫而为富所兼,或弱而为强所害,或愚而为智所败,横逆之来,逼人已甚,不容不一鸣其不平,如此而后与之为讼,则曲不在我矣……"参见杨一凡、徐立志主编:《历代判例判牍》(第 2 册),中国社会科学院历史研究所宋辽金元史研究室点校,中国社会科学出版社 2005 年版,第 108 页。

不只是向两造当事人开放，还同时对裁判者开放。换言之，裁判者在审判活动中也会考虑自己的主观意愿，有学者称之为"三当事人结构"，此时判决结果就是两造当事人和裁判者的三方共识。① 此时，审判中就出现了三种关系，对应着三组差序格局：一是双方当事人之间的关系，对应双方的血缘和家族的伦理关系；二是裁判者与他的同僚和上级之间的关系，对应官僚体制内部的地位、角色、"脸面"和权力关系；②三是法官与当事人之间的关系，对应统治者与被统治者之间的不对称关系。是故，审判是裁判者衡量上述三种关系的结果，并以维系和恢复既有关系为目的。

在这种逻辑延长线上，官员在裁判中不仅要考虑他的情境化地位（作为裁判者），也要考虑权力结构中自身的处遇（作为普通官僚），而后者通常比前者更为重要，甚至是其驾驭庭审和作出裁决的决定性因素。③ 是故，一种做法是法官奉行"超职权主义"（hyper-official principle），不断地尝试借助正式或非正式的方式来扩张自己的职权行使范围，务求实现预设的裁判结果。④ 但是，这种借助反复议论和磋商来寻求具情境化和特殊化的共识的生成机制，不仅局部消解了裁判者与当事人的身份差异，而且在很大程度上把共识形成的希望寄托在偶然事件造就的行为契机及由此产生的关系性和结构性压力之上。这意味着当事人也在很大程度上获得了对抗裁判者行为的行动空间即"超当事人主义"（hyper-intention of parties principle）。⑤ 加上审判始终以发现客观真实即"原情定过"为核心作业，是故始终存在着借助不同权力与角色之间短路结合的方式来制造

---

① 季衛東『超近代の法：中國法秩序の深層構造（MINERVA 人文・社會科學叢書）』（ミネルヴァ書房，1999 年）121－123、137 頁参照。

② 有关"脸面"的分析，可参见黄光国、胡光缙等：《人情与面子——中国人的权力游戏》，黄光国编订，中国人民大学出版社 2010 年版，第 46 页。

③ 《名公书判清明集》卷十《人伦门・乡里之争劝以和睦》中胡石壁的判词恰好说明了这一点："……且道打官司有甚得便宜处，使了盘缠，废了本业，公人面前赔了下情，着了财物，官人厅下受了惊吓，吃了打捆。而或输或赢，又在官员笔下，何可必也……"参见杨一凡、徐立志主编：《历代判例判牍》（第 2 册），中国社会科学院历史研究所宋辽金元史研究室点校，中国社会科学出版社 2005 年版，第 341－342 页。

④ 季衛東『超近代の法：中國法秩序の深層構造（MINERVA 人文・社會科學叢書）』（ミネルヴァ書房，1999 年）144－150 頁参照。苏亦工教授在分析清代康熙年间江西省新建县知县陆毅判处的"兄妹争产案"时，也表明了这一点。参见苏亦工：《清代"情理"听讼的文化意蕴——兼评滋贺秀三的中西诉讼观》，载《法商研究》2019 年第 3 期，第 180－181 页。

⑤ 参见季卫东：《法治构图》，法律出版社 2012 年版，第 69－91 页。

推翻裁判结论的制度空间,从而造成"异议相搅"或"两极纠缠"的局面。[1]

综上所述,传统中国审判的核心主张是促成"情""理""法"的功能互补:情理在很大程度上构成了审判秩序与社会秩序的沟通渠道,并且成为具体解释和适用法律的重要标准。审判的这种价值追求带来了以下后果:第一,"情""理"并不存在着一个明确的定义,而需要结合具体的案件来开示它们的内涵,因此发现客观真实,就成为审判中界定"情""理"并进而确定所适用法律的重要准绳。第二,"情""理"的这种模糊性导致裁判者在维护案涉的伦理秩序时,需要通过他的审判行为来维护他所在的关系网络结构,以此造成审判的"三当事人结构"和"超职权主义"与"超当事人主义"的短路结合,使得审判可能会出现"答非所问"的情况。第三,在案件裁判中能够真正约束裁判者释法的只有官僚机构的关系网络、权力意志和司法责任制,[2]因此更为模糊的"情""理"就成为裁判者衡量裁决结果的关键要素,而"法"在这里则更多充当着情理听讼的外观。

第三节 "情理"与法律在现代中国审判中的非对抗性证成

从现代法律制度的角度来看,"情理"对传统中国审判活动和法律适用具有辩证统一的影响:一方面,由于"情理"的模糊性和传统关系网络的结构性特征,法律在审判中并不具有权威地位,反而是审判实现"情理"的手段;另一方面,传统中国"礼之所去,法之所取"的规范组合以及"情理"和法律在社会秩序中的不同功能,又说明了它们之间不存在着非此即彼的对抗性。这种辩证统一关系可以认为是传统中国审判的核心线索,并且彰显传统中国法律文化的价值内核。如果客观看待"情理"背后所包容的权力意志和工具属性,那么这种兼顾情理法的理念在一定程度

---

[1] 季衛東『中国の裁判の構図:公論と履歴管理の狭間で進む司法改革(神戸法学双書)』(有斐閣,2004年)はしがき3頁参照。

[2] 一般认为,传统中国的刑事审判的确具有作为"技术"的法律解释,但这种解释能否可以称为规范的法律解释,则仍存争议。有关观点可参见[日]寺田浩明:《权利与冤抑——寺田浩明中国法史论集》,王亚新等译,清华大学出版社2012年版,第424-449页。

上能够与西方自然法传统产生对话,而追求"情法两平"和根据"情理"变通适用法律的思想甚至能够接续现代的后果主义和现实主义审判理论。在这个意义上,情理听讼在现代法律制度中被遮蔽掉的合理性的内容,恰好可以被后现代法学所揭示出来。① 与此同时,现代中国的审判活动也非常强调裁判结论需要合情合理,要为社会公论所认可。可见,无论是基于学术谱系的共时性比较,还是基于中国社会和司法制度变迁的历时性比对,都能够说明,尽管"情理"在现代审判中不再获得支配法律的正当性,但"情理"仍然在很大程度上是现代审判所必须回应的内容,也仍然可以成为论证裁决合理性的重要资源。因此,有必要论证"情理"与法律之间的非对抗性关系。

一、现代中国审判与情理听讼的牵连

为准确理解"情理"和法律在当代中国审判中的关系,就需要正确对待传统中国情理听讼的理念和思维习惯,从而了解当代中国审判与情理听讼之间在法律文化上的内在关系。

此刻,不妨从文化内涵的角度审视情理听讼,这将揭示情理听讼与现代审判形态即"竞技型诉讼"②在审判所追求的确定性问题上的重大区别。简单来说,现代审判形态关注的是通过审判彰显"个案争讼的确定性",因此必须维护法律文本的确定性、法律程序的确定性和裁决的确定性。为此,法律规范应当是清晰、无歧义的,或者是可以经由逻辑和生活经验推知的;同时,审判需要重视法律程序在审判中的基础地位,通过法律解释技术来增强裁决的可预期性,并尽量令裁决不超出法律文本含义的射程范围,从而实现法律条文和裁判结果的确定性。与之不同,情理听讼讲究的是"人伦关系的确定性",亦即追求伦理秩序的确定性而非法律规范的确定性,并因此确立"审名分,忍小理"的基本原则,③主张诉讼必须围绕着修补或平复人伦关系进行。此时,应当选择何种裁判依据、采取

---

① 参见季卫东:《法治秩序的建构》(增补版),商务印书馆 2014 年版,第 479-481 页。
② 这是滋贺秀三援引野田良之关于西方诉讼形态的归纳。参见[日]滋贺秀三、寺田浩明、岸本美绪、夫马进:《明清时期的民事审判与民间契约》,王亚新、梁治平编,王亚新、范愉、陈少峰译,法律出版社 1998 年版,第 3 页。
③ 参见季卫东:《法治秩序的建构》(增补版),商务印书馆 2014 年版,第 115-116 页。

何种审判策略,以及该如何理解相关的律例或地方风俗,都需要围绕着这一目的进行,并从根本上服务于这一目的。为此,情理听讼在一定程度上并不追求裁决的确定性和可预期性,甚至为了实现人伦关系的确定性和当事人、裁判者及其各自所属的多元关系结构的互惠与未来的"社会性交换"而故意保留一定的不确定性。除了上述的"略法言情""格外尽情""情让"之外,体现典型职权主义审判模式的"必要覆审制"和直诉制度也同样是典型例子。当然,现代诉讼制度留有裁判者"酌情审判"的自由裁量空间,在程序上设有审判监督程序,也设置了与司法责任制相关的错案赔偿制度,但这种制度设计是刚性的,只在法律规定的范围内允许量上的不确定性,因而大异于情理听讼,后者的裁判风格不仅允许量上的不确定性,甚至允许和放任质上的不确定性。

所以,现代法律理论的首要任务,就是通过一整套现代的理性化的法律规范、法律话语和法律思维,在中国确立现代的法律确定性观念,进而达致理想的现代化法律体系。"情让"就是要被"打落水狗"替代。即便法治建设需要借助"本土资源",即使"后现代法学"有助于揭开被现代法学遮蔽的思想,这一法治秩序建构的立场也同样成立。[①] 在这样一个持续百余年的法律移植的过程中,尽管在制度建设上多有反复,但在各个领域加强法治、推进全面依法治国,也已经成为共识。[②]

然而,现代中国审判秩序要想完全实现自洽地运作,也许还需要克服制度建设与心理和社会建设脱钩的难题。尽管传统中国并不存在如葛兰西所说的作为输出文化意识形态的市民社会,但传统中国的确存在与之相类似的、输出儒家意识形态的伦理共同体。无产阶级在政治革命时所遭遇到的文化堡垒,在建构审判秩序时也同样会遭遇到。传统中国的司法秩序对伦理确定性的极致追求说明,司法活动以及与之配套的整个政治秩序乃至日常的生活秩序都深嵌于儒家伦理共同体所开放出的"道

---

① 参见苏力:《法治及其本土资源》,中国政法大学出版社 2004 年版,第 3—22 页;邓正来:《中国法学向何处去——建构"中国法律理想图景"时代的论纲》(第 2 版),商务印书馆 2011 年版,第 214—216、228—229 页。

② 参见《梁治平自选集》,广西师范大学出版社 1997 年版,第 46—49 页;瞿郑龙:《我国司法模式的历史变迁与当代重构——政治视野的考察》,载《法学评论》2016 年第 4 期,第 114—115 页;强世功:《立法者的法理学》,生活·读书·新知三联书店 2007 年版,第 10—14 页。

统"之中,并具象化为复数的差序格局。① 而且,由于传统中国"司法官兼理行政"的体制,②导致包括司法和行政在内的所有公务活动都直接服务于伦理共同体的理念要求,而不会因所处理事务的差异而产生功能分化。因此,司法官员所从事的是司法活动抑或是其他行政活动,都只有职能上的差异,而不会有规范上的差别。甚至可以说,只有在一元的意识形态和与之相匹配的一元权力结构既定的情况下,整个政治秩序才能够得以开展。这实际上呼应了有关传统中国社会的个人作为"关系的存在"的理解。此外,这种围绕着伦理共同体所进行的制度设计还表征一整套与之适应的综合辩证思维方式,在审判问题上也概莫能外。在这个意义上也可以说,在传统中国的审判中,"正义"与纠纷无关,而与案涉主体的差序结构直接捆绑在一起。"正义"的实现通常遵循"情优于理、理优于法"的位阶。由于缺乏形式化的理性程序,"正义"仅存实体面向,因此它的实现是一个在实体问题上"多和少"的问题。

在此情况下,基于伦理共同体所造就的行为预期和思维方式,与现代法律体系之间多有冲突。有学者在分析中国法律的基本社会结构时就指出,传统审判所依赖的柔性法律规则和法治现代化带来的刚性法律结构,在现代中国的审判实践中短路相接,导致审判活动在确立规则和解决纠纷之间不断摇摆,这使得审判活动常常伴随着正式与非正式的"协调",即当事人和裁判者围绕着纠纷背后的社会矛盾,反复进行权衡与博弈。③ 不难发现,这正是情理听讼下"三当事人结构"的复归。此外,在现有的研究中,有关现代法制体系与传统法律思维;就事论事与社会影响;依法裁判与常理常情;法律规范与权力意志;实质正义与程序正义;权利与"面子";诉讼与调解;精英路线与群众路线等多个议题上的理论碰撞,都能够说明:中国社会是一个超大规模的复杂社会系统,又处于从前现代社会向现代社会的复杂转型期之中。在此背景下,中国的审判程序是现代的,但它应对的问题却跨越前现代、现代和后现代;审判依据是法

---

① 参见牟宗三:《政道与治道》,吉林出版集团 2010 年版,第 30 页。

② 参见李启成:《法律继受中的"制度器物化"批判——以近代中国司法制度设计思路为中心》,载《法学研究》2016 年第 2 期,第 202 页。

③ 参见刘思达:《中国法律的形状》,载《中外法学》2014 年第 4 期,第 1024-1044 页。

律,但援引依据的依据却可能包含"情理"。总而言之,在传统和后现代因素的复杂交织中,现实的审判活动仍然需要关照情理,仍然需要关注情理对于法律的影响,从而令法律与情理、现代审判与情理听讼形成相互牵连的现象。

二、审判合法性重建的需要

在现代中国审判中法律与情理相互缠绕的现象说明,至少在裁判理由的层面,法律与情理的差异性是非对抗性的,而且它们日益呈现出相互融合的趋势。一方面,现代国家的政治制度在本质上是以权力之间的相互制约和公民的基本权利保护为基础,蕴含着自由主义与国家主义之间的对抗,司法制度也同样以此作为制度建构的基本价值。但中国的现代司法制度却源于提高国家能力、实现救亡图存的现实动机,是国家意志自上而下强力推进的产物,也是通过革命打碎旧的国家机器之后诞生的新的制度形态,还是"革命政治"走向"治理政治"的重要成果。① 而且,以何种方式传承和发扬革命司法传统、使之与现代司法制度相融贯,一直是法院体制改革和司法制度改革当中的重要理论和现实命题,但以政策实施为主要导向,却似乎是一以贯之的理念。② 据司法政治学的观点,法院一方面是政治机关,承担独特的政治职能,另一方面是纠纷解决机关,是维护社会公平正义的最终部门。据此,中国的法院首先代表国家意志,是国家权力实现社会综合治理的节点,因此审判必然会更强地体现司法政策和其他公共政策的内涵和价值取向。有学者径自用"公共政策法院"来审判的这种特征。③

在这里,法律与情理的非对抗性也许派生于治国者的德性,它同时成为中国法院通过审判重建合法性的要素,构成司法参与社会治理的理论

---

① 参见于浩:《共和国法治建构中的国家主义立场》,载《法制与社会发展》2014 年第 5 期,第 173-183 页。

② 参见[美]米尔伊安·R. 达玛什卡:《司法和国家权力的多种面孔——比较视野中的法律程序》,郑戈译,中国政法大学出版社 2015 年版,第五章"政策实施型程序",尤其是第 154-157 页。

③ 参见侯猛:《中国最高人民法院研究——以司法的影响力切入》,法律出版社 2007 年版,第 173-176 页;黄韬:《公共政策法院:中国金融法制变迁的司法维度》,法律出版社 2013 年版,第一章"金融政策、司法政策和法院"。

原点。① 中国审判独特的衡平标准说明,现代法律制度是异质于社会关系网络的产物,因此要想使审判在社会当中发挥实效,就必须清晰地向民众说明法律价值的优先性,以及法律优越于其他传统社会规范的理由,并通过案件执行的方式获取徙木立信之效。自20世纪90年代开始持续推进的司法改革和强化法院专业化建设,正是以此为核心出发点。此时,审判的功能是回应法律与其他社会规范和传统价值的争执,用法律来重塑人们对社会行动的预期。然而,由于法律本身的滞后性,裁判者很难纯粹依靠法律来给当事人以满意的判决。一些原本因关系网络的互惠(reciprocity based on social network)或政治权威而暂时消弭的纠纷(例如农村分家析产和承包土地等纠纷),因强化私权保护而重新激发起来。此时,过去的纠纷已经停息,不少佐证权利的证据已经毁损灭失,审判因而难以在法律层面圆满回应当事人诉求,反而加剧了民众对法律的不信任感,并成为长期影响审判实效性乃至合法性的重要因素。而且,过去司法改革的经验教训说明:审判结果除了满足法律要求之外,还需要契合当地的情理标准,否则裁判就很难得当事人和社会听众的接受,进而缺乏实现裁判的社会压力(social pressure)。在某种意义上,情理正是支撑这种"社会压力"的关键因素。是故,情理仍然是法律能够通过审判获得实效的一项重要依据,并发挥着不亚于法律的作用。

三、革命法制传统的展现

情理在审判中存在广阔操作空间、成为支撑裁判的社会压力的缘由,固然取决于传统的关系网络结构的韧性,但在制度上,则根源于初步理性化的法制体系与传统治理模式相结合的革命法制传统。② 例如在抗日战争时期的晋冀鲁豫边区,初步确立了在党的一元化领导下的法院独

---

① 参见强世功:《法制与治理——国家转型中的法律》,中国政法大学出版社2003年版,第8-15页。

② 参见强世功:《法制与治理——国家转型中的法律》,中国政法大学出版社2003年版,第159-165页。有研究指出,"实事求是""群众路线""理论联系实际"等话语充分表明既有的社会结构对革命所具有的正面作用。季衛東「公約、公憤および公議—現代中国における法の言説空間」佐々木毅、山脇直司、村田雄二郎編『東アジアにおける公共知の創出——過去・現在・未来(公共哲学叢書)』(東京大学出版会,2003年)140頁。

立行使职权原则,土地革命战争时期的大规模群众审判制度被陪审员制度和群众听审制度取代,在政府内部设立基层司法机构(司法处)的做法则被派出法庭制度取代。相应地,边区法院的内部职能部门分工明确,法律条文和判决文书开始大量使用法言法语,并形成了与之相适应的审判程序、审级制度、人权保障制度以及言词辩论制度等。① 尽管如此,晋冀鲁豫边区的司法实践仍然强调群众参与审判和审判调解并举。其具体做法是:第一,在审判中注重群众意见,允许群众斗争、群众陈情,甚至允许群众提起公诉;第二,重视调解,认为在法院调查研究过程中认为可以调解的民刑事案件,都可以在双方当事人同意的基础上进行调解,且民事案件最好以调解结案。② 与之相类似,1941 年山东省制定了《各级司法办理诉讼补充条例》就指出司法审判不要拘泥成法,要发动地方资源,以调解教育民众和团结抗战。③ 1943 年《陕甘宁边区民刑事件调解条例》侧重于行政调解,但同时指出司法机关在接收符合调节要求的特定类型案件后,也可以在整个审判环节中进行调解。④

随后,这种强调诉讼程序中审判与调解的有机结合,成为彰显革命根据地法制优越于国统区的典范。据 1944 年 5 月 29 日《晋察冀边区行政委员会关于执行改进司法制度的决定应注意事项的命令》所示,改革被动式司法、司法独立倾向和法官坐堂问案的司法作风,具体的做法是发扬马锡五审判经验,主张实事求是,调查研究,变被动式司法为主动司法,变对立交涉的庭审格局为会议座谈,旨在维护边区政权的一元化领导和法令政策统一。⑤ 不过,1944 年陕甘宁边区政府《关于普及调解、总结判例、清理监所的指示信》中指出,司法机关的"调解"是调解和审判的结合,而不

---

① 参见韩延龙、常兆儒编:《革命根据地法制文献选编》(中卷),中国社会科学出版社 2013 年版,第 859—860、868 页。

② 参见韩延龙、常兆儒编:《革命根据地法制文献选编》(中卷),中国社会科学出版社 2013 年版,第 863—864、868、873—874 页。

③ 参见韩延龙、常兆儒编:《革命根据地法制文献选编》(中卷),中国社会科学出版社 2013 年版,第 886 页。

④ 参见韩延龙、常兆儒编:《革命根据地法制文献选编》(中卷),中国社会科学出版社 2013 年版,第 1002—1003 页。

⑤ 参见韩延龙、常兆儒编:《革命根据地法制文献选编》(中卷),中国社会科学出版社 2013 年版,第 848—850 页。

第一章　理由论证的社会背景　45

只是纯粹的"调解"。之所以这样说,一方面是因为司法机关的规范依据更强,调解给出的方案更具力量,另一方面也是因为司法是社会矛盾解决的最后防线,它的调解因具有强制性而在效用上与审判无异。而且,调解(特别是行政调解)在一定程度上成为审判的前置程序。[①] 法院则是通过各种方式鼓励民众在当地寻求区、村一级政权组织调解,以便于将更大精力放在刑事审判和指导专职土地革命的人民法庭工作上。[②]

由此可见,将调解纳入审判程序之中,是革命根据地法制努力促成法律与情理相互交融的重要制度成果。首先,对群众而言,法院与行政机关都是他们可以任意选择告诉的政府机构,且法院还必须对他们的要求作出回应。其次,法院和行政机关都以贯彻革命的意识形态作为一切工作的根本出发点,审判工作也应当体现群众的主观能动性的调解。最后,也是最为关键的是,调解充分体现出传统中国司法秩序在民主革命中仍具有非常重要的积极意义,特别是在寻求更高级别的行政调解和司法官员主动走下审判席进行调解的正反对比中,审判与调解的有机结合俨然成为解决社会矛盾和实现民众团结的重要手段。

在这个意义上,革命根据地的法制传统把审判和调解有机结合起来,使审判具有了更强的教育和政策实施功能,并成为当代中国审判形态的雏形。至此也就可以明白,传统中国的情理观念是如何在审判中与现代的法律成为非对抗性的裁判资源。一方面,中国社会的超大规模特性导致了传统中国的治理秩序必须突出伦理共同体的形态,同时在制度上注重正式制度与非正式制度的结合和转化,进而有效调动中央政府与地方政府的积极性。[③] 这种超大规模性在当代中国进一步叠加复杂社会系统和当代中国司法的制度性和社会结构性特征之后,又可以折射出传统的情理因素以及相关的社会结构仍然对司法裁判的过程产生实质影响。[④] 再加上中国现代司法制度的政治性特征和最高法院所具有的法律

---

①　参见韩延龙、常兆儒编:《革命根据地法制文献选编》(中卷),中国社会科学出版社 2013年版,第 996 页。

②　参见季卫东:《调解制度的法律发展机制——从中国法制化的矛盾情境谈起》,载强世功编:《调解、法制与现代性:中国调解制度研究》,中国法制出版社 2001 年版,第 26-31 页。

③　参见泮伟江:《如何理解中国的超大规模性》,载《读书》2019 年第 5 期,第 3-11 页;周雪光:《中国国家治理的制度逻辑》,生活·读书·新知三联书店 2017 年版,第 18-22、29-41 页。

④　参见李清伟:《司法克制抑或司法能动——兼论公共政策导向下的中国司法能动》,载《法商研究》2012 年第 3 期,第 85-93 页。

与政策发展的职能,导致中国的司法裁判在坚持法律思维进行裁判的时候,也必须要在更大范围内服从于一种综合性思维。[①]

只不过,利用调解与审判的这种有机结合来推进法律与情理的交融,在理论上的确存在困难。首先,对着眼于全社会普遍预期的法律而言,它的规范判断是为了完善信任机制,以相对地降低社会的复杂程度。但调解更擅长于通过深嵌在社会关系网络中的各类要素维持特殊信任机制,在一定程度上它只是掩盖和转移了纠纷,但没有解决纠纷。也就是说,调解只能对社会信任机制进行小修小补,而无法如审判一般形成抽象的普遍预期。其次,调解注重结构和关系深嵌的特征也极强地限制了自身的活动范围,导致其政策宣示功能要远大于实际操作功能。事实上,在抗日战争时期,调解与审判在实践中的矛盾就已经体现出来。有研究指出,"马锡五审判方式"就一直存在难以推广或大规模使用的余地,更何况调解对司法资源的高占用和不成比例的效用产出,在现实中较大地影响法官主动进行调解的积极性。[②] 最后,法律系统在日常的自我再制必然要求规范上的分化,此时追求理性化的法律系统的封闭性运作会突出审判的理性一面,并可能与注重情感行为的调解之间发生争执,进而发生了审判与调解相互解构的情况。

不过,这种政治系统和法律系统之间因相互维持和相互解构所产生的悖论,的确是不断促成情理和法律在中国审判活动中的交融,并贯彻法院的政治功能。在这个意义上,调解仍然是中国审判的有机组成部分。但是,如果希望同时维持住法律系统的自我指涉和外部指涉,在缓和调解与审判的内在紧张关系的同时,使审判继续服从于治理的综合性思维,那么审判本身也应当具备独立承担起实现法律与情理相交融的任务。此时,就需要恢复情理作为行为预期、行为规范和行为理由的本来面貌,使情理成为借助裁判说理而导出法律规范的一种重要的理由类型。这使现代中国审判批判继承了情理听讼的合理要素,并为情理与法律在审判中的和谐共生带来了新契机。

---

① 时任最高人民法院院长肖扬在耶鲁大学法学院的演讲就指出了这一点。参见肖扬:《中国司法:挑战与改革》,载《人民司法》2005年第1期,第6页。

② 参见胡永恒:《马锡五审判方式:被"发明"的传统》,载《湖北大学学报(哲学社会科学版)》2014年第1期,第121—127页。

第二章　理由论证的对话条件

本章将讨论理由论证所需的基础性对话条件,意在阐明推动理由给予以及与之相关的正当化、合理化论证过程。本章将程序主义的纠纷解决机制与法条主义和后果主义的理论调和方案定义为理由论证的对话条件。在以话语博弈为特色的程序性议论中,讨论的内容是审判应当如何平衡法条与后果的关系,并分别有法条主义和后果主义的两种方案,而可取的做法是采取对话、论证和给予理由的方式,通过加强法律条文的解释来调和二者。此时,针对法律观点的相互辩驳就成了法律生活的常态,而且这种法律的可辩驳性或可废止性,在本体论和方法论上都能获得充足的理论支撑,并且囊括了论证各方以至社会一般主体所关心的种种内容。

第一节　基准框架：以程序调和价值冲突

一、程序与契约相互正当化的命题

程序并不试图解决多元社会之价值的"诸神之争"问题,也坦承自身并非万能,但它却是缓和价值冲突的前提装置。由于程序的出发点是行动主体之间存在着相互承认、沟通与达成共识之契机,而相互承认、沟通与实现合意的过程又为契约概念所囊括,故程序与契约的关系就成为相应研究的核心。它们互为各自的基础,可以表述为:契约的非契约基础是程序;程序的非程序基础是契约。①

(一)程序作为契约的非契约基础

"契约的非契约基础是程序"这一命题与程序的以下概念性命题有关:一是程序的中立性命题和正当过程命题,这两个命题在内容和特征上联系紧密。它们是指:程序不追求外部价值(external values),不预设程序意图实现的结论的内容、标准、范围,而只关注如何创造商谈条件、排除外部障碍,以利于各方思考、议论、选择,从而做出理性的决定。二是程序的相互关系命题,它是指程序蕴涵着商谈各方在做出决定过程中体现出的相互关系。三是程序结构的不可还原命题,它是指程序不是某种静态的步骤、手续、秩序,而是兼具形式与实质的过程,因此程序在结构上不具备反复性与可回复的特征。

在此,有必要进一步讨论"程序的相互关系命题"和"程序结构的不可还原命题"。这两个命题都试图说明与程序密切相关的分化、功能自治与闭合论证等问题,只是二者切入问题的视角并不相同。"相互关系命题"以程序参与主体在程序中的多样性与差异性为基础,核心是结构化的主体分化和论说对立。"不可还原命题"则是说明程序之结构需导入其不可还原特性:一方面,程序天然地囊括程序参与主体的实践趣味和程序得以可能的结构性要素;另一方面,程序在结构上所具有的"作茧自缚"效应和中介事实与规范的特征,使之成为充当作为过去与未来之间的纽带,又进一步在时空维度上强化了程序的结构不可还原的特性。倘若结合"相互关系命题"中有关"角色分化"和"营造对立面"的内容,则可以更进一步得出,程序之所以能够被用来处理多元社会中不同主体之间的相互关系,是因为它成功以其结构形塑了一个抽象或形式化的相对区隔于现实世界的沟通空间,也就是说,程序的结构决定了程序的关系取向,这种关系取向又构成了程序所欲实现的目的,进而实现程序的"功能自治"(functional autonomy),即为了达成一定目的而进行的活动会经由不断反

---

① 参见季卫东:《法治秩序的建构》(增补版),商务印书馆2014年版,第38页。

复而自我目的化。

这种对程序的结构功能主义式解读表明,程序在结构上的不可还原特征乃是建立在对系统的功能分化及其沟通的二阶观察之上。卢曼正是在这个意义上将程序确定为"实现约束性决定这个特定功能而建构的短期性社会系统"或者说"选择性制度化的机制"。① 在某种意义上,程序的这种法治秩序的过渡性和中介性相当于卢曼所说的"沟通"或者"指涉",程序因此具有沟通或指涉的外观。一方面,沟通充当起程序内部决策与外部环境关系的装置,由此强化程序的结构,使程序的功能分化和结构主义下系统对环境的外部指涉得以可能。另一方面,沟通的符码化将凸显程序的意义(sinn)面向。这里的"意义"被定义为:"对于实现性/可能性这个差异所持续进行的过程化。意义因此是自我指涉的:意义始终指向意义,而不是'非意义'。"②通过"选择"这一生成意义结构的制度中介,程序的自我指涉与法律意义结构的建构过程重合在一起,故程序就是法律意义脉络同一化的外观。因此,不应用"形式性"或"实质性",而应当用"过程性"或"过渡性"来指代程序的本质。

进言之,在功能分化之下,程序将持续地被用来解决规范的过度生产问题。并且,在这个过程之中,程序的过程性本质在法律的反身性(reflexivity)下获得进一步说明。超越形式理性与实质理性的法律的反身理性,其目的是强化社会诸系统之间的相互支持,使法律回应社会需求之"目的/后果导向"范式的"再实质化"以及所形成的"回应型法"不至于产生取消系统封闭运作的结果。③ 在此,彰显法律反身性的"反身法"(reflexive law)将通过自我规制的方式来重建法律系统的正当性,并以重构社会诸系统的内在话语程序和诸系统之间相互协调方法的方式建构半自主的社会系统。故而,法律在内部结构上是程序指向的,它塑造出以关系为导向制度结构与判决程序,在为行动主体提供参加私人或公共论辩

---

① 参见[德]尼克拉斯·卢曼:《法社会学》,宾凯、赵春燕译,上海人民出版社 2013 年版,第 191、194 页。

② Georg Kneer、Armin Nassehi:《卢曼社会系统理论导引》,鲁贵显译,台北,巨流图书公司 1998 年版,第 101 页。

③ 参见[美]P. 诺内特、P. 塞尔兹尼克:《转变中的法律与社会:迈向回应型法》,张志铭译,中国政法大学出版社 2004 年版,第四章"回应型法"。

空间的同时,也使这些论辩能接收来自系统外部的影响。①

在反身法的框架下,程序可以发挥其反思性整合的功能,为合意的形成奠定基础。但需要注意的是,反身法不过是为未来的行动提供组织和程序前提,因此程序只是合意得以可能的前提条件。又因为程序是对"目的/后果"(对应实质理性法的内部结构)和"逻辑/手续"(对应形式理性法的内部结构)的超克,因此论辩的各方主体并不能在程序中质疑程序的合法性,除非程序为行动主体提供了否定自身的替代性渠道。例如,在《民法典·合同编》这一典型的追求合意的程序中,法律为主体的行为规定了各类行为和要素规范,这些规范从要约邀请一直延续到合同的履行完毕,涵盖了从启动磋商到合意全部达成的全过程。同时,《民法典·合同编》提示了可能出现妨害合意形成与实现的典型要素,②规定了无法达成合意的补救与惩罚措施及其落实机制。在这些内容当中,《民法典·合同编》为维护意思自治与促进交易安全而提供了诸多替代性通道,旨在说明法律的兜底性。在《民法典·合同编》中大量可见的"当事人另有约定的除外"以及"另有交易习惯的除外"的但书就是典型。

由此,程序作为契约的非契约基础就得以证实。首先,该命题揭示了程序与契约(合意)之间的亲缘性,也就是分化、沟通和反思性整合。在中国的语境下,程序对于契约的意义着重体现在强调角色分化的理论主张,因为这种分化以及相伴随的程序将根本地影响当代中国社会主体的角色伦理重塑过程。其次,该命题说明了程序作为契约基础的方法,亦即在外部影响着合意形成与实现的全部过程,同时在内部为该过程提供充分的论辩空间与自由。再次,该命题也表明程序基础的非契约性由来,亦即程序一方面不允许合意获得影响和改变自身的权力,另一方面又以各类例外规定来协助合意影响程序。最后,也是最重要的是,在多元社会下,任何试图强调某种超验的实质性价值或理念的思路,都势必接受价值冲突的拷问,也不存在可普遍化的价值判断原则,因此难以具备实践可操

---

① 参见[德]图依布纳:《现代法中的实质要素与反思要素》,矫波译,载《北大法律评论》(第 2 卷第 2 辑),法律出版社 1999 年版,第 596–599 页。

② 例如《民法典》第 500 条有关缔约过失责任的规定,第 525–527 条有关双务合同的履行抗辩权的规定等。

作性和现实批判性。罗尔斯在现代社会的条件下重建社会契约论的研究从抽象的正义原则转向政治自由主义的重叠共识,就恰好体现了这一点。值得注意的是,这种对价值的认知无法明确地区分"主流价值观"和"多数人暴政",因为实质性的价值判断始终存在着多数与少数的争执,而"阿罗不可能定理"也已经表明了这种争执背后价值判断的无力。因此,无论是私人契约、公共契约还是社会契约,合意的实现都只能以程序作为初始点。这也契合了程序"相互关系命题"与"不可还原命题"的内涵。

(二)契约作为程序的非程序基础

在论证"契约的非契约基础是程序"命题时可以发现,程序在促进契约实现的过程中也受到来自契约(合意)的影响。允许"例外的合意"就是典型。但是,现实的逻辑并不能取代逻辑的现实,程序理论要想成为契约的非契约基础,就仍然需要合理地说明程序在何种程度上将受到契约影响及此种影响的意义,从而在逻辑上证实"程序的非程序基础是契约"命题。

"程序的非程序基础"的设问将追索建构程序所需的非指涉程序自身的因素,这些因素将成为证立程序的效力来源。换言之,它关注的是缘何从外部视角证立程序的"合法性"或"正统性"(legitimacy),并排除内部视角的证立路径,因为内部视角下的程序不能,亦不足以自证其合法性。其一,内部视角只能在有限程度内描述契约影响程序内容的"例外的合意",因为契约能够进入程序的根本原因是程序对契约(合意)的礼让,这种礼让只能在外部视角下方能得到全面的阐述。其二,尽管程序具有被称为"内在道德"的形式性价值,但"内在道德"至多能够证明程序的"程序性基础"而非"非程序性基础"。再者,程序作为适配社会分化的过渡系统,它在自我指涉之余也同样需要进行朝向环境与其他系统的外部指涉,而纯粹依靠程序之"内在道德"的作业将无法在认知上保持开放,因而不足以承担外部指涉的工作。

然而,外部视角的理论作业放弃了义务论式的内在正当化路径,因而在很大程度上把程序的合法性安置在"工具"而非"目的"层面。但程序理论又坚持从本体论而非工具论的范畴来论证自身的正当性,因此程序理论必须能够说明某些外在于程序的事物的存在与运作将只能以程序的存在为充要条件，也就是在逻辑论证的过程中引入现实的参量：

> 制度安排的变更并非从零开始，而必须面对既成的事实。当事人选择是否要进入程序时受到现行法的限制，国家选择是否要改进程序时受到现有利益格局和力量对比关系的限制，却很难确保这些限制一定就是正当的，不会危及人们指望的程序价值。为了确保程序的公正性、合理性，人们往往不得不导入社会正义的概念，并假设一种不为历史得既成事实或现状所左右的理想状态，从中发现和推导出社会正义的原理和评价标准，用以批判旧的制度安排或指导制度设计。然而这条思路很容易通向实质高于程序的窠臼，很容易导致某种主流价值被当做普遍真理的清晰，从而造成对实质性共识的强求以致压抑个人自由和少数者的价值。为此需要考虑另外一条思路，即不借助某种终极性价值根据就可以奠定程序的非程序性基础。在笔者看来，这就是要通过承认或同意以及对异议的容纳来保障程序的正当性。也就是认为一种通过程序内议论和说服而达成的现实的初期共识，可以构成和谐政治生活的基本原则；进而在这样的基础上可以达成关于权利义务关系的具体内容等方面的共识；正是这种与程序和议论结合在一起的契约原理，就构成我所理解的程序本身的道德论证。[①]

这个论述实际上是用排除法来说明程序如何通过契约来完成其正当化说明：在现实而非理想状态中讨论制度安排时，要想避免根本性的价值冲突和可能的"多数人暴政"，就只能在悬置终极价值的基础上给定程序的非程序基础。而当悬置终极价值之后，以议论和商谈为参量的契约以及由此形成的合意，就将占据原来终极价值的位置，成为程序之所以必须的初始出发点。换句话说，并非契约可以天然地推导出程序之正当性，而是为规避多元社会价值冲突、防止价值恣意而规定程序以契约为非程序基础。本书把这种思路称为"弱化的程序外部证成"，以此区别于从终极价

---

① 季卫东：《法治构图》，法律出版社 2012 年版，第 162—163 页。

值(例如正义理念)中直接推导出程序之正当性的"标准的程序外部证成"。

不过,由于排除法在逻辑上受到不完全列举的限制,因此"弱化的程序外部证成"仍然不足以充分说明契约为何能够排他地令程序获得外部的正当性证成。此时,只有使程序与契约相互正当化,也就是令"契约的非契约基础是程序"和"程序的非程序基础是契约"两个命题互为充要条件,"弱化的程序正当性证成"路径才能完成程序的正当化说明。为此,程序理论主张引入平等对话的参量和基于反思理性的合意来去除程序与契约之间"循环论证"的嫌疑,进而用此种论证结构填充终极价值隐退后的价值空洞。① 这也正是上述引文把"程序的道德论证"等价于"与程序和议论相结合的契约原理"的内在动机。

二、程序与契约正当化机制的合理化

应当指出的是,程序与契约相互正当化的命题及其辩护并未真正减轻程序作为本体的正当性诘难,也没有从根源上摆脱程序工具论的指责,因为它实际上指出了程序作为工具的两大意义:第一,程序比其他工具更具效用性;第二,程序所服务的目的具有更高价值或更具可普遍性。

为此,有必要澄清程序理论在方法论上的模糊地带。必须指出的是,程序理论的辩护思路超验地使用了结构功能主义的分析方法,并尝试用实践商谈过程的再现与其实质内容的正确性来反击针对套套逻辑或循环论证(tautology)的逻辑抨击。这实际上仍未能摆脱针对程序理论的工具主义抨击,反而还陷入了实践商谈的泥潭里。虽然,这种辩护思路尝试将建构主义的程序主义贯彻到底,但由于结构功能主义分析方法"是一种从已经解决的问题中发现问题的技巧"②,它并不能承担制度设计与理论建构的重任。

就此,不妨坦率承认只有在循环论证即所谓"套套逻辑"中,才能够建构起程序与契约相互正当化的机制。相应地,有以下两个辩护理由:

第一,在程序与契约的意义结构中,程序和契约相互间构成了各自正当化的条件。程序处在一种以创造法律决定为目的的互动系统当中。在一

① 参见季卫东:《法治构图》,法律出版社 2012 年版,第 163-164 页。
② 季卫东:《法治秩序的建构》(增补版),商务印书馆 2014 年版,第 82 页。

定程度上,这种"互动系统"及其有关的"双重偶联性"命题描述的正是契约的生成过程。① 而且,程序必须依赖同样处于互动系统中的其他特殊情境、程式、符号、地点、角色等因素,使程序作为一种特殊的行为秩序,能够从日常生活的事实中自我地分离出来。② 换言之,程序从契约的生发初始,就已经处于契约活动之中,且程序的功能只有在契约当中才能获得满足。这就表明了契约缘何成为程序的非程序基础。在这样一个互动系统中,仅有程序具备从具体的行动图像中提炼出抽象法律概念的选择功能,生成程序的根本动力也来自自身的内部运作,也因此它从社会形态的结构出发,能被称为"为实现约束性决定这个特定功能而建构的短期性社会系统"③。同时,程序的短期性又决定了程序只能是作为一种特殊的社会系统。在程序的进化过程中,互动系统(即契约)在构成了程序之进化得以可能的外部环境的同时还促成了程序的意义运作。契约的这种互动性又使得程序的意义运作得以可能。同时,由于契约参与了程序的意义运作,表明契约只有在程序当中才能被真正鉴别并获得最终的确定。至此,程序才被真正确立。是故,程序与契约互为对方意义结构的形成要件,证成了它们相互正当化机制的套套逻辑的合理性。

第二,在系统运作方面,程序作为社会系统的特殊性在于:它的运作必须借助契约才得以可能,因为契约是程序的意义运作所必需。反过来,契约作为互动系统的特殊性在于:只有参加程序的建构,契约的内容才能获得有效性。卢曼在描述程序与契约互为结构要件时的论点,在系统运作的环节中也同样成立:"对于世界而言,有效的东西并不必然会在程序中有效;它必须被'嵌入'程序之中——不载于文书,即不存于世。"④ 就此而言,程序与契约的这种相互正当化机制的套套逻辑,与封闭系统运作中套套逻辑的机制有所区别。在卢曼的系统理论中,套套逻辑通过生

---

① 有关"双重偶联性"的简要综述与概念意涵,可参见泮伟江:《双重偶联性问题与法律系统的生成:卢曼法社会学的问题结构及其启示》,载《中外法学》2014年第2期,第544-559页。

② 参见[德]尼克拉斯·卢曼:《法社会学》,宾凯、赵春燕译,上海人民出版社2013年版,第191页。

③ [德]尼克拉斯·卢曼:《法社会学》,宾凯、赵春燕译,上海人民出版社2013年版,第191页。

④ [德]尼克拉斯·卢曼:《法社会学》,宾凯、赵春燕译,上海人民出版社2013年版,第192页。

成和消除悖论(paradox)的往复运动来确保系统实现"运作上封闭,认知上开放"的沟通,但诚如上文所言,程序仅仅是一个目的导向的短期性社会系统,因此与其他规则的"相关/不相关"就构成了它的运作符码。在这里,相较于稳定的社会系统的沟通,判断规则是否相关的系统的沟通过程将更依赖于意义系统(meaning system)的运作,也就是说,更依赖于程序系统所处的环境。

可见,程序与契约相互正当化的套套逻辑,应当作如下理解:契约之所以能够成为程序的非程序基础,是因为程序作为过渡的短期性社会系统,必须依赖于意义沟通所指向的环境,也就是契约;也只有在契约当中,程序才能作出"相关/不相关"的区分。同理,程序之所以能够成为契约的非契约基础,是因为契约生成的意义沟通中必须包含程序,且只有在程序中才能体现契约的有效性,才能满足程序化规范过度生产所带来的复杂性。

此时,程序与契约相互正当化机制就体现为:由于意义系统的存在,导致了程序系统一方面需要不断接收来自环境的激扰,另一方面又需要不断地为意义的生成提供更充足的差异,这些都升高了系统的冗余性,在这里就包含着形成悖论的契机。同时,系统又需要维护自身的规范同一性,它必须通过符码的运作来对不断升高的复杂性给出解码,相对地化约复杂性。在这个时候,系统就将能够自我决定何为意义的沟通过程,并不断给出合理化说明。但是,不断化约复杂性的过程也是以复杂性的高度存在为基础的,也就是说,化约复杂性的结果产生了复杂性,系统运作的悖论就此产生了。由于这种悖论是程序与契约的相互正当化机制得以维持的动力因,故程序与契约的相互正当化过程就是在用新的悖论来掩盖旧的悖论。这正是卢曼"悖论—去悖论"机制的核心内容。① 按照托依布纳的说法,此处所说的"去悖论"机制实际上就是系统对环境的一种必要的"硬解码"或者说"误解"。具体来说,就是系统对环境信息的接收是一种对外部信息的翻译,用卢曼系统理论的术语来说,即是对系统和环境之间的区分的再入(re-entry)。这种再入使得在系统当中出现了根

---

① 参见宾凯:《论卢曼法律悖论理论的隐秘源头》,载《同济大学学报(社会科学版)》2014年第2期,第91-98页。

据系统符码重构外部要求的想象的空间。此时,系统对环境的这种翻译将是自主的行为,不必也无须遵循外部信息的生成和解读范式。托依布纳认为,只有这种异质范式之间的"硬解码"(托依布纳称之为"误解")是系统回应环境激扰的唯一渠道,因此称为系统回应环境的"生产力"。[①]

当证明了程序与契约相互正当化机制的套套逻辑具有合理性后,程序缘何具有中立性的问题也将获得更加充分的说明。程序理论的中立性特征批判主要集中在程序的价值问题上。无疑,在第二次世界大战后,形式法治国的破产和法律实证主义陷入价值与道德的苦战等理论背景,都加剧了程序(形式)的追问:如果程序不能反求诸己,而试图从外部寻求正当化理由,那么程序就必须臣服在工具主义之下,因此程序不可能是中立的,它将主动与它所支持的那套意识形态保持一致。换句话说,程序无法寻找外部的正当化理由,也因此无法摆脱工具论的质疑,甚至不能在本体论上占有一席之地。此时,程序要么服从于自身所具有的内在价值,要么必须服务于最低限度自然法(minimum content of natural law),如此才能获取正当性。这都是典型的程序工具论主张。诚然,程序的确具有工具职能,但有必要重申的是,程序理论所说的"程序"并不等同于"形式",而是超越于形式和实质正义的反思性程序,也就是"法制各子系统内部反思过程的程序性整合,以及国家和法对于社会环境的反馈式结构调整的程序前提"[②]。而且,当合理地说明程序与契约相互正当化的套套逻辑后,就可以明确:程序的中立性固然可能来自它纯然的工具性,但也完全可以来自它在相互正当化机制中的功能设置。功能分析的路径决定了程序的中立性源自方法论上的描述性。方法论上的这种特征,导致程序理论无法具备实质的批判性。考虑到程序理论的建构意义,至多能够认为,程序理论所具有的有限批判功能将体现在对未来程序设计的描述性预测上。换言之,程序的中立性决定了程序理论只能作为武器的批判,而不能作为批判的武器。虽然在托依布纳那里,系统理论已经被赋予了真正的建构性,但由于程序的这种短期性社会系统的运作模式并没有

———————————

① 参见[德]贡塔·托依布纳,纪海龙:《社会理论脉络中的法学与法律实践》,载《交大法学》2015年第3期,第80—81页。

② 季卫东:《法治秩序的建构》(增补版),商务印书馆2014年版,第79页。

获得根本改变,因此也不能认为程序因此能够获得了批判和建构的职能。

另外,程序与契约各自在相互地意义结构中所充当要件的不同角色定位也会促成程序的中立性特征。程序的系统运作将更依赖于环境亦即意义系统的沟通,因此可以说:程序在与契约的相互正当化中的角色定位决定了它的中立性。进言之,程序是依靠那外在于程序的契约来实现其自我产生和自我再制,它的实存也取决于系统运作中反复升降的冗余程度。正如卢曼所说:

> 程序作为互动系统延续期间,每个程序不仅实现着功能特定化,而且也只能在相对自治的水平上实现分化和建构。因此,通过特殊的相关/不相关规则,在这些作为一个可能性领域的边界内,并且,带着相应的不确定性以及吸收了这些不确定性的自身历史,程序获得了自身的随机性和论题性。与其他的程序性法律活动不同的是,只有存在着结果上的不确定性,而且这种不确定性只有通过程序本身的选择性决定过程才会被清楚,那么,程序才能存在。这意味着程序相关性的边界问题。[①]

这表明,与道德有关的论证活动都被程序与契约相互嵌套的意义结构安置在作为互动系统的契约之中,而非在程序之下。虽然多元社会的理想状态并不以终极的实质价值为社会整合的根本性价值,但这一点常常难以自圆其说,也因此有了"最低限度自然法"一说。它的核心内容是:承认个人应然地享有意思自治资格,承认社会形成的共识应当来自复数个体的同意(consent)。中国虽然没有自然法的传统,但近代以来民主主义的引入以及"自主""平等""自由意志"等话语的传播,正是"最低限度自然法"在社会变革中获得普遍认可的体现。

不过,这些最低限度自然法构成的是契约何以可能的基础,而非程序何以可能的直接基础。只有通过契约的转介,程序才能接收来自价值的影响。就此而言,程序的中立性来自契约的任意性与其所固有的合意本质。联系到经济学上有关"完全契约"与"不完全契约"(incomplete

---

① [德]尼克拉斯·卢曼:《法社会学》,宾凯、赵春燕译,上海人民出版社 2013 年版,第 191—192 页。

contract)理论及其分歧,在企业和市场的研究中,程序与契约的关系是一项新的研究课题。这些情况说明,基于程序的论证并不具有淡化道德论证的功能,因为程序根本不关心道德论证的过程及其结果。它只是清楚:在它的指涉范围中客观存在着这样一个论证活动。因此,程序确有工具功能,但它的工具价值只能建立在这种相互嵌套的意义结构中才得以可能,因此它的工具价值不能脱离这种意义结构而存在,也不能简单被认为仅具有工具价值而不具有本体价值。如此就得以超越程序的工具论认知,也同时捍卫了程序在结构上所具有的不可还原特征。此外,此举还能相对清晰地表明:在兼具前现代、现代和后现代问题的中国社会,用一种处于学术前沿的后现代主义视角来看待程序在现代法治秩序建构的意义、必要性及其限度。①

三、程序综合主义与公共的理由论证

可见,尽管程序理论是以描述性的功能分析的样态引进中国,但在经过诸多学者的阐发后,它被赋予了建构和批判的功能,进而担当起中国程序制度乃至法治秩序的设计和建构任务。这虽说是程序理论的溢出效应,却也是中国的治理逻辑从弥散化走向制度化的必然,因为它适应了中国社会走向多元分化的现实,并在针对多元价值和利益分化的相互承认的理由论证中承担了核心功能。这种针对理由论证的核心功能体现在两个方面:一个是在法学理论方面,程序理论暂时承担起了填充中心价值空缺的功能;另一个是在法律制度设置的问题上,程序理论能够进一步地证立法律的公共属性,并有助于重构法律意识形态。

由于法律是现代社会理性秩序的根基,因此社会公共性的重建过程,也是通过确立法律公共性特征来重建法律共识的过程。改革开放以来,学界针对法律的阶级性与法律的公共性和技术性相融合,进而借助"权利本位"的理论共识来确立法律的公共属性,并在规范性层面为引入程序理论奠定必要的形式性和角色分化基础。② 而后来针对法治建设素

---

① 参见季卫东:《法治秩序的建构》(增补版),商务印书馆 2014 年版,第 475-494 页,尤其是第 479-480 页。

② 参见张文显、于宁:《当代中国法哲学研究范式的转换——从阶级斗争范式到权利本位范式》,载《中国法学》2001 年第 1 期,第 63-79 页。

材的"本土资源说"和针对法治建设"现代化范式"的"中国法学向何处去"追问,更彻底地揭开了中国法学研究的价值和主体性论争。这些论辩的确有助于破除有关法学研究上的西方范式迷思,客观上起到了为主体的中国法学的问题意识与研究范式鼓与呼的效果,甚至还掀起了中国式"批判法学运动"。不过,将批判的矛头指向"现代化",则未免值得商榷。只要仍然坚持法治建设的初心,那么在某些问题上就仍然需要学习他者的经验,就仍然需要改造自身的理论学习,遑论用中国经验主义与西方教条主义、实践的投降主义与理论的盲动主义短路结合的中国式后现代法学思潮作为批判现代化法学范式的理论武器。①

但是,中国法治建设的特殊性追问毕竟是有关法治建设理念冲突的缩影。在前现代观念挥之不去、现代制度仍需巩固、后现代思潮风起云涌的现实中,多元的理论样态与多层的社会利益和分化的社会角色一道,共同导致中国法治价值观的中心地带出现了空洞。② 在这种价值空洞前,要紧的也许不是推进确立法治主体性原点或法治及其资源特殊性的理论作业,而是在维持政治社会秩序基本稳定的前提下为复数的学说平等地提供充分的理论竞技场,使它们拥有足够的发言机会,并从越辩越明的商谈活动中获取有关法治建设的理论共识,进而指导后续的实践活动。在这里,只有程序理论才能在不预设后果和目的之基础上创造话语论辩、利益博弈以及实践试错、反思和权衡的条件和空间,使法治建设的共识在诸多理论及其理由的论证中渐次凝结。它有助于拓宽多元理论与复杂利益的博弈渠道,确保公共生活的有序化,并能够在技术层面缓和利益冲突、协调法律和法外规范,进而为限制权力恣意与合理解决纠纷创造条件。而且,由于程序建立在对不同利益和话语的反思、论证和辩驳的基础上,且安置在程序中的角色也被设定为贯通法律系统与法外环境的通道,因此法律一方面充当社会关系的沟通媒介,另一方面又不会介入被媒介的关系当中,故法律的形式性和程序性在塑造法律包容性的同时构成对法律实质性的否定之否定。

至此,程序正义已经彻底地与公共性联系起来,并贯穿重塑价值共识的过程。不过,这里有学者质疑,将自由主义建立在程序性建构理性和实

---

① 参见季卫东:《法治构图》,法律出版社 2012 年版,第 3—13 页。
② 参见季卫东:《法治秩序的建构》(增补版),商务印书馆 2014 年版,第 312 页。

质性建构理性循环互动上的新程序主义,事实上仍然是在主张一种择优选择出最优的价值观念,它的最终目的是使自由、权力、利益、文化等要素全面和谐地整合在一起。但这种观念与旧程序主义"将诸神之争看作是能够通过程序朝向众神共欢"的理想并无二样,并且这种理想已经随着上述信念的排他性支配欲而破产。是故,程序主义无疑能够在价值多元的条件能够创造价值磋商的条件,但却不能因此认为程序主义能够占据价值判断的核心地位。① 这一评论确有建设意义,但似乎误解了程序主义在现代社会中的出发点和落脚点:以尊重多元价值为前提的新程序主义事实上并不奢求能够获取终极的统合性价值观念,而毋宁说只是暂时性或许是必然地占据着生产终极价值观念的核心地位,因为无论重叠共识为何,生产重叠共识的程序总归是必要条件。

就此而言,程序具备了制度建构的意义,至少这种建构意义连同程序的合法性(legitimacy)已经被共同体的承认规则所接受。依凭程序整合的法律秩序,在具象化的技术设计和制度安排中应更侧重于纠纷解决的日常实践。这既可以将程序的解纷功能贯彻到底,也可以使法律论证与道德论证、政治论证之间形成相对的区隔,还可以使各类捍卫权利的行动规范化、有序化,进而防止社会失序。② 可见,程序是重构社会共识的机制即实践商谈的核心,且社会共识的形成机制所导出公共行动标准将充当有效社会整合的构成性要素。这正是以理由论证重建社会共识的理由之治的题中应有之义。同时,程序使法治兼具理由之治与规则之治的内容,它在法治以至有效社会整合当中都发挥着重要的建构功能。③ 也有学者指出,程序能够确保公权力的价值判断和价值主张为民众所理性认知,并在排除权力恣意的同时为尊重程序的结果提供了独立的理由。是故,程序的重要性并非在于它能够令各方放下分歧并在悬置正义的前提下取得合意,而在于它能够令各方尊重这样一个"次好"的结果。④

---

① 参见季涛:《程序理性反抗价值虚无主义的徒劳——就"新程序主义法学范式及其对中国法学发展之意义"和季卫东教授商榷》,载《浙江社会科学》2006 年第 5 期,第 88-90 页。

② 参见季卫东:《论法律意识形态》,载《中国社会科学》2015 年第 11 期,第 144-145 页。

③ 参见雷磊:《法律程序为什么重要?——反思现代社会中程序与法治的关系》,载《中外法学》2014 年第 2 期,第 319-338 页。

④ 参见沈宏彬:《法律程序为何重要?》,载《人大法律评论》编辑委员会组编:《人大法律评论》(2018 年卷第 2 辑·总第 27 辑),法律出版社 2019 年版,第 339-359 页。

在这个意义上,程序所营造的论证空间,恰好为理由论证提供了制度条件。在程序之下,参与议论的各方主体就可以运用理由来开展各自观点的论证,而能够影响到裁判理由和裁判结论生成的那些因素也得以进入论证场域。有关理由论证的路径及所谓"法律效果"和"社会效果"等内容分析,正当其时。

第二节　实践路径：法条主义与后果主义的调和

一、法条主义的概念界定及其论争

随着我国法律制度的完善和法律体系的初步建成,从立法论走向司法论、从立法主义到法律适用主义的转变,乃是势所必至、理所固然。在此情形下,审判活动既重视各类法律解释方法的应用,也关注这些方法所推导出来的最终结果。这构成了"法条主义"(legalism)的基本主张。[①]结合学者观点,法条主义强调以法律规范为基础和前提,在案件事实与法律规范构成要件的一一对应关系中获取裁判结论,亦即所谓的"顺推法"。[②] 然而,这种思路导致法条主义在很长一段时间内等同于"法律形式主义"甚至"法律教条主义"。[③] 与之相关的"法治是否反对(文义解释之外的)解释"的论争,则无意间固化了"法条主义"等于"法律形式主义"的认知。[④]

但是,有学者已经指出,由于事实差异、裁判惯习、认知偏差以致价值

---

① 有关"法条主义"的概念认识和理论综述,可参见王国龙：《捍卫法条主义》,载《法律科学(西北政法大学学报)》2011 年第 4 期,第 40-51 页。

② 参见王彬：《司法裁决中的"顺推法"与"逆推法"》,载《法制与社会发展》2014 年第 1 期,第 73-88 页。

③ 例如苏力：《法条主义、民意与难办案件》,载《中外法学》2009 年第 1 期,第 93-111 页。

④ 可参考陈金钊教授与范进学教授的系列论战文章。参见陈金钊：《法治反对解释的原则》,载《法律科学(西北政法学院学报)》2007 年第 3 期,第 25-33 页；陈金钊：《对"法治反对解释"命题的诠释——答范进学教授的质疑》,载《法制与社会发展》2008 年第 1 期,第 134-140 页；范进学：《"法治反对解释"吗？——与陈金钊教授商榷》,载《法制与社会发展》2008 年第 1 期,第 127-133 页；陈金钊：《反对解释与法治的方法之途——回应范进学教授》,载《现代法学》2008 年第 6 期,第 9-18 页。

分歧,法条在司法裁判中的适用远未达到排他性地位,且复数的学理争论乃司空见惯,甚至还有"不存在正确适用法律"的说法,这些为"综合的注释法学"提供了理论作业空间。① "综合"意味着对法律的理解不需要拘泥于法律文义和立法者的主观意图,而是要结合运用法律规范时的具体情境和案件事实来发现最佳的理解路径,实现最佳的解释效果。也就是说,法条主义并不认为所有的生活事实都能够被既有的法律规范所包容,也不认为审判无须价值判断和道德选择,因此有别于法律形式主义;法条主义也仅仅承认逻辑三段论在获取裁判程序中具有基础性地位而非排他性地位,因此有别于纯粹的演绎主义。在这个意义上,"法条主义"应当被理解为:裁判者遵照法律思维、准确适用法律的实践方案,而非仅仅指向证成正当法律解释方法并准确运用这些法律解释方法的理论方案。

具言之,法条主义确以法律的形式判断和演绎逻辑作为推理的基础条件,但它并未采取纯然的形式取向,也允许甚至鼓励在法律解释问题上采取开放和多元包容的立场,因此并不反对法律解释。② 而且,由于法条主义存在"强法条主义"/"弱法条主义"以及"严格法条主义"/"弹性法条主义"等程度区分,因此势必需要承认法条存在弹性解释的空间。③ 这也是法条主义得以在司法审判的议题上穿越错综复杂的根本原因。

针对上述见解,一种可能的解释是:法条主义确以法律的形式判断和演绎推理为核心,但受制于语言的模糊性,裁判者在进行语词和条文解释时得结合具体的案件情境并对条文采取开放的解释态度,不排除在规范允许的范围内进行实质推理和价值判断。如果这样的解释成立,那么法条主义就可以被理解为是法律形式主义与德沃金所说的"弱自由裁量权"的结合。④ 这种理解的合理之处在于:首先,它能够澄清"法条主义"

---

① 参见刘星:《多元法条主义》,载《法制与社会发展》2015 年第 1 期,第 124-140 页。

② 参见刘星:《怎样看待中国法学的"法条主义"》,载《现代法学》2007 年第 2 期,第 55 页。

③ 参见孙海波:《法条主义如何穿越错综复杂》,载《法律科学(西北政法大学学报)》2018 年第 1 期,第 23-26 页。

④ 参见[美]德沃金:《认真对待权利》,孙健智译,台北,五南图书出版股份有限公司 2015 年版,第 80-81 页;[英]哈特:《法律的概念》(第 3 版),许家馨、李冠宜译,法律出版社 2018 年版,第七章第一节"法律的开放性结构",尤其是第 200-201 页。

与"法律形式主义"的理论差异,又能将法条主义穿越错综复杂的原因归结到法官的自由裁量权议题上。其次,由于法条主义项下司法裁判结论的正当性根源于法律规范,因此这种自由裁量权必然是弱意义的。结合德沃金的分析,这种自由裁量权具有两种类型:一是理解而非机械适用某项标准的"非常弱的意义"的自由裁量权;二是在职权范围内做出最终决定的"一般的弱意义"的自由裁量权,但不包括不受规则约束地使用规则的"强意义"的自由裁量权。① 也就是说,裁判者在适用法条时,要在准确理解法条内涵的基础上注入自身对法律的理解,并在规则体系允许的范围内依职权做出法律解释。

不难发现,法条主义将其穿越错综复杂的原因归结于因法条内部争议而导出相对自由的解释空间,包括裁判规范的选择、类比推理的相似点锚定和价值冲突的判定等。它在关注法律推理的同时也把目光投向了规则选择的环节,认为裁判者在理解法律规范、进行法律推理的时候,应当严格遵循法律解释的科学方法,唯在选择规则的过程中能够相对自由地诉诸实践理性所铸就的法律直觉,并相应地受制于法条的束缚、当事人的具体请求和法律程序的规制。这显示了它与法律形式主义完全不同的理论旨趣。

不过,法条主义也因此产生了以下两个悖论:其一,针对法条进行解释的空间以法体系的严格的逻辑为前提,但法体系的严格的逻辑却以自由进行法条解释和选取为前提。尽管在卢曼系统理论当中,这样的悖论完全是合理的甚至是必须的,但在法律论证或者说法律的一阶观察层面,这种悖论的存在就意味着推理的自相矛盾。其二,法条主义的此种灵活的解释空间是以承认"疑难案件"存在为前提。"疑难案件"以及与之相关的、作为方法论的社科法学的兴起,迫使法条主义必须正视和寻求回应"疑难案件"的具体思路。然而,一旦承认存在"疑难案件",就必须承认存在强意义上的自由裁量权,而法条主义所提供的解决方案则只认可弱意义上的自由裁量权,且大陆法系在某种程度上也不存在如英美法系

---

① 参见[美]德沃金:《认真对待权利》,孙健智译,台北,五南图书出版股份有限公司2015年版,第80-83页。

司法裁判中创造先例那样的强意义的自由裁量权。① 因此,法条主义为了解决疑难案件所开放出来的解决方案却不承认解决疑难案件所需的强意义上的自由裁量权,从而构成第二个悖论。这两个悖论说明了循法律形式主义和弱意义上的自由裁量权之结合来理解法条主义的根本困难。"后果主义"理论方案应运而生。

二、后果主义的概念及其理论困难

一般来说,"后果主义"(consequentialism)在审判中的含义可以归结为:在判断和确立裁判后果的基础上以法律规范论证这一后果的正当性。如果结合针对"后果主义"裁判思路的相关研究、尤其是针对"后果"与"规范"之间何者优先的讨论,不难发现,"后果主义"的审判理念包括以下四个内容:其一,以问题导向立场解释裁判"后果";其二,审判活动优先追求裁判结论的合理性;其三,裁判的正当性论证服务于裁判目的之合理性;其四,法律规范是论证审判结论合理性的充分条件而非必要条件。用肖尔在讨论法律现实主义当中的话来说就是:"法官依靠法律典籍之外的规则、规范与因素来确定哪些事实是相关的,依据这些事实应该做什么。"②这也是将"后果主义"司法审判理念作为追求"社会效果"的深层次考虑。③

与法条主义不同,后果主义更看重审判的"目的合理性",主张通过加强目的合理性的论证来体现审判的正当。如果暂时搁置针对后果主义的形式主义批判,后果主义主张把它所认为的"目的合理性"界定为法律内部的规范目标(正题)与法律外的社会目标(反题)的辩证统一(合题)。

可见,后果主义审判主张在外部视角下实现规范与事实的相互融合,并通过实用主义的路径来说明审判的"目的合理性"。在比较法

---

① 有研究认为,与英美法系的"自由裁量权"(discretion)不同,大陆法系的"裁量"(Ermessen)并不是可以不顾法律的既有规定来裁判案件,而是意指裁判者在法律授权的范围内,为实现法律目的而拥有一定的衡量和处置之权。参见林立:《法学方法论与德沃金》,中国政法大学出版社 2002 年版,第 26-27 页。

② [美]弗里德里克·肖尔:《像法律人那样思考:法律推理新论》,雷磊译,中国法制出版社 2016 年版,第 145 页。

③ 参见孙海波:《"后果考量"与"法条主义"的较量——穿行于法律方法的噩梦与美梦之间》,载《法制与社会发展》2015 年第 2 期,第 169-171 页。

上,后果主义的审判思路与司法实用主义联系密切。例如,在美国司法实用主义的研究中,有相当多的内容与裁判"后果"有关:第一,先例和法律规范并非严格拘束法官的裁判依据,而只是法官判案的必要条件,故在有必要的情况下,不拘泥于法律文本射程范围内的实质内容,通过自由裁量权探索可能的论证突破,并通过加强裁判说理的方式来确保裁判结果的可接受程度。第二,社会需要和社会价值本身就是法律目的,因此追求裁判的目的合理性,就要应当综合运用法学和其他社会科学的方法,围绕着社会需要及其类型化的社会后果进行论证。第三,提高裁判结论认可度的根本途径是裁判结果符合或至少不违反普通人心智和日常认知与行为直觉,是故有必要通过促成裁判后果与法律规范的融贯。[①] 总而言之,司法实用主义更强调裁判在"向前看"面向上的内容,因此它更关注裁判目标的"合理性"而非仅仅是其正当性问题。

上述分析将后果主义的审判与功利主义联系在一起。这里恰好存在一个法学与哲学在跨学科交流时的有趣现象:法学上的"后果主义"以功利主义为规范性基础,但功利主义却是道德哲学上"后果主义"最为经典的版本。

在此不妨回顾边沁提出的功利主义命题。第一个命题是"功利作为德性的尺度源自行动后果",它表明:一个行为之所以能被评价为增进个人功利,是因为这一行为的后果是正确的、正当的或者是符合道德要求的。第二个命题是促进社会总功利就是实现"最大多数人的最大幸福"。它是评价立法是否良善的尺度。同时,影响"功利"即苦乐计算的指标是动态变化的,[②]这意味着法律必须敏感于社会现实。但是,这些内容难以类型化为某种可计算和可操作的指标体系,在一定程度上也预示着享乐主义的功利主义无法证成法律规范性的基础。

于是有研究指出,社会总功利并不必然意味着牺牲"少数人的幸福",也不必然意味着要全然实现"最大幸福"。由于都存在着论证的困难,因此社会总功利应当是指整个社会的"净善"(net good)的最大化,而

---

① 参见[美]弗里德里克·肖尔:《像法律人那样思考:法律推理新论》,雷磊译,中国法制出版社 2016 年版,第 138-147 页。

② 参见[英]边沁:《道德与立法原理导论》,时殷弘译,商务印书馆 2017 年版,第四章第四节"如何估算快乐和痛苦的值——就一群人而论",尤其是第 88-89 页。

不是"总体善"(total good)或"平均善"(average good)的最大化。① "净善"概念的提出意味着在实现社会总功利时,应当遵循比例原则:如果牺牲少数人的幸福却未能换取整个社会"净善"的最大化,那么就不符合功利主义的要求。此时,功利原则应当被理解为:除非没有其他替代的方法来实现社会"净善"的最大化,否则不允许牺牲少数利益来换取多数利益。②

明显地,这种对功利主义的理解存在着内在紧张:功利的德性源自个人行为的后果,但这种行为后果却不一定能聚合(aggregate)成"最大多数人的最大幸福",也不一定能促成"净善"的最大化。而且,这种"聚合"(aggregation)是源于个人行为的善的总和,还是源自抽象的"善",以及这里的"善"是指"总体善"还是"平均善"等问题,也存在着争议。③ 此时就存在着两种解决思路:一是以"功利作为德性的尺度源自行动后果"命题为基准,只关注正向的功利对促进"净善"最大化的作用,亦即关注给个人带来积极后果的行为与总功利之间的因果关系,此时社会总功利直接来源于此类行为后果的聚合。二是以"最大多数人的最大幸福"命题为基准,关注所有正向功利所遵循的个人行为及其背后的行为模式,亦即关注能够带来积极后果的普遍行为与总功利之间的因果关系,此时社会总功利来源于能够聚合此类行为的行为模式。

这两种思路分别对应着行为功利主义(act utilitarianism)和规则功利主义(rule utilitarianism),它们是现代功利主义的两大版本。"行为功利主义"是将功利原则直接应用到个人的单独行为评价上,具体来说是"正确的行为是在向践行者开放的或对践行者而言是真正备选的那些行为中那个能最大化善的行为"④,或者说"行为的正确或错误,要通过行为本身所带来结果的善与恶来进行评判"⑤。"规则功利主义"则是指正确的行

---

① 参见[美]茱莉亚·德莱夫:《后果主义》,余露译,华夏出版社 2016 年版,第 45 页以下。

② *Consequentialism*, Stanford Encyclopedia of Philosophy (Jun. 3, 2019), https://plato. stanford. edu/entries/consequentialism/.

③ 参见[美]茱莉亚·德莱夫:《后果主义》,余露译,华夏出版社 2016 年版,第 80 页以下。

④ [美]茱莉亚·德莱夫:《后果主义》,余露译,华夏出版社 2016 年版,第 102 页。

⑤ [澳]J. J. C. 斯马特、[英]伯纳德·威廉斯:《功利主义:赞成与反对》,劳东燕、刘涛译,北京大学出版社 2018 年版,第 15 页。

为是"依照最大化善的那组规则所践行的行为"①,或者说"行为的正确或错误,要由规则所带来结果的善与恶来评判,这样的规则要求每个人在相同的情形中实施相同的行为"②。可见,规则功利主义将功利原则用来规则的评价上,观察个人行为与规则之间的关系来评价其行为是否有助于增进总体功利:如果一个行动符合一项正确的道德规则,那么这一行动在道德上是合理的;同时,如果依照该道德规则行事能够比依照其他规则行事而产生更多的功利,那么该道德规则就是合理的。也就是说,行为后果与总体功利之间必须依赖于规则的中介,只有经过该规则的认可,一项行为才能被确认能够促进总体功利。

由此可见,后果主义审判强调的"审判目的合理性",实际上指的是审判结论应当满足社会需要和对社会发展具有积极意义,这符合行为功利主义的内涵。但后果主义审判也非常强调规范和先例在审判的理由论证中的作用,至少是把规范作为审判的必要条件。这不仅隐藏着规则功利主义的价值取向,也与法条主义的调和方案相类似。但是,这种情况也说明了后果主义审判在规范性问题上存在根本缺陷,因为它身处规则功利主义和行为功利主义的夹缝之间,无法被在功利主义的谱系中找到准确的位置。

事实上,后果主义审判的规范性缺陷是难以弥补的。如果全然按照行为功利主义的路子,那么审判就会彻底坠入"法官决定论"之中;相反,如果采取规则功利主义的路径,至少在裁判后果的层面上,后果主义审判就会与法条主义的调和方案等同——这不仅丧失了后果主义审判之区分实益,更为重要的是无法说明后果主义审判的正当性(而非合理性)来源。也正是由于这种原因,后果主义审判不得不采取实用主义的裁判风格,试图通过强化个案说理和理由论证来给出令人满意的审判结论,只是审判后果的正当化说明并不能通过后果的合理性分析来给出,因而纯粹的后果主义审判路径将无法彻底回应针对它的规范性挑战。

---

① 参见[美]茱莉亚·德莱夫:《后果主义》,余露译,华夏出版社 2016 年版,第 103 页。

② 参见[澳]J.J.C.斯马特、[英]伯纳德·威廉斯:《功利主义:赞成与反对》,劳东燕、刘涛译,北京大学出版社 2018 年版,第 15 页。

三、法条主义与后果主义的调和方案

法条主义与后果主义的对立反映了裁判者在遵守法律和灵活适用法律之间存在的理论张力。这种理论张力根源于法律安定性、合目的性、正义的法律价值冲突，①表明法条主义与后果主义的对立在理论上将指向法律的政治性和法律价值之间的二律背反。在拉德布鲁赫看来，法律的政治性也被称为"党派性"。所谓"党派性"是指上层建筑并不具有超阶级（hyper-class）或阶级无涉的性质，它们都是维护阶级社会利益的工具。拉德布鲁赫认为，在党派性概念下，不同的意识形态要求对"一切公共生活的问题以及和他们原本的利益没有太大关系或者完全没有关系的问题，都要有一个系统化的观点和认识"②，且这些利益在社会必然性支配下将成为统治阶级理念的现实化工具。故法律的党派性表示的是：法律作为意识形态的一部分，是统治阶级所支配的利益和社会力量。

在法哲学上，法律的党派性更清晰地表明法律价值和法律理念之间的博弈，也就是正义、合目的性、法的安定性的三元价值之间的二律背反。具言之，正义"等者等之，不等者不等之"的观点需要通过"法的合目的性"去贯彻；"法的合目的性"又必须依靠"法的安定性"才能避免落入相对主义的陷阱之中。在三者当中，"法的安定性"即秩序与安宁是法律的首要任务，在此之上才有讨论正义与合目的性的空间。问题在于，正义与合目的性根本地存在冲突：正义强调抽象平等，合目的性主张在承认诸多不平等的基础上寻求妥协与平衡的契机。同时，法的安定性又主张无因的有效性，即在祛除正义与合目的性的基础上证立法律的有效性，于是法的安定性又分别与正义或合目的性之间存在着根本冲突。就此而言，任意一个法律理念都需要借助另外两个理念的加持才能完全实现自身的功能，但它们之间的矛盾并不因此消除，进而形成三者之间的二律背反。③此时，就需要不断根据社会变迁的样态来调整法律理念之间的关系和权

---

① 参见江必新：《在法律之内寻求社会效果》，载《中国法学》2009 年第 3 期，第 13 页。

② ［德］古斯塔夫·拉德布鲁赫：《法哲学》，王朴译，法律出版社 2013 年版，第 69 页。

③ 参见［德］古斯塔夫·拉德布鲁赫：《法哲学》，王朴译，法律出版社 2013 年版，第 81-85 页。

重,不断根据利益和资源分配格局的变化而重塑法律意识形态。①

正视法律的政治性与法律价值的二律背反,进而缓和意识形态争执与价值冲突,是调和法条主义与后果主义并实现"法律效果与社会效果有机统一"的重要切入点。在假定后果主义与法条主义相互对照的前提下,可以明确:法条主义在一定程度上不承认"目的合理性"这一表述。其一,只有在区分"合理的"(reasonable)与"理性的"(rational)或者"正当的"(legitimacy)概念的时候,"合理性"问题才会被单独呈现出来。其二,只有在法条主义的理论视野下,司法裁判的目的正当性才取决于裁判依据的正当性或裁判方法的正当性。而无论是将法条主义界定为"法律形式主义+弱意义的自由裁量权",抑或是将法条主义界定为"法律规范与生活事实的同一化过程",都表明法律规范与裁判结果之间存在着强关联。譬如,法律形式主义和"弱意义"的自由裁量权都要求司法裁判的结果完全处于法律概念和法律规范的射程范围之内,只是二者的程度有所差别:法律形式主义以语词的单一语义为前提,主张严格的逻辑三段论并且反对解释。而"弱意义"的自由裁量权则承认语词的多义性,承认法律概念在文义和规范体系上具有多元解释的空间,允许法官利用法律解释方法,在该多元解释空间之内进行作业。而在更强烈的意义上,法条主义所持有的义务论立场,使得规范(手段)、裁判结果(目的)合而为一,主张规范的自我运作就必然导出结果的正当性,也就是手段正当必然导出结果正当。

是故,对法条主义来说,法律规范都会将其自身的正当性直接传递并赋予给裁判结论,从而证立裁判结论的正当性。因此,在法条主义的理论范式中,"依法裁判"与"裁判结果的正当性"或直接等同,或存在着直接的因果关系。这既是"依法裁判"对裁判正当性的根本追求,也是裁判结果的正当性统合裁判结果合理性的终极表征。

可见,裁判的目的合理性与目的正当性乃是同构关系。对法条主义来说,此时就需要兼顾条文解释之正当性和论证的合理性,进而将法条存在弹性的根本原因归结为事实与规范之间的紧张关系,并在二者存在断

---

① 参见季卫东:《论法律意识形态》,载《中国社会科学》2015年第11期,第128-145页。

裂之虞时借助"类推"技术和"事物本质"的媒介来接续事实与规范。① 这正是法条主义给出的调和方案。

根据考夫曼的观点,事实与规范之间的相互对应是在获取司法裁判的过程中形成的"法律现实化"过程。首先,裁判结论是生活事实与法律规范相同化和综合的结果,它与实在法之间是必要不充分关系。是故,要想获取准确的裁判结论,就必须同时推进"事实符合规范"与"规范符合事实"的过程,令事实与规范各自向对方开放,弥合事实与规范之间的裂缝,兼顾法律条文和具体的案件判断,以此超越规范论和决断论。其次,裁判结论只有在抽象的法律规范与具体的生活事实等要素实现相互对应时才能产生。这种相互对应的前提是:基于目的论判断(法律"精神"的适用),事实与规范在构成要件上的"相似性"(这也是"涵摄"的前提)通过类推而被理解为"共同性",从而在二者的融贯和同化中发现法律。② 是故,"法律发现"是一种"在事实中再认识规范"以及"在规范中再认识事实"的相向而行的过程,它揭示了事实与规范之间所存在的辩证统一关系。

在这里,类推的意义在于统合和重述各类法律方法,证立论理解释、目的论解释和客观主义进路的法律解释,阐明法条主义具备弹性的深层次因素。首先,类推能够说明:只有在法律和规范相互开放、相互协调以至于相互同化的条件下,裁判结论才有可能生成,因此它不仅拒绝了把个别生活事实嵌入抽象构成要件的涵摄模式,而且还说明"涵摄"是类推的特殊实例。其次,法律概念并非完全源自感性直观,而是在很大程度上源自法律的精神意义,并得以证立目的论解释在司法裁判中的正当性(即"目的论改造")。再次,类推揭示法律精神意义的生成机制,即不断地在规范和事实之间来回穿梭,借助规范与事实之间的同化来显现法律的精神意义。③ 此时,人们就可以通过类推所具有的扩张机能,不断令制定法

---

① 参见陈爱娥:《事物本质在行政法上之适用》,载《中国法律评论》2019 年第 3 期,第 84 页。

② 参见[德]考夫曼:《类推与事物本质》,吴从周译,台北,学林文化事业公司 2003 年版,第 29、37-41 页。

③ 参见[德]考夫曼:《类推与事物本质》,吴从周译,台北,学林文化事业公司 2003 年版,第五章"法律发现作为生活事实与规范之同化",尤其是第 73 页。

之含义跟随生活事实之变迁而渐次显现。继证立目的论解释后,客观主义的解释路径也获得了证立。

考夫曼的上述观点说明,循"事物实质"的路径而展开的审判论证活动,必须在具体案件的境遇中把握法律规范要件的意义,并在必要的时候把那些揭示规范要件之意义的案外事实纳入裁判生成的考虑之中,为顺利导出裁判结论奠定基础。相较于将法条主义理解为"法律形式主义+弱意义的自由裁量权"的观点,这一见解的优势是:它确认法律解释的功能就是促进事实与规范的连接,因此超越了法律形式主义和弱意义的自由裁量权的概念界定;它确认个案的特殊性对法律解释有着重要的影响,于是必须结合案件的情境和实质判断来理解涉案事实和构成要件的意义。联想到法条主义拒绝法律形式主义时所持有的那种立场,不难发现,如果暂时控制与"法律发现"或"法律直觉"密切相关的个体认知心理变量,[①]那么与裁判后果有关的行为情节、裁判后果和价值判断等事实就会成为裁判者理解法律规范和获取审判结论的指标。这正是调和法条主义与后果主义的题中应有之义。

这种调和方案表明,它是在哲学诠释学(hermeneutics)的层面讨论"法律规范与生活事实相互同化"的命题。它通过"事物本质"的媒介论证生活事实在作成裁判结论上的能动性,但作为"法律现实化"结果裁判结论必须依赖规范才得以可能,因此审判的普遍性效力来源只能是法律规范,而规范与事实的相互开放产生的乃是案件判断上的特殊性。而为了获取要件事实在个案判断中的准确含义,获取那些需要在审判中酌情判断的生活事实,就需要加强对话性论证并以此输出审判理由,从而为理由论证创造出了实践空间。

---

① 参见秦裕林、葛岩、林喜芬:《认知科学在法学研究中的应用述评》,载《法律和社会科学》2017 年第 2 期,第 1-45 页;李学尧、葛岩、何俊涛、秦裕林:《认知流畅度对司法裁判的影响》,载《中国社会科学》2014 年第 5 期,第 148-162 页。

第三章 "理由"的规范性分析

审判是一个需要"给予理由"(reason-giving)即"说理"的过程,以此平衡法律与法律外要素并以此获取共识。它同时表明,审判虽然依赖"论证"(arguments),但审判的论证活动事实上牵涉了非常多的社会规范,而法律只不过是其中最为重要的一种。它们都可以认为是广义上支持人们行动的"理由"。为此,本章将从规范性角度陈述"理由"和"行为理由"概念,并从逻辑分析的角度观察行为理由的规范性意义及其规范强度,进而阐述行为理由的逻辑结构、基本类型和运作中可能出现的规则冲突。紧接着,行为理由的规范性问题将导出行为理由与行为动机之间的关系,这正好构成了理由论证的规范性基础学说的出发点。它说明,基于内在意图的行为理由观、基于客观价值的行为理由观、基于主体性的行为理由观都揭示了操作性理由与辅助性理由在规范性层面的意义。在此基础上借助道德哲学上有关道德理由规范性与行为动机之间的内在冲突,能够为讨论理由论证的规范性基础及其形式构造创造前提条件。

第一节　行为理由的概念及其规范性意义

一、行动、行为与理由的概念

在本体论上,理由与支撑人们行动的事实相关。这个现象表明:"理由"常常与"行动"(act)联系在一起;理由存在强度的差异,因而是可废止的(defeasible)。不过,在理由与这些事实如何产生关联的问题上,存在以下三种见解。第一种见解是,如果说事实"算作支持"(count in favor of)人们"具有某种态度或以某种方式行动",那么事实"给予我们理由"(certain facts that give us reasons)。第二种见解是,这些事实"是对于我们的理由"(facts are reasons for us)。第三种见解是,这些理由的存在是源自人们对被给予的事实的认知。①

这三种见解分别导出理由的三种类型:第一,当事实"给予我们理由"时,理由具有派生于原有事实的客观特征,此时人们可以自愿地根据这些理由来行动。第二,当事实本身作为理由时,理由将因其自身的属性而成其为理由,此时人们必须按照这些理由来行动,而无法诉诸自己的内心真意,换句话说就是主体需要承担无条件地按照理由行事的义务。第三,当事实经过认知的传导而成为理由时,理由并非指向人们的行动,而是指向人们对于该事实的信念,且由于事实的客观存在,所以相应的信念也必然为真。

可见,在前两种见解中,理由的意义在于为特定行动(acts)提供支撑,而不论这些行动是否出于主体自身的欲望,故被称为"实践理由"(practical reasons);相对地,第三种见解所对应的理由类型则为"认知理由"(epistemic reasons)。

这里需要进一步说明的是:第一,这里只需要关注理由能否最低限度

---

① 参见[英]德里克·帕菲特:《论重要之事》,阮航、葛四友译,时代出版传媒股份有限公司、北京时代华文书局 2015 年版,第 3—4 页;Derek Parfit, Samuel Scheffler ed. , *On What Matters* (*vol.* 1), Oxford University Press, 2011, p. 32.

地支撑起相应的行动,而并不需要关注理由本身是否具备充足效力,因为存在行动的事实就意味着支撑行动的理由具备了最低限度的强度。第二,认知理由在一定程度上也可以被认为是实践理由的变种,因为产生认知理由的"相应事实为真的信念"可以二阶地理解为"存在内容为'相应事实为真'的信念的事实",也可以简约地将其理解为"存在某特定信念的事实"。例如,电影《重庆森林》里有这样一个桥段:由林青霞饰演的金发女郎同时穿戴太阳眼镜和雨衣出门,她给出的理由是"因为不知道什么时候出太阳,什么时候会下雨"。可见,她本人对于天气晴雨不定的信念构成了她同时穿戴太阳眼镜和雨衣的认知理由。不过这种信念的客观存在,本身也可以被理解为一个事实,即存在"她相信未来晴雨不定"的事实,换句话说就是"相信未来晴雨不定"的事实构成了她如此穿戴的二阶的实践理由。

正是在这个意义上,约瑟夫·拉兹认为,支撑理由的事实应被认为是广义的事实,亦即使用"……的事实"(the fact that...)这种表达式来阐述的内容,它包括信念(例如"我有……的信念,这是一个事实")、价值(例如"……的价值判断,这是一个事实"),以及具体事件的发生、经过、实现及其过程性描述。① 此时,实践理由和认知理由都可以被视为事实性理由,它们令普遍的"行为理由"②作为在一定条件成立时某人实施具体行动的理由。

这里需要回答具体的行动如何导出普遍的行为理由的问题。对此,需要从行为理由所具有的透明性(transparency)和可普遍化(universa-

---

① 参见[英]约瑟夫·拉兹:《实践理性与规范》,朱学平译,中国法制出版社 2011 年版,第5 页。

② 在这里需要说明的是,目前的一些中文著作和译著中并未严格界定"行为"和"行动"的关系。例如《实践理性与规范》的中译本和《实践理由与法律推理》都把"reasons for actions"称为"行动理由"。不过有研究认为,应当区分"行动"(act)与"行为"(action),且这一区分将涉及规范性问题。例如帕菲特《论重要之事》以"act"而不是"action"表达"行动",而克里斯蒂娜·科尔斯戈德则将区分"行动"(act)与"行为"(action)作为规范性的分析起点。科尔斯戈德认为,"行动"与康德所说的"格律"(maxim)一样,都是"为了这样的目的而如此行动"(to do this act for the sake of this end)。而"行为"则是"行动"和"目的"之"整体"(the whole package),由此与规范性问题相关。显然,这种论证思路与她主张的实践理由的康德式进路一脉相承。See Christine M. Korsgaard, *Self - Constitution: Agency, Identity, and Integrity*, Oxford University Press, 2009, p. 10–11.

lizability)特征说起。首先,"透明性"是指理由清楚、明确、可遵循,能够激发人们自觉的实践,以此使行动远离盲目或者简单的惯习。① 其次,"可普遍化"与其差异性构成辩证统一关系,表明行为理由能够获得普遍适用于多元人群的可能,且同时兼顾特定群体的差异性和特殊性。一方面,行为理由在最大限度地超越实践环境对行动主体的制约的同时,也为他们划定了行动的具体范围;另一方面,行为理由的差异性决定了理由之间存在着强度上的差别和内容上的冲突,因此行动主体在按照这些理由行事时,需要结合情境进行衡量,但行为理由的可普遍性决定了不同行动主体的衡量结果最终都是类似的。②

需要注意的是,这里所说的"可普遍化"在一定程度上有别于克里斯蒂娜·科尔斯戈德所主张的"可普遍化",至少这里并不涉及"行为动机"与"行为规范"以及"内在理由"与"外在理由"的区分,此时"可普遍化"的概念可以在"内在理由"和"外在理由"两个维度上获得证成。而且,同一阵营内部也有具体观点的分歧。例如,科尔斯戈德持有康德主义的义务论立场,认为"可普遍性"将指向人们的同一性意识。这种立场在主张内在的道德理由同时也区分了"行为动机"和"行为规范"。③ 伯纳德·威廉斯虽然也持有内在理由的立场,但他却从功利主义的角度来理解道德理由。若依据帕菲特的主张,那么此处所说的"可普遍化"就是试图走出调和道德的定言命令与后果主义的第三条道路。不过,这种理解行为理由的思路可以落入"信念—欲望"的关系下,它至少能够说明人们的行为缘何具有"可理解性"(intelligibility)。此时的行为理由要么作为彰显信念本身的目的性理由,要么是实现信念或欲望的工具性理由。拉兹正是在后者的意义上使用"行为理由"的概念,此时理由表示"行动者与使得他的行动和态度可理解的某些事实的关系"。④

---

① 参见[美]克里斯蒂娜·科尔斯戈德等:《规范性的来源》,杨顺利译,上海译文出版社2010年版,第18页;Christine M. Korsgaard et al., *The Sources of Normativity*, Cambridge University Press, 1996, p.17.

② 参见陈景辉:《实践理由与法律推理》,北京大学出版社2012年版,第45—47页。

③ 参见[美]克里斯蒂娜·科尔斯戈德等:《规范性的来源》,杨顺利译,上海译文出版社2010年版,第18页;Christine M. Korsgaard et al., *The Sources of Normativity*, Cambridge University Press, 1996, p.101—113.

④ 参见徐向东:《道德哲学与实践理性》,商务印书馆2007年版,第167—168页。

行为理由的透明性与可普遍性将指向行为理由的规范性问题。① 拉兹认为,行为理由的意义在于促成行动的理性化,实现事物的规范意义并具备有效回应的能力,它因而具备认知和回应能力、推理能力、认识事物规范意义的能力以及统合形式与实质的能力。② 这些能力将体现在基于行为理由所展开的实践推理当中,使得可普遍化的行为理由成为可普遍的实践推理的必要条件。③ 是故,人们可以借助行为理由来证立自身的行动。反过来,这种行动就是行为主体因具备充分理由而应当去实施的,且如果不按照相关的理由行事,则需要承受相应的责任。④ 也有学者认为,由于理由在对话和行为中作为论据,而习惯和个人偏好的事情仅仅因习惯和个人偏好本身就可以径自实施,因此这些领域并不需要借助理由而可以获得说明。同时,理由是评价(涉及事物的好与坏)以及指令(涉及有关行为应当或不应当)得以实现的充要条件。⑤

由此,行为理由的主要功能就是激发、说明、指导和评价人们的行为。这预示着行为理由对理解行为的规范性以至行为规范的规范性问题上处于核心地位,并进一步指向了行为理由所具有的规范性意义。

二、行为理由的规范性证成

根据实践哲学的研究,"行为理由"是指"对一个行动者来说,以某种方式行动,就是要导致他想要得到的某个事态发生"⑥,可见这一概念可以用来说明某一规范系统所给出的行为指示能否普遍地获得正当性,具有规范性意涵。

具体来说,当身处不同的规范系统的个人按要求承担相应的义务时,他们总会或多或少地带有"应否遵循这样的规范"的疑虑,表明他们

---

① 参见朱振:《法律的权威性:基于实践哲学的研究》,上海三联书店 2016 年版,第 48 页以下。

② See Joseph Raz, *Engaging Reason: On the Theory of Value and Action*, Oxford University Press, 1999, p. 68-69.

③ 参见陈景辉:《实践理由与法律推理》,北京大学出版社 2012 年版,第 45 页。

④ 参见谢世民主编:《理由转向:规范性之哲学研究》,台北,台大出版中心 2015 年版,第 3 页。

⑤ 参见陈景辉:《实践理由与法律推理》,北京大学出版社 2012 年版,第 43-45 页。

⑥ 徐向东:《道德哲学与实践理性》,商务印书馆 2007 年版,第 162 页。

正在实践中批判和反思具体的规范。这种反思蕴含着行为主体正在试图寻找那些超出各规范系统范畴的、具备可普遍性的正当化行为判准。这种行为判准被称为"蕴涵理由的应当"(reason-implying ought),有别于各规范系统中明确给予的"蕴涵规则的应当"(rule-implying ought)。①德里克·帕菲特认为,"蕴涵理由的应当"就是"蕴含理由意义上的规范性"(normativity in the reason-implying sense),它是指"断言或暗示我们或他人确切、或者可能拥有某些理由或明确的理由"②。

可见,行为理由获得规范性的途径是:令"有理由做某事"的事实性陈述在日常逻辑上等价于"应当做某事"的规范性陈述。例如,令 p 是 x 做某事的理由,则 p 作为论证前提所进行的实践推论就会得出"x 应当做某事"的结论;反过来,p 作为行为理由所具备的可普遍性又进一步强化"x 做某事"的正当性。此时,"p 是 x 做某事的理由"的事实性陈述就会等价于"x 应当根据 p 做某事"的规范性陈述。此外,人们也用这种形式的"应当"的陈述去主张那些不依靠理由的终极道德真理(即公理),表明行为理由还会成为判断行动是否符合理性的标准。具言之,尽管行为主体相信 p,但他也会在实践中反思 p,而不是无条件地信服它。此时,如果 p 是"应当"或"有理由"的陈述,那么人们的批判性反思就将指向具体的实践活动。这里就需要进一步区分实践推论"是否有效"与"是否符合理性":如果实践推论有效,且行为主体在相信推论前提的同时对其持有相应的批判性态度,那么该实践推论才符合理性。③

不过需要说明的是,行为理由的规范性及其在逻辑上的真值条件并不会受到行为理由的强度差异的影响。这是因为,行为理由的强度差异及它们相互冲突的可能性,表明"理由是否存在"不同于"理由是否被用于指引行动"。在这种区分下,行为理由之间的冲突将通过实践性议论来获得解决,且冲突之判定与解决并不影响行为理由的规范性效力。

---

① 参见谢世民主编:《理由转向:规范性之哲学研究》,台北,台大出版中心 2015 年版,第 2-3 页。

② Derek Parfit, Samuel Scheffler ed., *On What Matters* (*vol. 2*), Oxford University Press, 2011, p.268.

③ 参见[英]约瑟夫·拉兹:《实践理性与规范》,朱学平译,中国法制出版社 2011 年版,第 19-24 页。

此外,理由的规范性还与理由的强度差异有关。帕菲特在论述行为理由的规范性时,曾经将依据"决定性理由"(decisive reasons)或"更有理由"(more reason)与"最有理由"(most reason)的行动称为在"决定性地蕴含理由"(decisive-reason-implying)的意义上的"应该或应当"(should or ought)做的行动,并把它认定为行为理由的经典范式。[1] 这种情况表明,在行为理由冲突时,较强的行为理由会胜过(override)较弱的行为理由,并且由此界分不同的行为理由。[2] 在此延长线上,如果行为理由在任意情形下都具有更强的分量,那么就可以认为该行为理由普遍地具有决定性,此时行为理由规范性也就终极地取决于自身的属性。与之相对,如果行为理由无法始终具有更强的分量,就意味着存在两个及以上势均力敌的行为理由,此时就可以称它们为"充分的"(sufficient)行为理由,或者说它们"足以"(enough)指导人们行动。帕菲特说:"如果做某事的理由不弱于去做其他任何事情的理由或被其所压倒,那么该理由就是充分的。"[3]当然,决定行为理由发挥判断行为是否合乎理性之功能的,只能是行为理由在客观层面上的强弱力量,而非行为理由在个体主观意志和支配力量上的强弱。至此,行为理由有了客观与主观的区分,且它们通常存在着相互不一致的情况。此时,如果行为人希望自己的行动符合理性,那么他就必须按照在客观上具有较强力量的行为理由行事,尽管这个理由在他心目中并不足以指导他的行动。[4] 可见,行为理由是借助语言用法获得强度上的差异,并通过客观上的强弱力量来保证其规范性。

在这个意义上,行为理由的事实属性与工具意义上的可理解性将指向事实和个人之间的关系及其逻辑构造。拉兹用五种表示理由(a reason for)的句式来说明事实与个人的关联,分别是:(1)"……是……的理由"(…is a reason for);(2)"有理由(做)……"(there is a reason for…);

---

[1] See Derek Parfit, Samuel Scheffler ed. , *On What Matters* (vol. 1), Oxford University Press, 2011, p. 32.

[2] 有关行为理由的逻辑冲突与力量强弱之分析。参见[英]约瑟夫·拉兹:《实践理性与规范》,朱学平译,中国法制出版社 2011 年版,第 15-18 页。

[3] [英]德里克·帕菲特:《论重要之事》,阮航、葛四友译,时代出版传媒股份有限公司、北京时代华文书局 2015 年版,第 4 页。

[4] 参见[英]约瑟夫·拉兹:《实践理性与规范》,朱学平译,中国法制出版社 2011 年版,第 14-15 页。

(3)"X有理由(做)……"(X has a reason for...);(4)"X相信……是……的理由"(X believes that ... is a reason for...);(5)"X做某事的理由是……"(X's reason for φ-ing is...)。① 不过,在上述五项表达理由的句式中,除了第四项之外,事实上都是"……的事实是……做某事的理由"(...is a reason for...to φ)的变形。② 进言之,行为理由的逻辑结构分析包含以下三部分:第一,对行为理由的算子进行语义解释和逻辑分析;第二,用标准的句子形式表达每一个给出理由的陈述,并先行翻译那些不符合"理由"的标准形式的句子;第三,用标准的行为理由算子分析该标准形式的句子。这种分析的意义在于把日常生活中不完备的行为理由转化为完整理由(complete reasons)。

总而言之,行为理由之所以具有规范性,是因为它们作为一项事实性陈述,在语言的日常用法中被赋予了向行为主体提供"应当如何行动"的规范性意义;语言的这种用法根植于行为主体符合理性的实践,行为主体在依据相关规范行动时,仍然批判地反思这些规范。在这个意义上,行为理由的语言用法在工具层面上为行为理由的规范性创造了条件。换句话说,规范之所以成其为规范,是因为它们本身就是行为理由,或者在内容上与行为理由相关,或者部分为行为理由所构成。这使得"行为理由"成为理解行为准则具备规范性的关键。③

尽管如此,在证成行为理由规范性过程中存在的理论争执表明,针对行为理由规范性的讨论并不能止步于其事实属性,而需要进一步聚焦行为理由之形式与内容的规范性含义,方能把握行为理由的规范性来源。

第二节　行为理由规范性的类型分析

证成行为理由规范性的过程,初步揭示了行为理由的规范性来源于

---

① 参见[英]约瑟夫·拉兹:《实践理性与规范》,朱学平译,中国法制出版社2011年版,第3页。

② 参见范凯文:《行为理由:事实与规范的连结》,载《上海交通大学学报(哲学社会科学版)》2016年第5期,第27页。

③ See Joseph Raz, *From Normativity to Responsibility*. Oxford University Press, 2011, p.85.

其形式或者其实质性内容。在当代道德哲学中,这两种立场可以划分出行为理由的规范性来源的三种论证思路,分别是以伯纳德·威廉斯为代表的"基于欲望的理由观"(又称为"理由内在论"),以约翰·麦克道尔为代表的"基于价值的理由观"(又称为"理由实在论"),以科尔斯戈德为代表的"基于主体性的理由观"(又称为"理由超验论")。①

一、基于内心意图的行为理由观

根据休谟的研究,道德判断不是植根于人的理性能力,而是植根于个人的感性能力或曰知觉能力,更确切地说是植根于个人的"同理心"即"同情共感"的能力。因此,一项行为是否妥当与理性无关,而与非理性的情感或欲求直接相关。是故,行为理由的根源是个人的"内心意图"(inner intention)或"欲望"(desire);个人的同情共感能力则成为连结复数的个人内心意图的纽带,使行为理由得以普遍化。

此时,基于内心意图的行为理由观就可以表述为:行为主体有理由做某事,是因为做这件事情能够满足行为主体的欲望,无论这种欲望是在确定做这件事之前或者之际就已经存在,还是由于做这件事可能会带来其意图的射程之内的其他效果。② 换言之,行为理由最终将还原为行为主体的内在心理动机(motivation),故这种行为理由观也可以表述为"理由内在论"。相应地,行为理由就可以称为"内在理由"(internal reasons)。

伯纳德·威廉斯通过界分"内在理由"和"外在理由"的概念来说明内在理由的初始定义符合"准休谟式的模型"(sub-Humean model),因此只有内在理由能够说明行为理由的生成过程及其意义。在这个模型之中,"做某件事情"是行为主体实现其目的的工具,而且它必须与行为主体的"主观动机集合"(subjective motivational set,以下简称为 S)中的某

---

① 相关综述可参见谢世民主编:《理由转向:规范性之哲学研究》,台北,台大出版中心 2015 年版,第 27-33 页。有观点认为,三种思路的争议焦点是"慎思"(deliberation)概念的功能界定,因为这一概念将影响行为动机与行为理由之间的关系。参见谢世民主编:《理由转向:规范性之哲学研究》,台北,台大出版中心 2015 年版,第 80 页。

② 参见谢世民主编:《理由转向:规范性之哲学研究》,台北,台大出版中心 2015 年版,第 29-30 页。

一项要素相联系。① 威廉斯指出,"A 有一个理由做某事"或者"有一个要 A 做某事的理由"的陈述有两种解释。第一种解释是:当且仅当 A 具有某种动机,且做某件事情可以促进或者满足这个动机时,上述的陈述为真。第二种解释是:即使没有这个动机,上述的陈述也能成立。这两种解释的区别在于,第一种解释把促进或者满足行为主体的动机作为行为主体做某事的正当理由的内容,而第二种解释则认为行为理由的成立与行为主体的动机无关。相应地,第一种解释被定义为"内在的解释",它使得"促进或满足动机"作为正当化理由的"内在原因",由此生成"内在理由";第二种解释被定义为"外在的解释",它使得行为理由的正当化原因独立于主体的动机,由此生成"外在理由"。②

进一步,指示具体行动的内在理由,需要经过行为主体的"慎思推理"(deliberative reasoning)而发现。③ 对内在理由的陈述而言,"慎思推理"的意义在于:

第一,通过给定 S,行为动机扩展为行为主体在考虑是否实施某一行为时的各类主观因素,并因此排除掉那些基于虚假信念而产生的要素(例如误解),因为内在理由必须考虑行动者的行动合理性,而这些要素并不能产生准确的促使行动的信念理由。此外,S 当中之所以存在可能为假的信念,在很大程度上源于"欲望"这个词语的外延模糊性:

> 一个人有理由做某件事情,因为那样做就是满足 S 中的某个要素的最方便、最经济、最令人愉快等等的方式。这样一个推理当然是由 S 中的其他要素来控制的,即使不一定是用一种很清楚的或者很确定的方式来控制的。……"欲望"这个术语可以被正式用来表示 S 中的所有要素,但它可能也会使人们忘记

---

① 参见[英]伯纳德·威廉斯:《道德运气》,徐向东译,上海译文出版社 2007 年版,第 149 页。

② See Bernard Williams, *Moral Luck: Philosophical Papers* 1973 – 1980, Cambridge University Press, 1982, p. 101;中文版参见[英]伯纳德·威廉斯:《道德运气》,徐向东译,上海译文出版社 2007 年版,第 144-145 页。

③ See Bernard Williams, *Moral Luck: Philosophical Papers* 1973 – 1980, Cambridge University Press, 1982, p. 104;参见[英]伯纳德·威廉斯:《道德运气》,徐向东译,上海译文出版社 2007 年版,第 148 页。

这个事实:S能够包含评价的倾向、情感反应的模式、个人的忠诚以及各种各样的计划这样的东西,即被抽象地认为体现了行动者的承诺的一切东西。当然,我们首先不要假设一个行动者的欲望或计划都是利己主义的;我们希望他会具有各种非利己主义的计划,这些东西同样可以提供行动的内在理由。①

第二,将"慎思推理"从原初的"工具—目的推理"(means - end reasoning)扩展为一种近似于反思均衡的过程。② 此时,慎思的过程就是S当中诸多元素的竞争过程,这种竞争也许是排他性的,也许是包容性的,也可能是各种元素综合的结果,例如借助通盘考虑来实现元素的位阶排序和分量筛选等。威廉斯说:

> 慎思有很多更加广泛的可能性,例如:思考如何才能把S中的某些要素的满足组合起来,比如说用一种时间上排列的方式组合起来;在S中的要素存在不可解决的冲突的地方,考虑哪个要素应该得到最大的分量(重要的是,这并不意味着存在着某种可以用来度量那些要素的公分母);或者发现构成性的解决方案,比如说,一个人在想要娱乐的前提下,决定什么事情可以使他享受一个快乐的夜晚。③

慎思推理经过上述改进,行为主体将能够摆脱直觉主义的思考,抛弃简单的对个人欲望的追求以及对理由的工具论认知,并在此过程中逐渐获得一项更具实践力度的理由:

> 在经过这种慎思之后,一个行动者就可以逐渐看到:他有理由做他原本并不认为他有理由要做的事情。以这种方式,慎思的过程就可以添加由内在理由来支持的新的行动,正如他也能够把新的内在理由添加给既定的行动。慎思的过程也能够从S中剪除某些要素。反思可以使行动者看到某个信念是假的,因

---

① [英]伯纳德·威廉斯:《道德运气》,徐向东译,上海译文出版社2007年版,第149-150页。

② 参见谢世民主编:《理由转向:规范性之哲学研究》,台北,台大出版中心2015年版,第81页。

③ [英]伯纳德·威廉斯:《道德运气》,徐向东译,上海译文出版社2007年版,第149页。

此使他认识到他其实没有理由做他原来认为他有理由要做的事情。更微妙的是,他可以认为他有理由促进某种发展,因为在那种发展一旦发生之后会是什么样子这件事情上,他可能还没有充分发挥他的想象力。在他的那种独立的慎思理性中,或者在他的那种被其他人的说服鼓舞起来的慎思理性中,对于什么东西会被涉及,他可以逐渐具有某些更具体的感觉,他可以逐渐失去对那些东西的欲望,正如想象力可以积极地把新的可能性和新的欲望创造出来。(这些可能性不论是对政治行动来说还是对于个人行动来说都是重要的。)①

这段话表明,慎思推理能够通过激发行为主体的想象力来动态地调整 S 的范围,使得内在理由的类型与范围、内在理由与具体行动之间的因果关系等产生动态调整。如果慎思未能激发行动者做某件事情的动机,则要么支持他去做这个事情的信念为假,要么这个事情的动机的确没有被纳入 S 当中。此时他也就没有理由去做这个事情。②

也正是在这个意义上,威廉斯提出通过慎思推理获得内在理由陈述;同时,由于慎思推理必然是行为理由的垄断性产生机制,因此无须外在理由的介入。这种考虑有以下原因:第一,假定存在外在理由,那么外在理由也必须通过某种心理联系(也就是信念)的转化才能用来说明行动,这表明外在理由并不能直接地成为说明理由的真正类型。第二,行为理由的可普遍化特征,反过来也要求行为理由必须能够直接作用于具体的行动当中,但外在理由不具备这样的直接指引功能。第三,外在理由能够经受心理联系的转介的前提是理性能够产生动机,而这要求慎思推理的结果必然导出外在理由所指示的那个动机,且排除掉其他的任意动机。但问题在于,外在理由的这种要求过于刚性,以至于成为一种排他性的理由类型,事实上架空了慎思推理的不确定内核,并阻碍了实践推理的启发性

————————

① [英]伯纳德·威廉斯:《道德运气》,徐向东译,上海译文出版社 2007 年版,第 149-150 页。

② 参见[英]伯纳德·威廉斯:《道德运气》,徐向东译,上海译文出版社 2007 年版,第 150-151 页。

功能。①

总而言之,基于内在意图的行为理由观通过论证行为理由与行为主体内心欲望的关联,反对主张行为理由与行为动机之间不必然存在关联的"外在理由论"。不过,"外在理由论"也有相应的证据作为支撑,并可以细分为以下两种类型:一是"基于客观价值的行为理由观",认为行为理由的规范性来源于理由所处的客观环境,因此行为理由与行为动机在内容上无关;二是"基于主体性的行为理由观",认为行为理由的规范性来源于行为主体的自主性,因此行为理由与行为动机在形式上无关。

二、基于客观价值的行为理由观

"基于客观价值的行为理由观"是指行为主体去做某事的理由是这些事情(或者说行为的对象)本身具有值得追求的客观价值。这种观点认为,生活的伦理特征取决于行为主体妥当地运用自身的理性能力,而那些为理性能力所覆盖和指示的客观事实具有善的特性,因此值得人们去追求或以此行事。

这种行为理由观之所以认为行为理由的内容与行为动机之间不必然存在着必然联系,是因为无论行为人能否清楚地认知到这些事情背后的客观价值以及是否因此产生某种行为动机,都不影响行为理由的成立,也不影响行为的正当化说明。例如,在许霆盗窃案中,许霆利用 ATM 设备故障而多领取银行 17.5 万元的行为已经被公认为属于"盗窃金融机构"的行为,因此符合最高人民法院《关于审理盗窃案件具体应用法律若干问题的解释》第 8 条有关"盗窃金融机构",数额特别巨大的规定。虽然社会舆论对法院的"机械司法"颇有怨念,例如认为处刑过高而无法确切实现罪刑相适应;银行机器故障过错在先,许霆本人有责任减轻事由;等等,但在不考虑《刑法》第 63 条第 2 款"犯罪分子虽然不具有本法规定的减轻处罚情节,但是根据案件的特殊情况,经最高人民法院核准,也可以在法定刑以下判处刑罚"存在适用空间的情况下,一审法院的判决在法律

---

① 参见[英]伯纳德·威廉斯:《道德运气》,徐向东译,上海译文出版社 2007 年版,第 151—158 页。

层面并无问题。虽然主审法官可能会认为案件的性质与量刑的确存在不恰当的嫌疑,也因此可能有适用《刑法》第 63 条第 2 款的空间,但却并没有阻止他严格依据最高法院的司法解释和刑法分则条款判案,因为严格依法裁判这件事情,本身就是法官所必须承担的义务,或者说是必须努力去实现的价值,尽管他可能会认为(事实上也的确认为)他的判决属于"机械司法"行为。①

不难发现,威廉斯对外在理由的批判,恰恰可以在这里获得进一步的说明。据上文所述,外在理由之所以无法能够准确指示行为,是因为外在理由在某种程度上能够排除行为主体的慎思推理。仍然以许霆案为例,假如法官对他的裁判行为存在着哪怕些许的怀疑,那么就可以认为法官并未完全贯彻慎思推理。在这个意义上指责该案一审主审法官没有慎重考虑《刑法》第 63 条第 2 款在本案中的使用空间,的确是成立的。换句话说,如果裁判者仅仅注重追求依法裁判的实现,而不去更全面、准确、完整地理解案件事实中的特殊性,就有可能使得其行为缺乏可普遍化的证立,而只能获得局部的经验性理由的支持。于是,外在理由只能局部地支撑或排除行为动机,却使行为主体丧失了发自内心地遵从内心意志的可能,导致行为主体成为外在价值的工具。所以,只有当行为理由全盘来自行为动机,并且把"正确考量事情"(considered matters aright)与慎思推理联系起来之后,行为主体与行为理由之间的规范性联系才能真正显现。②这正是威廉斯否定外在理由的核心思路。

但约翰·麦克道尔反对这一主张。他认为,仅仅依靠"实践理由的内在理念"(the internal conception of practical reasons)即内在理由的这一个论点,还不足以否定外在理由的存在意义:

> 我们不得不考虑从不被外部理由所激励到被外部理由所激励的转变。外部理由论者必须假设行为主体通过相信外部理由陈述来获得新的行为动机。要成为一个外在理由陈述,这个陈

---

① 参见《许霆案法官坦承一审机械执法期待促进司法进步》,载搜狐新闻网,http://news.sohu.com/20080918/n259621368.shtml。

② 参见谢世民主编:《理由转向:规范性之哲学研究》,台北,台大出版中心 2015 年版,第 86 页。

述必须自始至终都是正确的;在相信它之前,行为主体必须正确考量这个事情。关键的问题是:为什么外在理由论者必须设想这种转变,即正确考量问题是由正确的慎思引起的?①

可见,麦克道尔质疑的是威廉斯将实现"正确考量事情"的途径等价于慎思推理。而且他还认为,威廉斯的这种认知过于单薄,因为威廉斯只是假定了当某个人对假定的外部理由的力量不敏感时,外在理由论者希望能够有能力发现非理性。他进而认为,要消除这一难题,就需要使"真理"或"客观性"的概念隐含于为外在理由论者所需的"正确考量事情"之中,它要求信念必须能够形成于使它们成为真实的环境的因果关系之中,且这些信念的产生纯粹基于程序性的构想,而不需要依赖于任何实质性前提。②

不难发现,与其说麦克道尔意在完善基于内在意图的行为理由观即"内在理由论",毋宁说是希望能够部分承认外在理由在正确行事中的意义。他主张,行为人的行为动机植根于"环境的因果关系控制",也就是亚里士多德式进路(Aristotelian approach)的"道德养育"(ethical upbringing)路径:

> 如果我们认为以近似于亚里士多德式的进路来思考道德养育,即作为将习惯转化为适当行为模式的过程,它与适当的相关思维模式的灌输密不可分。这个过程并不神秘,有关如何同时获得一种看待事物的方式以及动机倾向或实践考量的集合,并通过练习观察事物的方式,在特定情形下聚焦和激活这一过程。如果这种养育已经按照其应有的方式进行了,我们将会说,看待事物的方式——如果你愿意的话,也可以说是塑造主体的主体性的结果——包括正确考量它们,亦即对它们的现实布局具有

① John McDowell, *Might There Be External Reasons*?, in Altham, James Edward John & Ross Harrison eds. , World, Mind, and Ethics: Essays on the ethical philosophy of Bernard Williams. Cambridge University Press, 1995, p. 72.

② See John McDowell, *Might There Be External Reasons*?, in Altham, James Edward John & Ross Harrison eds. , World, Mind, and Ethics: Essays on the ethical philosophy of Bernard Williams, Cambridge University Press, 1995, p. 81.

正确的观念。在这里,"谈论被适当提出"和"谈论正确考量事情"是表达同一评估的两种方式:可以通过伦理论证来证立这一点。①

这段话说明:"正确考量事情固然不是一般对事物的感官知觉而已,但亦不是要察觉世界中的某种非自然属性,而是以适当的眼光及动机来观看事情,这是一种在人类社会中可以培养出来的综合能力,可以连结特定之思想模式与行为模式。"②换句话说,"道德养育"使行为主体在生活中锻造出一种综合运用理性与感性的能力,行为主体能够运用这种能力来"识别"和"回应"客观的特定事实即外在理由。③ 当然,不同学者在判定人类这种识别和回应外在理由的根源问题上存在区别。例如拉兹认为,理性(Reason)是识别理由(reasons)的一般的和普遍的能力,它能够帮助人们识别他们所使用的任何理由并作出相应的回应。而且借助经验分析也能得知,理性是一种有助于反思地(reflectively)识别理由的能力,只是它不表明理由的每一次运用都涉及反思、推理或慎思,因为人们能够凭借经验而学会本能地识别和回应理由。④ 张美露在这里也认为,有关识别和回应理由的问题深度涉及"理性权力"(rational powers)的问题。⑤

是故,行为主体"正确考量事情"将被界定为:他们因长期的"道德养育"而正确地理解某些外在理由,并根据这些外在理由的指示而行动,以此作为他们回应这些外在理由的表现。一般来说,行为主体对外在理由的识别和回应,能够在很大程度上弥补慎思推理所带来的不足,尤其是考

---

① John McDowell, *Might There Be External Reasons*?, in Altham, James Edward John & Ross Harrison eds., World, Mind, and Ethics: Essays on the ethical philosophy of Bernard Williams, Cambridge University Press, 1995, p. 73.

② 谢世民主编:《理由转向:规范性之哲学研究》,台北,台大出版中心 2015 年版,第 86 页。

③ 参见谢世民主编:《理由转向:规范性之哲学研究》,台北,台大出版中心 2015 年版,第 86-87 页。

④ See Joseph Raz, *From Normativity to Responsibility*. Oxford University Press, 2011, p. 86. 另见 Joseph Raz, *Reason, Reasons and Normativity*, in Russ Shafer-Landau, ed., Oxford Studies in Metaethics (Vol. 5), 2008, p. 6.

⑤ See Ruth Chang, *Raz on Reasons, Reason, and Rationality: On Raz's from Normativity to Responsibility*, 8 Jerusalem Review of Legal Studies 1, 14 (2013).

虑到将通盘考虑植根于个人生活实践经验的背景下。例如,一个记者在交通事故现场采访时突然发现有伤者正在呼救,他马上切换镜头并报道仍然有伤者等候救援,这一动作源自记者所具有的职业要求。但从正确考量事情的角度来看,在他能够施以援手且没有救护人员到场的前提下,他更应当在此时放下采访工具,尽其所能去协助伤者脱险,因为存在着这样一个外在理由,也就是救死扶伤、见义勇为比记者的采访职责要更加重要。无疑,这个记者并没有认识到正确的理由,这是由于他的"道德教养"还不足够。但如果这个记者并不是切换镜头,而是在此情况下不假思索地放下了装备去救人,并且马上报警并拨打急救电话,那么可以说,他做到了正确考量事情,因为他所身处的环境和他所面临的处境已经说明了一项行为理由,也就是"救人要紧"。而记者去救人的这个事情,实际上表明了行为主体所经受的"道德养育"是如何使他们在没有经过慎思推理的情况下也能够正确地行事。但是,假设这个记者认为采访新闻更加重要(例如这关系到他能否抢到独家新闻或者能够在第一时间发布最新消息),他也可能要求消防员和医生在等待他们拍摄结束之后再进行救援。那么此时可以说,记者已经对他如何行事进行了慎思推理,并且给出了一个他认为正确的行为动机,并且已经按此动机行事。可是,这个行为理由无论如何是不正确的:将个人职业发展的理由凌驾于救死扶伤的理由之上,无论如何不能被认可,因为这种推理结果不仅违背了社会公认的道德底线,也侵犯了一个健全的人的基本尊严。所以,基于"道德养育"而形成的、针对外在理由的"识别—回应"模式,就为批判个人的慎思活动提供了基础。

总而言之,基于客观价值的行为理由观揭示了人的行为在很多时候是"不假思索"却"合情合理"的深层次原因,也为评价某些行为是否正确提供了批判性空间。它表明,行为主体之所以能够正确考量事情,是因为他们所接受的"道德养育"使他们具备认知和执行固有的外在理由的能力,因此一个人是否能够正确行事,取决于他的道德养育,并终极地与社会的文明程度相挂钩。相反,如果行为主体无法完全做到这一点,则是因为他们的"道德养育"还不到位,还需要在社会生活中进一步获得转变

（conversion）。①而且,基于客观价值的行事是行为主体的主体性的重要组成部分,它将能够兼容甚至可以在很大程度上豁免行为时的慎思推理。

三、基于主体性的理由观

与基于客观价值的理由观一样,基于主体性的价值观也同样主张外在理由对行为的指引作用。但不同之处在于,基于主体性的价值观以主体性为基础,强调形式的理性能力,认为行为理由是行为主体通过自身运用其理性能力,借助先验的实践理性（practical reasons）范畴来建构出的事实。也就是说,行为理由必须符合作为内在于行为主体的、作为定言命令（categorical imperative）之道德律,因此与康德哲学深度关联。②

值得注意的是,在拒绝行为理由与行为动机之间关系的观点上,基于主体性的价值观断然似乎存在着软化的迹象。这也许与基于内在意图的行为理由观的理论演变趋势相关,后者也同样开始软化行为理由全盘来自行为动机的立场。这种理论软化的结果,就是使"温和内在论"在两个阵营内部都有着支持者。③ 所谓"温和内在论"是指,只需要行为理由与那些有能力激发行为主体的行为动机有关,而不要求行为理由与行为动机直接相关。在温和内在论的视野下,行为理由与行为动机之间不再是充要关系,而只是在逻辑上构成充分不必要关系。

在这个理论指引下,科尔斯戈德提出了"内在论要求"（internalism requirement）的概念,认为行为理由根源于实践理性激发理性主体的动机

---

① 不过,麦克道尔没有说清楚这种"转变"的动因。所以威廉斯后来在反驳时就指出,这种"转变"只能植根于行为主体的内心自认,甚至可以认为也是他们慎思的结果。此时就会出现两种情况:第一种情况,行为主体经过慎思,将外在理由转变为内在理由,并因此得以更完美地行事。第二种情况,行为主体在慎思后清楚自己是不完美的行动者,所以反而给了他们一项理由,使他们不去做那些为理想的理由所指示的事情。Bernard Williams, *Postscript*: *Some Further Notes on Internal and External Reasons*, in Elijah Millgram ed. , Varieties of Practical Reasoning, Harvard University Press, 2001, p. 94.

② See Christine M. Korsgaard, *Skepticism about Practical Reason*, 83 The Journal of Philosophy 5, 5 (1986). 这一思路非常巧妙地用利用康德哲学来重述行为主体、行为动机、行为理由的关系,这也根源于在行为理由的问题上,实践理性与纯粹理性能够分享同样的论证思路。Ibid. , p. 14

③ 参见谢世民主编:《理由转向:规范性之哲学研究》,台北,台大出版中心 2015 年版,第83 页。

的能力。① 具言之,为了满足"内部论要求",行为主体不仅有能力执行特定的理性的心理运作,还有能力通过这些运作所规划的路径传递(transmitting)"动机力"(motive force)。同时,这种"动机力"的传递需要达到一定的强度,亦即动机力激发行为主体的信念必须持续到具体的行为落实,从而使行为主体信服(conviction)。理性则在其中兼任了判断动机力是否顺畅、是否充分的标准。② 在这里,"动机力"就是行为主体所希望去做的事情(也就是理性考量)的显象,动机力的"传递"就是能够被实践理性所运用的范畴渠道;这种传递渠道是否顺畅,取决于行为主体能否不受环境、个人身心状态和情感因素困扰而全面自主地运用自己的理性。换句话说,如果行为主体受到这些自我感性因素的干扰而导致其无法准确运用理性,那么,理性考量虽然具有激发行为动机得可能,但却无法激发行为人自身的行为动机。③ 如此,既可以使行为理由与行为动机之间直接相关,也能够说明行为人的主体性及其对理性的运用能力将如何决定理性考量与行为动机的关系。

第三节　行为理由的分类

一、与规范性有关的行为理由类型

(一)操作性理由与辅助性理由的概念界定

行为理由的概念及其所处的实践环境,决定了行为理由既包括原始

---

① See Christine M. Korsgaard, *Skepticism about Practical Reason*, 83 The Journal of Philosophy 5, 11 (1986).

② See Christine M. Korsgaard, *Skepticism about Practical Reason*, 83 The Journal of Philosophy 5, 14-15 (1986).

③ See Christine M. Korsgaard, *Skepticism about Practical Reason*, 83 The Journal of Philosophy 5, 13 (1986). 也正是如此,科尔斯戈德才说:"一个人可能会不理性,不仅是因为没有观察到理性的联系——例如没有看到他手上有足够的手段——而且还是'故意'对他们视而不见,甚至是在它们被指示出来时漠不关心。"Ibid.

意义上的理由,也包括规范意义上的理由。① 所谓"原始意义上的理由"是指在事实层面阐明行为如何现实发生的理由,而"规范意义上的理由"则是指能够赋予行为以规范性的理由。拉兹分别称之为"操作性理由"(operative reasons)和"辅助性理由"(auxiliary reasons)。这是行为理由最基础的分类。

在概念上,"操作性理由"是指以"应当"或"不应当"等规范性陈述指明行为类型的抽象行为理由,行为主体在承认操作性理由的客观存在时,也相应地包含实践的批判性态度。有学者进一步指出,操作性理由指示的是某个行为"是否应当做""是否值得去做"或者某个行动"好还是不好",它提供了行动的规范性条件(normative conditions)并为行为的正当性辩护,故它在有效应对和在表面上击败反对意见的同时,也能说明行动是理性的行动。②

与操作性理由相对的是"辅助性理由",它是将特定的操作性理由具体化的行为理由,旨在说明抽象的操作性理由将如何适用于具体行动当中,指出促成行动发生的具体原因,因而不包含规范性陈述。③ 而且,由于辅助性理由深度涉及行动的因果条件(causal conditions),因此也被称为"动机性理由"(motivating reasons)。就此来看,辅助性理由在证成行为正当性当中的真正功能,是扮演从操作性理由到支撑具体行动的理由的中介。具言之,辅助性理由作为确定性理由(identifying reasons),它促使操作性理由的规范性效力传递到那些有理由实施的行为之上。与此同时,它能够与影响理由强弱的理由(strength-affecting reasons)作对比,从而在理由冲突的情况下尽快判定更强或更具决定性的理由。④

(二)操作性理由与辅助性理由的理论实益

除了能够回应行为理由的规范性问题之外,区分操作性理由与辅助

---

① 参见[英]约瑟夫·拉兹:《实践理性与规范》,朱学平译,中国法制出版社2011年版,第6页。

② 参见陈景辉:《实践理由与法律推理》,北京大学出版社2012年版,第53-54页。

③ 参见[英]约瑟夫·拉兹:《实践理性与规范》,朱学平译,中国法制出版社2011年版,第24-25页。

④ 参见[英]约瑟夫·拉兹:《实践理性与规范》,朱学平译,中国法制出版社2011年版,第25-27页。

性理由的另一项作用是说明行为理由在法律推论中具有不同作用,并因此牵涉审判的理由论证问题。有学者指出,作为实践推论的法律推论需要回应以下三个问题:第一,以行为理由为基础的推理活动将提出何种理论主张;第二,这些理论主张将以何种方式影响理由论证;第三,如何通过行为理由来导出相应的论证结论。[①] 鉴于理由论证的特征与操作性理由和辅助性理由的含义,不难发现,上述第一和第二个问题将涉及操作性理由在理由论证中的功能,而第三个问题则涉及辅助性理由的功能。

具体来说,操作性理由在理由论证中将成为"作为推论依据的理由",它们通常是获取裁判结论所必须的规范群。之所以称之为"规范群",是考虑到操作性理由与法律规范具有同质性,此时行为理由的冲突就可能体现为规则、原则、政策等因素的博弈。也因此,一方面,操作性理由能够决定推论的属性并为后续论证提供正当化基础,并成为决定性理由;另一方面,操作性理由又需要在理由冲突的判定和解决的过程中通过推翻其他效力不充分的理由来证明自身的决定意义,因此论证的本质就是证明操作性理由具有决定性。[②] 此举在排除可能的恣意的同时收敛裁判依据的范围,并最终获取具备决定性的操作性理由。

辅助性理由具有调和理由论证的差异化与普遍化的结构性功能,并能够根据具体行动的后果来说明更为妥当的行为理由,因而它相应地转化为"作为推论结果导向的理由"。[③] 具体来说,操作性理由指示的是抽象行为,它可以普遍地适用于不同的群体或共同体。若希望将操作性理由转化为具体的行动,就需要借助辅助性理由的说明功能,并由此影响操作性理由在理由冲突中的具体强度。在不同的情境、群体、共同体下,同一项操作性理由的运用需要不同辅助性理由的支持。可见,辅助性理由一方面为操作性理由的差异化运作创造条件,另一方面也在维系行为主体对操作性理由的道德直觉机制,使具体的行动能同时满足道德直觉和

---

① 参见陈景辉:《实践理由与法律推理》,北京大学出版社 2012 年版,第 71 页。

② 有关操作性理由对裁判的意义。See Rolf Sartorius, *The Justification of The Judicial Decision*, 78 Ethics 171, 171–187 (1968); David Lyons, *Justification and Judicial Responsibility*, 72 California Law Review 178, 178–199 (1984).

③ 参见陈景辉:《规则、道德衡量与法律推理》,载《中国法学》2008 年第 5 期,第 46–62 页。

理性的双重要求,进而捍卫以操作性理由为规范性基础的理由论证。①

二、与行为理由冲突有关的行为理由类型

行为理由存在着强度差异的特征证明了它们在逻辑上存在冲突的可能。行为理由的规范性意义也说明,判定行为理由冲突的活动也就是在判断更加符合社会普遍实践要求的行为,它证成了行为理由具有的可普遍性特征。而操作性理由、辅助性理由的概念界定及它们在论证中的不同功能,又说明行为理由的冲突不仅在逻辑上存在,也与理由所指示的内容和论证所在的情境密切相关,并且将进一步反映在理由论证过程之中,对理由冲突的判定和论证结论的导出都具有重要影响。不过,这个判定也需要获得其他理由的支撑,表明行为理由的冲突需要遵循一定的冲突规则。在行为理由的相应研究中,行为理由的冲突规则是通过区分"一阶理由"(first-order reasons)与"二阶理由"(second-order reasons)来界定的。

(一)一阶理由与冲突规则

在行为理由发生冲突时,能够直接指引并影响行动的行为理由被称为"一阶理由"。这个定义表明,一阶理由在具体行动中的强度,是判定一阶理由冲突的关键指标。此时,强度更高的那个理由将成为优胜者,并成为理由的逻辑冲突中的决定性理由和"凌驾性理由"(overriding reasons)。而且,由于一阶理由是直接指引行动的理由,所以它们在规范性层面具备同样效力。因此,一阶理由冲突与自身的分量无关,而与理由指引行动的不同情境有关。拉兹据此提出了一阶理由的冲突原则:"在通盘考虑后,一个人总是应当在理由权衡的基础上去做他应当做的任何事情。"②这个原则表明,一阶理由的冲突规则意图通过衡量理由的强弱或分量而得出一个特定结果,以此作为具体行动的根据。换言之,行动的决定性理由必然始终源于理由的衡量,且行为主体必须始终依据由此导出的决定性理由来行事,这也被称为通盘考虑后的"最佳化"过程。

---

① 参见陈景辉:《实践理由与法律推理》,北京大学出版社 2012 年版,第 75-78 页。

② Joseph Raz, *Practical Reason and Norms*, Oxford University Press, 1999, p. 36.

不难发现,在一阶理由的冲突规则中,真正具有决定性意义的是"通盘考虑"(all things considered)。拉兹认为,"通盘考虑"是"指示在与该问题有关的所有行动理由的基础上应当做什么,而不仅仅是在行动者实际上考虑的或者可能已经考虑的理由的基础上应当做什么",①换句话说就是要考虑所有在客观上与具体行动直接相关的、应当存在的行为理由,而不仅仅是考虑那些实际上已经被行动主体纳入考虑、但未被完全穷尽的行为理由。

有学者从道德哲学的层面指出,"通盘考虑"是一个更具综合性的价值的占位符(placeholder for a more comprehensive value),它不仅能够囊括"部分考虑"的事情,而且也能够决定那些被考虑的事情将如何规范地实现关联。进言之,通盘考虑涉及规范性领域的价值判断,它试图衔接起价值与理由之间的关系。通盘考虑的判断并不试图建立一套价值比较和价值排序的机制,反而是尝试形成一个具有统合意义的整体的道德判断架构。它围绕着某个道德判断来吸纳和安放多元的综合价值,即使这些价值并不能横向比较或相互通约,但它却能够为全面的道德判断提供条件,并决定了待考虑事项的相对重要性。② 而且,这种道德判断的架构反对结构主义的理由权衡思路,也就是反对将理由权衡与理由背后可能存在的结构联系在一起,因为这种形式性的"理由结构"(structure of reasons)早已固定理由之间的优劣位阶,它会导致一阶理由无法具体展开理由的衡量。③

就此而言,"通盘考虑"强调的是按照实质的规范性内容而非形式意义上的范畴性概念(category concepts)来分类和填充理由权衡中涉及的相关价值,这里的"范畴性概念"是指可以聚敛实质性之规范性考量的形式概念,它不具有构造规范性关系所需的规范性内容。④ "通盘考虑"关注且只关注行为理由在具体情境中的强度,这种强度反映的是行为理由的普遍性与具体情境的特殊性的有机统一,因而与支撑它们的形式性的

---

① 参见[英]约瑟夫·拉兹:《实践理性与规范》,朱学平译,中国法制出版社 2011 年版,第 29 页。

② See Ruth Chang, *All Things Considered*, 18 Philosophical Perspectives 1, 2-3 (2004).

③ 参见陈景辉:《实践理由与法律推理》,北京大学出版社 2012 年版,第 64 页。

④ See Ruth Chang, *All Things Considered*, 18 Philosophical Perspectives 1, 13 (2004).

理由结构无关。不过,通盘考虑并非在任何情况下都能获得适用。在某些情况下,它可能会让位于其他的特殊性理由,也就是那些行动主体能够实际接触到的行为理由,此时"决定性理由"与所谓"充足理由"的边界就显得非常模糊。例如基于经验法则(rule of thumb)的行事,根据的就是相对具象化的生活经验事实;又如基于指令的行事,就可能源于指令者的权威和行为主体应当承受相应义务的事实;还比如在基于承诺的行事中,承诺可能源于通盘考虑,也可能源于某些局部考虑中的现实因素。[①]

可见,理由权衡的过程始终处于应然的通盘考虑和实然的经验考虑的夹缝之中。为了防止通盘考虑滑向经验考虑,导致支撑行动的决定性理由无法完全贯彻可普遍化要求,就需要明确决定性理由的证成标准,以此理解通盘考虑所依赖的实质规范性与形式的决定性理由的关系。此时,研究的视角将拓展到通盘考虑后的"最佳化"过程。这一过程试图回应决定性理由的"最佳化"究竟是源于行为理由自身具备足以排除其他行为理由的形式规范力,还是源于行为理由蕴含了实质的最佳内容,换句话说就是追问决定性理由的判准是理由的外观还是理由的内容。但从上文针对通盘考虑的分析来看,显然最佳化行为理由的判准应当是理由的规范性内容而非理由的形式。[②]

不过,通盘考虑作为理由权衡的理想型,需要受到来自逻辑和实践两方面的检验。尤其是结合理由论证的融贯与可废止性理论之后,[③]应当明确,通盘考虑无法一次性地穷尽指示行动所需的全部理由。然而,由于

————————

① 参见[英]约瑟夫·拉兹:《实践理性与规范》,朱学平译,中国法制出版社 2011 年版,第 29-32 页。

② 与之相对,陈景辉指出,最佳化理由的核心并不在于理由的内容而在于理由作为行为标准的最佳化。参见陈景辉:《实践理由与法律推理》,北京大学出版社 2012 年版,第 63 页,注释 35。但是,这种对最佳化的理解实际上偏离了张美露对"通盘考虑"的论述,也和有关通盘考虑的任意性权衡立场不一致。不过,拉兹对通盘考虑的表态本身是模糊的,他只要求穷尽所有的行为理由来找出那最适宜的"应当"的理由,但对于以什么标准来实现"通盘考虑",却没有进一步的论述。而且,由于实质的规范性内容也能够彰显行为理由的可普遍化意蕴,是故在某种意义上,可以认为决定性理由的内容与形式是一体两面的关系,这意味着张美露在通盘考虑议题上的论述是可维护的。不过,这种理解仍然无法完全回应那些同样具备规范性效力且无法相互比对的行为理由为何也能同时参与通盘考虑的现象。因此,进一步探索界分理由的内容及其形式的最佳化理论,也许更有利于回应理由权衡的问题。

③ 参见[瑞典]亚历山大·佩策尼克:《论法律与理性》,陈曦译,中国政法大学出版社 2015 年版,第四章"道德与法律推理的终极证成"。

行为理由的应然的规范性效力不存在真假判断的空间,因而无法通过逻辑对比来寻获决定性理由,此时就必须借助辅助性理由来实现理由的强弱对比,这正是辅助性理由在理由权衡当中的重要功能。但是,由于通盘考虑项下的理由权衡是一个应然层面的比较,而辅助性理由只能提供事实层面的比对,故仅凭辅助性理由将无法促成理由权衡的实现。

由此可知,诉诸一阶理由的自我权衡来实现的通盘考虑存在着难以完全最佳化与合理化的情况。有学者进一步归纳出一阶理由的自我权衡的五个缺陷:第一,自我权衡由于信息不足而可能导出其可错性,此时就需要代之以专家意见为核心,能体现更强能力和信心的二阶理由。第二,自我权衡可能基于偏见或感性而具有可偏离性,此时就需要代之以最佳理由为内容的二阶理由。第三,自我权衡需要借助成本分析,可能会令行动主体不去做最为恰当之事,换句话说,可能存在对他人而言属于错事的行为,并且行动主体可能也存在着此种"做错事的权利"。第四,自我权衡不能够充分确保社会合作的实现,因为对个人来说的最佳理由可能并不是对共同体的最佳理由,因此贯彻最佳理由可能会引发社会对立。第五,自我权衡难以解决囚徒困境的问题,例如在相互的合作中,首先背离者往往可能得到最好的结果,但所有人继而的背离就会导致最差的结果。这五项内容的前三项是理性行动所固有的缺陷,即可错性、可偏理性与成本分析的必然性,而第四、第五项内容即理性行动难以确保社会合作、理性行动导出囚徒困境等内容,则更多体现自行权衡无法实现的目标与价值。① 不过需要说明的是,上述第四项的表述存在着模糊的空间,也就是"最佳理由"究竟是指对个人而言的"最佳",还是符合"可普遍化"原则的"最佳"理由。如果是后者,那么第四项就不成立了。

总而言之,如果希望在区分行为理由的规范性内容与形式前提下达致理由的最佳化,就需要在一阶理由的通盘考虑之外规定另一类在性质上强于一阶理由的行为理由类型,它们虽然不能直接指示具体的行动,但却天然具备成为决定性理由的内在属性。这种理由被称为"二阶理由"。

(二)二阶理由及其冲突规则

顾名思义,二阶理由是与一阶理由分属不同层次,并因此形成等级结

---

① 参见陈景辉:《实践理由与法律推理》,北京大学出版社 2012 年版,第 69-71 页。

构的理由类型。如果说一阶理由是因其强度或分量而存在优劣之分,那么二阶理由则是因其内在属性而具有优先于一阶理由的特征。二阶理由的这种属性规定:当一阶理由难以完成理由权衡时,二阶理由将与决定性理由保持一致。而且,当一阶理由无法实现其应当实现的价值时,二阶理由即使不能显现出决定性理由,它也依然具备充足的最佳化基础。[①] 可见,二阶理由是弥补一阶理由在形式与实质上缺陷而产生的行为理由,它相应地具备排除通盘考虑的功能。

二阶理由的内在属性及其功能表明,二阶理由仅仅针对一阶理由而非直接针对具体的行动内容而成立,这种属性导致二阶理由被认为是"独立于内容的理由"(content-independent reasons)的初始类型。这一概念最早源自哈特有关命令学说的讨论,它的最早用法是"把责任观从道德上'应做'之事的普遍观念中区别开来"[②]。具体来说,命令是最原初意义上的"独立于内容的理由",它作为行为理由的特征并不是源于其内容与行动之间存在着因果关系,而是它本身是作为命令而被给予给他者,并需要排除行为主体对行动的慎思和衡量。而当包括审判在内的活动将命令等特定行为理由上升为具有普遍约束力的规则之后,独立于内容的理由就获得了可普遍化的属性,并成为证立普遍的权威的重要内容。[③]

可见,二阶理由的核心就是通过其规范性效力而非其内容来证立或者排除某项一阶理由的适用。首先,二阶理由能够指示行为主体去适用某一项一阶理由,由此证立一阶理由的适用。二阶理由的这种功能通常与行为和理由之间的关系有关。如果在某情境中客观存在着某一行为理由,而且行为主体实施了这一行为,那么这个行动"符合"(conform with)理由。如果行为主体内心明知存在着某一行为理由,也清楚这一行为理由的内容及其目的,并因此而实施了相关行为,那么就说这个行动"遵

---

① 参见陈景辉:《实践理由与法律推理》,北京大学出版社 2012 年版,第 67—71 页。

② [英]H. L. A. 哈特:《哈特论边沁——法理学与政治理论研究》,谌洪果译,法律出版社 2015 年版,第 261 页。

③ 参见[英]H. L. A. 哈特:《哈特论边沁——法理学与政治理论研究》,谌洪果译,法律出版社 2015 年版,第 261—262、266—268 页。这一内容还会在后文作深入分析。

行"(comply with)理由。① 拉兹认为,行为理由一般是"符合"的理由,其原因有三:第一,行为主体不会因自身行为的信念并非来自某些行为理由而存在过错;第二,行为主体不会因自身不清楚那些被其他理由所凌驾或被击败的理由,或者是这些理由并没有激发其行动而存在过错;第三,行为主体不会因明知存在某些理由却不作为而存在过错。② 这种对行为理由的理解,显然是沿袭了行为理由作为工具性理由的进路,这一进路区分理由认知与理由实践,把行为理由与行动所存在的情形相捆绑,以此否定行为理由的义务论进路。此时,行为人在具体情形中可能清楚也可能不清楚行为理由,而且即便知道,行为人也并不当然负有依据这些行为理由行事的义务,因为这些行为理由只是其本人行动所需的行动指南。换言之,如果希望行为人"遵行"理由,那么除了需要具有行为理由外,还需要"应当按照该行动理由行事"的理由。二阶理由就是这种要求行为主体遵守行为理由并依据该理由行事的理由。是故,对行为主体来说,他所观察到的行为理由,就是一个指明具体行动的一阶理由与一个要求行为主体按照该一阶理由行事的二阶理由的结合。拉兹将这种一阶理由与二阶理由的结合称为"自反性理由"(reflexive reasons)。③

其次,二阶理由中的"排他性理由"(exclusive reasons)将使行为人直接排除一阶理由而径自适用二阶理由,它并不取消一阶理由,而只是取消一阶理由在具体场合中本可获得的适用余地,因此被称为"消极的二阶理由"。排他性理由还可以进一步被分为"基于无能的排他性理由"和其他的排他性理由。所谓的"无能"(incapacity-based)是指行动者不能即时形成基于理由权衡的判断,可能源于诱惑威胁等的结果。它与其他排他性理由(例如基于权威的排他性理由)的区别是,它取决于行动者在决定行事时的境况。④ 可见,排他性理由所具有的排除一阶理由适用的功

---

① 参见[英]约瑟夫·拉兹:《实践理性与规范》,朱学平译,中国法制出版社 2011 年版,第 204-205 页。

② 参见[英]约瑟夫·拉兹:《实践理性与规范》,朱学平译,中国法制出版社 2011 年版,第 206-207 页。

③ 参见[英]约瑟夫·拉兹:《实践理性与规范》,朱学平译,中国法制出版社 2011 年版,第 205 页。

④ 参见[英]约瑟夫·拉兹:《实践理性与规范》,朱学平译,中国法制出版社 2011 年版,第 43 页。

能，源于它阻止了一阶理由激发人们的行为动机，继而排除了针对一阶理由的通盘考虑，行为主体因此不需要遵行某项一阶理由。拉兹认为，排他性理由通过以下两种方式来排除通盘考虑：一是直接排除基于一阶理由的权衡；二是只排除与权衡相关的原则适用，但不一定排除权衡本身。①在这个意义上，"排他性理由"与"独立于内容的理由"并不完全等同。

就此而言，排他性理由既可以用于日常的实践推理，也可与一阶理由形成一个连贯的实践推理。此外，排他性理由的出现，说明推理在很大程度上是决疑（就事论事）或后果导向的。在此基础上，拉兹提出二阶理由的冲突规则："如果打破平衡的理由被不败的排他性理由所排除，那么一个人就不应当基于理由的权衡而行动。"②

不难发现，二阶理由的冲突规则修正了一阶理由的冲突规则：行为理由可以被严格冲突的理由所胜过，也可以被其他排他性理由所击败。这种修正还存在着另外一项意义，那就是暗示一阶理由与二阶理由之间可能存在更为活泼的关系。我们清楚，二阶理由要么是促成一阶理由的理由，要么是直接排除一阶理由的理由，它们都能够帮助我们更深刻地理解通盘考虑可能存在的苛责性问题。例如，在看守听从命令向越狱者射击的情形中，人道主义者完全有理由主张这些看守人员应当"枪口抬高一寸"，使射击越狱者的暴力程度限制在阻止他越狱的范围之内，而完全没有必要剥夺越狱者的生命。但是，对这些看守人员来说，如果他们的射击行为剥夺了越狱者的生命，那么不论他们是否存在主观过错，他们的射击行为事实上都是可辩护的，因为在那个情形之中，执行上级命令是一项压倒性的二阶理由，它客观上取消了行为主体对各种理由的通盘考虑，却也给对具体行为的评价提供了事后反思的契机。此时，二阶理由就需要接受来自道德层面的检验，也就是将它放在纳入通盘考虑的范围。而且，这种反思还需要紧密结合行为主体所处的时空环境以及他们执行理由的禀赋，从而为引入辅助性理由创造了条件。然而，就事前或事中来说，执行上级命令只能是排他性理由，即使行动者完全了解其他指引行动的所有的一阶理由，也完全有可能在执行二阶理由当中留下了"不完全通盘考

---

① See Joseph Raz, *The Morality of Freedom*, Clarendon Press, 1986, p. 35-37.

② ［英］约瑟夫·拉兹:《实践理性与规范》，朱学平译，中国法制出版社 2011 年版，第 34 页。

虑"(all things considered incompletely)的契机,例如他选择射击越狱者的周边或者其四肢,而不是射击越狱者的可致命部位。在外观上,这种行为也是按照二阶理由而行事,但却包含了一阶理由的内容。

上述分析说明,不能简单认为二阶理由就只有证立或者排除一阶理由的功能,也不能简单认为通盘考虑能够完全证成行为理由的正当性,因为具体的行为语境对判定行为理由而言至关重要,而且排他性理由本身也提供了可反思的空间。就此,有关一阶理由的冲突规则就需要修正为:"在通盘考虑之后,一个人总是应当出于一项不被击败的理由而行动。"①

---

① Joseph Raz, *Practical Reason and Norms*, Oxford University Press, 1999, p. 40.

第四章 理由论证的正当性说明

本章将讨论将依托实践哲学上的"理由"和"行为理由"概念来为理由论证寻找正当性根据。本章将首先明确:法律规则只是行为理由的一种类型,甚至还不是最为主要的类型。确切地说,法律规则更多情况下是"给予"理由而不是"作为"理由;法律规则即使能够"作为"行为理由,也是因为它记载的行为模式代表着社会既存的、具有普遍约束力的行为理由。进言之,法律规则通常能够触发那些本来就已经存在于具体情境下的规范,那些规范是真正的行为理由,而法律则是正当化这些行为理由的二阶理由。换言之,行为主体的具体行动并不是源自法律规则的具体要求,而是法律规则介入和启发行为主体的实践慎思,并促使行为主体按照他所认定的那个正确的理由去行事。不过这也同时表明,法律规则所给予的行为理由与行为的真正理由之间往往不一致。这种现象被称为"规范性裂缝",它是阐述实践差异命题的一个关键词。不过,从实践哲学的角度来看,"规范性裂缝"也是促使法律理由与真正的行为理由在内容上相协调的动力装置。这种协调一方面可以认为是法律发展的契机,另一方面也是证成规则给予理由的正当性的过程。假定法律规则给予的是能够实现某项普遍性目的的行为理由,那么行为人具体行动时依赖的行为理由,就是只能满足具体的事情所欲求的目的之行为理由。此时,规则给予理由的正当化说明就需要同时满足两项条件:其一,行为主体更应当按照规则给予的理由行事,因为只有那样做才是正当的;其二,要求在尊重行为主体意愿的情况下去完成这样的正当化说明。在这里,真正能够解决问题的方案有两个,一是诉诸服务的权威观念;二是还原到法律规则的生成机制之中,观察个别的行为理由是如何被提炼为法律规则所给予的理由。本章将通过分析这些理论方案,阐述理由论证的正当化机制。

第一节　法律给予行为理由

对"理由"和"行为理由"概念的规范性分析表明,行为理由的实践性及由此所彰显的规范性能够把审判依据转化为以下的事实陈述:如果某项规范要求行为主体做或者不做某件事情,行为主体将因此拥有做或不做这件事情的理由。这种转化可以源于行为主体的内心意图、行为理由的客观价值或行为主体的自主性。同时,行为理由之规范性的不同来源,又可以说明行为理由的强度除了与自身的规定性(例如二阶理由)、通盘考虑所处的情境(例如一阶理由)和行为主体自身的禀赋之外,还与规范系统的强度有关。在某种程度上,规范系统的强度将直接决定了行为理由的强度。对审判而言,影响审判理由的规范系统自然是法律,因此需要进一步追问法律规则与行为理由的规范性联系,分析法律规范给予行为理由的理论基础、方法与内容,说明理由论证是如何促成法律规范转变为行为理由。

一、给予行为理由的法律规则

(一)规则的稳固性与法律给予行为理由

根据弗里德里克·肖尔的研究,规则的稳固性特征使规则能够给予行为理由。具体来说,规则的一般化过程并不是规则持续不断地扩张以适应多元的实践环境,而是选取出最为普遍或者最具有代表性的内容,以此作为相对恒定的行为指示。此时,规则就可被称为"稳固的"(entrenched)规则,"稳固性"因此成为规则的重要特征。① 对法律规则而言,规则的稳固性特征使它具有一般性、共时性和抑制差异化之能力,并因此成为能够对普遍的行为主体作出相同行为指示的"指示性规则"(prescriptive rules),它与具有规范性道义内容,用于引导、控制或改变具有裁判能力的个体的某一类行为的"描述性规则"(descriptive rules)相对。② 而且,由于法律规则的内容是被直接规定的,因此它在一定程度上可以被视为二阶理由。但是,由于规则稳固性来源于语义自主性(semantic autonomy)也就是"字面意义"或"话语意义"和权威性指引(authoritative directive),③因此法律规则能够通过其设置的假定条件,在该条件的文义和体系射程范围内给出指示具体行动且为行为主体所合理预知的行为理由。又因为法律规则具有"开放结构"(open texture),法律规则的假定条件要么无法全部涵盖所有的行为,要么某些行为并不能纳入规则所涵盖的范围之内,构成所谓的"包含不足"(under-inclusive)和"包含过度"(over-inclusive)。④ 这表明,法律规则本质上是某一类型或者多种类型的一阶理由的抽象化、形式化,而不是直接成为行为理由。在这个意义上,法律规则不是"作为"(as)行为理由,而是"给予"(give)行为理由。

(二)实践性反思与法律给予行为理由

无独有偶,大卫·埃诺赫也给出了类似的结果。他在分析法律规则与行为理由的关系时认为:第一,法律虽然能够给予法律理由(legal reasons),但不一定能够给予"真正的行为理由"(real reasons/genuine reasons)即证立行为的规范性理由。第二,法律只是"通常"而非"必然"给予行为理由;第三,法律可能具有给予理由的力量(the reason-giving force of law),但这种力量并不必然、也未必来自"真正的行为理由"。第

---

① 参见[美]弗里德里克·肖尔:《依规则游戏:对法律与生活中规则裁判的哲学考察》,黄伟文译,中国政法大学出版社 2015 年版,第 54—56 页。

② 参见[美]弗里德里克·肖尔:《依规则游戏:对法律与生活中规则裁判的哲学考察》,黄伟文译,中国政法大学出版社 2015 年版,第 22—28 页。

③ 参见[美]弗里德里克·肖尔:《依规则游戏:对法律与生活中规则裁判的哲学考察》,黄伟文译,中国政法大学出版社 2015 年版,第四章"稳固性的来源",尤其是第 70 页。

④ 参见[美]弗里德里克·肖尔:《依规则游戏:对法律与生活中规则裁判的哲学考察》,黄伟文译,中国政法大学出版社 2015 年版,第 37—43 页;范立波:《规范裂缝的判定与解决》,载《法学家》2010 年第 1 期,第 8 页。

四,法律体系的良善性能够使法律通常都能够提供真正的行为理由,且这个问题将牵涉与法律实证主义相关的基本命题即社会事实命题。①

埃诺赫指出,最直观地,当法律要求人们去做或者不做某事时,行为主体就有了做或者不做这件事情的一项"法律理由"(a legal reason)。但由于实践性反思的存在,人们按照这种理由行事的时候,仍然需要追问他们是否真的有理由去这样做这件事情。这种反思意味着:行为人按照法律理由行事时,他并不必然因此拥有一项真正的、具有规范性的行为理由。退一步说,如果行为人主观上承认法律理由,那么也至多能说明法律理由只能"偶然地"(contingently)成为真正的行为理由,因为行为理由不因行为人自认而成为理性的、真正的理由。为此,需要检验法律理由是否始终能够成为真正的行为理由。埃诺赫给出了两条检验途径:一是类比道德理由进行检验,因为道德理由无疑是真正的规范性理由;二是借助归纳思维,从复数的行为实例中进行相应的检验。鉴于法律实证主义与自然法理论,包容性法律实证主义与排他性法律实证主义之间的理论纷争,第一种检验思路无疑具有高度的争议性和不确定性。而相对合理的第二条检验途径由于无法穷举所有的行为理由,因此只能说明法律可以部分地视为真正的理由,而人们对法律理由的遵从和自认,也只能视为其作为真正的理由的必要条件,更不用说可能掺杂其中的实用主义因素(pragmatic features)。② 可见,法律并不必然,也不是总能够被视为真正的理由。不过却大可认为,法律"经常"(often)提供人们以正确的行为理由。③

埃诺赫的分析表明,法律本身并不是作为(as)规范性理由,而是作为触发(triggering)规范性理由的理由;只要当这种触发满足"规范上的重要性"(normatively significance),那么对此种触发具备敏感性的真正的规范性判断就会形成,尽管法律所给予的理由在内容上也许是人们在行动

---

① 参见谢世民主编:《理由转向:规范性之哲学研究》,台北,台大出版中心 2015 年版,第 292、295-296 页。

② See David Enoch, *Reason-Giving and the Law*, 1 Oxford Studies in the Philosophy of Law 1, 15-26 (2011).

③ 参见[美]史蒂文·J. 伯顿:《法律和法律推理导论》,张志铭、解兴权译,中国政法大学出版社 1998 年版,第 6 页以下。

时所面对的最微不足道的(the least reason)或者根本就是不成立的(no reason at al)。[①]

（三）言说者意图与行为理由的规范性

法律规则给予行为理由的命题，可以从哈特的研究中获得更深刻的说明。哈特在解读边沁的"命令理论"(imperative theory)时曾指出，某一言说成为一项命令的必要条件之一就是要让言说的意图为听者所知悉，并且听者应当在行动中至少部分地贯彻言说的意图，也就是至少部分地把言说作为行动的理由。[②] 可见，行为理由的概念就成为分析命令者的意图、行为理由与法律规范性的关键词。

进一步，哈特提出与排他性理由存在天然亲缘关系的两种理由类型，一是"阻断性理由"(peremptory reasons)，也可称为"排除慎思的理由"(deliberation-excluding reasons)；二是"独立于内容的理由"(content-independent reasons)。具言之，"阻断性理由"是指命令者发布的针对听者行为的命令，旨在阻断听者对从事相关行为可能带来的利弊进行慎思判断或展开相应的议论。"独立于内容的理由"是指命令作为可普遍化的行为理由的力量不是来源于命令的内容，而是来源于命令者对听者的期望，因为命令者发布命令的行为就表明，命令者希望听者直接依据他的意图行事，而不需要考虑他究竟说了什么。[③]

不难发现，"阻断""独立于内容"的行为理由属性与"承认的意图分析"(the recognition of intention analysis)中间出现了"规范性效力上的裂缝"(gap on normative power)：一方面，"阻断""独立于内容"的行为理由属性把命令的规范性效力植根于命令者的权威；另一方面，理由的这两种

[①] See David Enoch, *Reason-Giving and the Law*, 1 Oxford Studies in the Philosophy of Law 1, 27 (2011)；参见谢世民主编：《理由转向：规范性之哲学研究》，台北，台大出版中心 2015 年版，第 294 页。

[②] 参见［英］H. L. A. 哈特：《哈特论边沁——法理学与政治理论研究》，谌洪果译，法律出版社 2015 年版，第 258 页。

[③] See H. L. A. Hart, *Essays on Bentham: Jurisprudence and Political Philosophy*, Oxford University Press, 1982, p. 253-255. 这里有学者认为，相较于哈特在《法律的概念》中开放出来的法律规则说和承认规则理论，将命令转化为法律的行为理由的双重属性学说能更加精致地说明法律的规范性问题。参见王鹏翔：《独立于理由的内容与法律的规范性》，载《中研院法学期刊》2012 年第 11 期，第 206-211 页。

属性又要求听者的行为建立在对命令发布者意图的最低限度的把握之上。为了消除这种规范性效力的裂缝，就需要借助"有限领域原则"（the limit domain principle）来准确把握"阻断"和"独立于内容"的内涵："阻断"和"独立于内容"的属性是指命令赋予了行为理由以权威，它们使命令在"有限领域"即其具体操作范围之内成为权威性理由。① 而且，尽管命令的内容与命令者的主观意图之间并不存在直接关联，但命令的言说本质决定了命令的内容是听者获悉"言说者意图"的表面（prima facie）依据。

当命令被普遍化为法律规则后，这种理论辩护的方法将具有更为重要的作用。由于命令与法律规则的普遍化范围不同，原本用来消除行为理由属性与命令意图的裂缝的"有限领域原则"将无法直接获得适用，于是就需要更加重视规则的内容，通过规则的文义、属性、价值来探知规则所指示的行为理由。此时，"言说者意图"就不是规则内容的意图，而是规则的内容所指示的行为理由的意图，包括可以为法律规则文义所直接反映的和规则内容射程范围内的复数的行为意图。

这种转换进一步澄清了"言说者意图"的内涵。具言之，公布规则即行为理由的被给予，只是规则制定者所欲求的第一步，他希望听者能够从中领悟到规则给予行为理由的意图。当规则制定者的意图能够内化为行为主体各自根据类似于"反思性均衡"而非个人慎思判断所形成的"规范性态度"后，规则制定者希望听者能够按照这种"规范性态度"来依据行为理由行事，而不需要关注规则制定者缘何提出这样的规则，也不期望听者通过信念或者逻辑来遵循规则。② 这就证立了法律是一项给予理由的事实（a reason-giving fact），行为理由的正当性也从依赖于规则制定者的权威转变为依赖于行为主体的实践。

可见，当包括立法者和司法者在内的社会成员基于各自的终极理由（ultimate reasons）而持续地以言说者的意图为核心，认可蕴涵在规则当中的行为理由具有特殊的规范意义，并在各自的日常实践中不断丰富这

---

① 参见王鹏翔：《独立于理由的内容与法律的规范性》，载《中研院法学期刊》2012 年第 11 期，第 213-220 页。

② 参见［英］H. L. A. 哈特：《哈特论边沁——法理学与政治理论研究》，谌洪果译，法律出版社 2015 年版，第 263-268 页。

些行为理由的内涵、扩展它们的适用空间时,命令到法律规则的正当性转换得以完成。此时,行为理由的"独断"和"独立于内容"属性就成为命令与法律规则的中介,并被传递到由法律规则所给予的那些行为理由当中。

二、法律给予行为理由的方式

根据埃诺赫的分析,法律有三种给予行为理由的方式,分别是"纯粹认知地给予理由"(reason-giving purely epistemic)、"触发地给予理由"(reason-giving in the triggering sense)和"强有力地给予理由"(robust reason-giving)。①

首先,"纯粹认知地给予理由"是指向理由的接收者完全认知地(entirely epistemic)指出或说明一项一直存在的理由(a reason that was there all along),这种给予理由的方式仅仅表征着实践理由独立存在的状态。②

其次,"触发地给予理由"指他者的某项行动导出了一个非规范性环境(the non-normative circumstances),进而触发一项与该环境相关的、在事前就存在的(pre-existing)行为理由,理由接收者需要依据该行为理由行事。这种给予理由的方式通常给出的是条件性理由(conditional reasons),亦即针对具体情境的反馈性理由。此外,它还可以给出使一项理由的有利条件成立或击败反对理由的因素。③ 有学者认为,"触发意义上的给予理由"的模式可以归纳为:如果法律要求或者禁止做某事,那么行为主体就有一项"强有力的理由"(a robust reason)、"审慎的理由"(a prudential reason)、道德理由(a moral reason)、协调性理由(a coordinative

---

① 针对埃诺赫的研究综述,可参见谢世民主编:《理由转向:规范性之哲学研究》,台北,台大出版中心 2015 年版,第 286 页以下;王鹏翔:《独立于理由的内容与法律的规范性》,载《中研院法学期刊》2012 年第 11 期,第 221 页以下。这里需要说明,这三个英文术语应当分别译为"纯粹认知性的给予理由""触发意义上的给予理由""强有力的给予理由",但由于它们是法律给予行为理由的方式而非法律所给予的行为理由类型,因此本书按照中文的表述方式进行了改译。

② See David Enoch, *Reason-Giving and the Law*, 1 Oxford Studies in the Philosophy of Law 1, 14 (2011).

③ See David Enoch, *Reason-Giving and the Law*, 1 Oxford Studies in the Philosophy of Law 1, 5 (2011).

reason）、惯习理由（a conventional reason）等去做或者不做这件事情。①

最后，"强有力地给予理由"被认为是"触发地给予理由"的非常特殊的实例（a very special particular instance）。它身处非规范性环境，但理由发出者并非纯粹认知地或触发地给予理由，而是更强有力地、更为确切地给予理由。这种方式类似于"命令"（command）或"请求"（request），即理由发出者 A 有意令理由接收者 B 以此作为行为理由。这里并不能认为"纯粹认知地给予理由"和一般意义上的"触发地给予理由"也可以称作"命令"或"请求"。"命令"或"请求"甚至不是"强有力地给予理由"的充分要件，因为在某些情况下存在着命令发出者的意图，但却不是强有力地给予理由。当然，这三种给予理由的方式是可以同时存在的，例如"请求"这个行为就可以同时兼具认知的维度（使理由接收者注意到理由发出者的需要或愿望）和纯粹触发理由的维度（通过某种微妙的互惠的承诺），但它们都不足以穷尽自身给予理由的能力，所以还需要强有力地给予理由的维度来提供一项行为理由。②

是故，"强有力地给予理由"的核心不在于理由发出者 A 的意图，而在于试图（attempts to）向理由接收者 B 给予理由的具体方式。埃诺赫给出了以下方案：

（1）A 意图给予 B 一个做某事的理由，并且 A 把这个意图传达给了 B；

（2）A 意图 B 能够认识到这一意图；

（3）A 所意图给予 B 的一个做某事的理由，是以恰当的方式建立在 B 对于 A 所传达的意图的认知上，而 B 的这个认知是他清楚 A 向他传达了一个做某事的理由的意图。

第三个条件可以被理解为是以下自然思想的概括。例如，当我要求你做某事，我的意图是，你做这件事情的理由是因为我要求你去做它；当我命令你去做某事时，我的意图是，你做

---

① 参见谢世民主编：《理由转向：规范性之哲学研究》，台北，台大出版中心 2015 年版，第292 页。

② See David Enoch, *Reason-Giving and the Law*, 1 Oxford Studies in the Philosophy of Law 1, 10-11, 14 (2011).

某事的原因是因为我这样说;等等。①

除此之外,"强有力地给予理由"还需要满足非规范性(non-normative)和规范性(normative)两类必要条件。非规范性条件是指,如果理由发出者 A 成功给予理由接收者 B 一项强有力地做某事的理由,那么理由接收者 B 必须认识到理由发出者 A 此举的特定意图,并且理由接收者 B 必须要允许这些意图在他的实践推理中扮演恰当的角色。它是贯彻理由发出者 A 的意图并使之真切地达到其预期的必要条件,却不是强有力地给予理由的必要条件。而规范性条件的功能是为"理由接收者 B 有理由去做某件事的理由是理由发出者 A 有意让他去做这件事"这样一个事实创造条件,从而令行为理由以恰当的方式在现实中出现。②

可见,"强有力地给予理由"之所以构成"触发地给予理由"的特殊实例,是因为它首先必须提供一个允许理由接收者真切获取该行为理由的具体语境,使理由接收者得以理解和转化具体的意图,这样的情境和意图将和另外一项既存的规范性理由结合起来,最终"触发"行为理由。由此可见,"强有力地给予理由"的本质是为行为人依据某一个已经客观存在的规范性理由行事创造条件,亦即给出具体行为理由的二阶理由,也可称为"做某事的理由的理由"。

另外,"强有力地给予理由"与理由发出者意图的紧密关联表明,只有在确证法律所给予的理由全然源于立法者意志的情况下,才能够称法律是"强有力地"给予行为理由。但现代法律实证主义的研究表明,由于承认规则所鉴别的法律并不全然根源于立法者意志,法律规则也就都不能普遍而强有力地给出理由,从而阻断了"强有力地给予理由"的实施空间。而且,"立法者意图"可以是官员和群众的意志之总和,可以是社会惯习所抽象和综合之后呈现出来的规范性态度,也可以是"最低限度的自然法"所蕴藏的价值判断,但归根结底是来自社会事实和规范性效力的系谱判断。此时,尽管法律得以给予理由的核心仍然是"立法者意图",但

---

① David Enoch, *Reason-Giving and the Law*, 1 Oxford Studies in the Philosophy of Law 1, 13 (2011).

② See David Enoch, *Reason-Giving and the Law*, 1 Oxford Studies in the Philosophy of Law 1, 13-14 (2011).

这种意图将植根于是社会成员在实践中所展示出的对某项行为的规范性态度,且这种规范性态度将诉诸行为主体的慎思判断和社会素养,并表现在具体行动中所依凭的那些"真正的理由"。又因为立法者意图与社会成员的规范性态度在实践上具备同源性,法律规则所给予的理由将与那些真正指示人们行为、令人们的行为理性化的规范性理由相重叠,并由此具备规范性理由的外观。可见,法律理由提供了一个能够触发规范性理由——植根于社会实践活动而具备规范性效力的行为理由的制度环境,行为主体能够在这样的制度环境中借助自己的慎思和社会素养来获取行为理由。因此,只有"触发地给予理由"才是给予行为理由的真正方式。①

值得注意的是,为更充分论证上述观点,还需要进一步考虑"独立于内容"的行为理由属性。有学者提出,"独立于内容"并不意味法律所给予的行为理由和法律所指示的内容不存在重叠,"独立于内容"的属性就会因此与理由发出者的意图直接相关,继而令法律规则强有力地给予独立于内容的理由,因此"强有力地给予理由"不同于"触发地给予理由",只有前者才是法律给予理由的方式。首先,理由发出者通过表达某种意图来给予理由是体现"独立于内容"属性所谓必要条件。其次,理由接收者依据相关的行为理由行事就意味着他清楚理由发出者的意图并正在按该意图行事,恰好符合"强有力地给予理由"的要求。最后,实践差异命题(practical difference thesis)表明法律是用创造理由的方式来给予行为理由,这也是把"强有力地给予理由"称为"创造理由"的原因。② 可见,作为"独立于内容的理由"和"作为包含意图的理由"的法律规则只能"强有力地"给予行为理由,即理由发出者 A 给予理由的同时使理由接收者 B 领悟到给予理由的行为意图,使他们按照这一理由去行事。不过,实践差异是否根植于立法者意图,则还需要更进一步说明。与之相对地,埃诺赫认为,由于法律给予的理由的功能是启发行为主体去依据某些经过慎思判断而获取的规范性理由,是这些规范性理由而非法律所给予

———————

① See David Enoch, *Reason-Giving and the Law*, 1 Oxford Studies in the Philosophy of Law 1, 30-32 (2011).

② 参见王鹏翔:《独立于理由的内容与法律的规范性》,载《中研院法学期刊》2012 年第 11 期,第 218-220、224-228 页。

的理由指示了他们的行动,所以即使法律给予的是独立于内容的理由,也不影响法律触发地给予理由的方法。不过,他们的分歧也许来自理论上的误会,或者说他们论述的并非同一对象。直观地,"强有力地给予理由"(robustly reason - giving)的方式的确可以认为是在"创造理由"(creating reasons),但如果严格区分法律给予的理由与"真正的理由",那么"创造理由"和"触发地给予理由"是一致的,即使法律给予的是"独立于内容的理由",也不能例外。所不同的是,它构成了"强有力地给予理由"的特殊实例。而且,既然"独立于内容"所揭示的并不是法律规则与行为理由之间是否存在必然关系,而是指向法律所给予的理由是否传递了某种行为意图,那么只需要关注法律所给予的理由是如何向行为主体传递这种意图即可。① 可见,"强有力地给予理由"的方式根本地表明法律给予理由的意图:行为主体并不需要关心"法律说了什么",而只需要清楚"是法律在说话"。此时,问题将必然涉及有关行为理由和权威与义务的关系。但是,埃诺赫的理论预设了行为主体需要诉诸深思熟虑的判断才能获取真正指示行动的规范性理由,所以给予理由的研究并不关涉权威与义务的问题,否则将消弭行为理由的正当性。

三、法律"触发地给予"的理由类型

(一) 原则

原则是法律"触发地给予"理由的主要类型。根据通说,原则也是一阶理由的核心类型。在行为理由的论证路径中,原则与规则及可以被认为构成程度上的差异,即构成"抽象—具体"的关系的同类型规范,也可以被认为构成属性上的差异,即规则作为二阶理由,原则作为一阶理由。②

德沃金对原则的理解,则加重了原则作为一阶理由的论证分量。原则由于自身的道德属性,可以被视为给予在任意情境均可适用的一阶理由。德沃金认为,原则在理由的权衡与融贯基础上获得运用空间,这种运

---

① See David Enoch, *Reason-Giving and the Law*, 1 Oxford Studies in the Philosophy of Law 1, 29 (2011).

② 参见陈景辉:《实践理由与法律推理》,北京大学出版社 2012 年版,第 103-104 页。

用的社会心理基础是"法律专业与公众之中长期发展而来的适切感"①。
这种"适切感"能否持续地维持,是原则能否长久成为最佳理由判断的关
键要素。而判断原则作为一阶理由的分量的重要参数,是该原则是否具
备"制度性支柱",即该原则在某些制定法(尤其是在前言、立法报告、附
随性立法文件中出现)、具体制度、判决先例以及与之相关的涉及制度变
迁的说明文件中是否获得引用,如果这种引用越多,就越能说明该原则在
通盘考虑中具备更重的分量。②

可见,原则基于自身与道德理由之间的密切关系(或者说它自身作为
道德理由)而成为一阶理由。它的运用体现了理由权衡的融贯性。它在
通盘考虑中的分量则取决于行为主体对原则及其背后的道德判断的"适
切感",以及在法律制度、文本和判例中所能寻获的"制度性支柱"。③

(二)经验法则

根据诉讼法的相关研究,经验法则通常指人们归纳生活经验而获得
的关于事物的因果关系或属性、状态的法则或知识,它通常反映了普通人
在生活实践中对某一件或者某一类事情所形成的较为普遍接受的看

---

① [美]德沃金:《认真对待权利》,孙健智译,台北,五南图书出版股份有限公司 2015 年版,第 90 页。

② 参见[美]德沃金:《认真对待权利》,孙健智译,台北,五南图书出版股份有限公司 2015 年版,第 90—91 页。

③ 参见陈景辉:《实践理由与法律推理》,北京大学出版社 2012 年版,第 104—105 页。不过据陈景辉的归纳,德沃金有关原则的此种"双重要素论"也存在着内在矛盾之处,也就是原则的"制度性支柱"要素并不能完美说明某一项原则缘何满足行为主体的"适切感",况且被"制度性支柱"要素支撑的并不一定是"最佳的"道德理由。例如,拉里·亚历山大和埃米莉·谢尔文就提出相应的两个批评:第一,原则因其指向正当化行动而具备规范上吸引力,而满足"双重要素论"的原则会失去规范上的吸引力(normative unattractive),因为规则的规范上的吸引力来源于其确定的行动指引。第二,原则无法在理由划分为二阶理由或者一阶理由下存在,这是规范上多余的(normatively superfluity)行动理由。为此,一个辩护的策略是主张"制度性支柱"要素是以仅次于"适切感"的方式发挥影响。换言之,一项道德准则能够成为原则的标准,除了它自身的正当性之外,还需要获得"制度性支柱"要素。此时,"适切感"是支撑道德准则成为原则的实质要素,而"制度性支柱"要素则是原则能够成为"法律原则"的渠道:它所具有的指示和识别功能能够发现原则;它赋予原则以分量,并因此解释为什么需要以原则而不是规则,以此原则而非彼原则作为行为理由,因为这是对法律传统的尊重。只是为了使原则与规则区分,所以必须强调原则的"适切感"。参见陈景辉:《实践理由与法律推理》,北京大学出版社 2012 年版,第 106—108 页。不过,这种论述思路似乎或多或少与德沃金主张原则与规则存在属性而非程度上存有差异的前提相冲突。

法,尤其是这些事物之间所具有的规律性或盖然性程度。广义的经验法则包括逻辑法则。在类型上,经验法则是"从人类日常生活经验所归纳而成的一切规则,其乃包括一般生活经验之规则,艺术、科学、手工业、商业及交易之专业及专门知识之规则(亦包括交易习惯、商业习惯及交易见解)等。理想上其应系基于实证观察与自多数个案经验之一般化所得知识"①,一般包括普通人在日常生活所归纳的常识和伦理规则、行业惯例在内的特定方面的专业知识。②

弗里德里克·肖尔在针对经验法则的理由与规则的研究中,将"经验法则"认定是不具有强制性效果的命令形式。他认为,经验法则是对相关命令的强制力以及行为主体对命令产生可欲结果的可能性评估,但如果行为主体确信该命令并不能产生所欲的那个结果,那么这个命令就可以被直接忽视。③ 换句话说,经验法则虽然能够为人们的行为提供有效的指引,但它本身并不具备强制约束力。据此,经验法则能够说明一阶理由中反复出现的类似情况,是对一阶理由当中惯常性的常识判断的总结,能够表明在特定情况下最适当的行为判断,从而降低通盘考虑的必要性。

需要注意的是经验法则在证据法上的意义。经验法则常常与事实推定、自由心证、法律概念、法律行为的解释,以及证明标准问题联系在一起。在这些内容当中,"事实推定"与"自由心证"通常深度涉及法官裁量,是裁判者增强理由论证、强化释法说理的关键步骤。其中,"事实推定"是指法官依据经验法则,从已知的事实中推知未知的事实,强调经验法则在事实判定之因果关系方面的作用。而与法官裁量命题密切相关的"自由心证"与"法定证据原则"相对,是指法院综合证据调查、法庭辩论以及双方当事人在庭审当中的表现等,独立地对待证事实的真假做出判断的过程。④

---

① 姜世明:《证据评价论》,厦门大学出版社 2017 年版,第 56 页。

② 参见张卫平:《认识经验法则》,载《清华法学》2008 年第 6 期,第 7-10 页。

③ 参见[美]弗里德里克·肖尔:《依规则游戏:对法律与生活中规则裁判的哲学考察》,黄伟文译,中国政法大学出版社 2015 年版,第 4-5 页。不过肖尔把经验法则作为"非强制性的强制性命令",在某种程度上,也许把经验法则认定为具有一阶理由属性的行为理由,会更为准确。

④ 参见姜世明:《证据评价论》,厦门大学出版社 2017 年版,第 7 页。相关研究可参见[美]米尔建·R.达马斯卡:《漂移的证据法》,李学军、刘晓丹、姚永吉、刘为军译,何家弘审校,中国政法大学出版社 2003 年版,第 27-33 页。

这里的重点是法官在证据的关联性、信用性、证明力的判断上获得相对自由的评价空间。例如根据《最高人民法院关于民事诉讼证据的若干规定》(2019 年修正)第 63 条的规定,①无论是"事实推定"还是针对证据评价的"自由心证",经验法则的功能都是在法律已经规定证据的证据能力的前提下,依照其自身的盖然性程度来判断间接证据的证据效力,并对待证事实的真实性与关联性等问题作出判断。而且,除了借助经验法则完成心证外,裁判者也要根据经验法则向当事人公开与心证有关的案件争点、待证事实、证据材料、法律适用的认识、评价、判断等内容,学理上称之为"心证公开"。②

显然,经验法则在这里就成为确保自由心证合理性和心证公开透明性的关键要素。另外需要说明的是,尽管我国刑事诉讼法非常强调证据的客观效力及证据的相互印证(所谓"形成完整的证据链条"),但经验法则在这种"印证证明模式"下也能够获得较为充足的适用空间。③ 只是,经验法则在此通常受到某些法定证据规定(例如《刑事诉讼法》第 55条第 1 款规定"不轻信口供")或者司法实践惯例(例如"孤证不能定案")的约束。

(三)公共政策

法律"触发地给予"的理由类型中是否包括公共政策,目前学界仍有争议。例如麦考密克在审判实务中发现,包括裁量便宜、效率、社会利益、正义原则等在内的公共政策或"公共利益"是法官进行案件裁量时需要考虑的后果要素。④ 但德沃金则主张,为了彰显审判在现代公共生活中

---

① 该条的内容是:"人民法院应当以证据能够证明的案件事实为根据依法作出裁判。审判人员应当依照法定程序,全面、客观地审核证据,依据法律的规定,遵循法官职业道德,运用逻辑推理和日常生活经验,对证据有无证明力和证明力大小独立进行判断,并公开判断的理由和结果。"

② 参见孙永军:《论法官心证公开的构成》,载《南京农业大学学报(社会科学版)》2010 年第 4 期,第 95-100 页;毕玉谦:《论庭审过程中法官的心证公开》,载《法律适用》2017 年第 7期,第 46-53 页。

③ 参见汪海燕:《印证:经验法则、证据规则与证明模式》,载《当代法学》2018 年第 4 期,第32 页。

④ 参见[英]尼尔·麦考密克:《法律推理与法律理论》,姜峰译,法律出版社 2018 年版,第132-137 页。

的应然色彩,法官应当避免根据公共政策作出裁判。

德沃金把政策界定为事关社群的经济、政治或社会状况提升的应实现的目标,而把原则界定为基于正义、道德或其他道德方面要求的行为守则。① 在此基础上,德沃金区分了"原则论证"(arguments of policy)和"政策论证"(arguments of principle),前者通过说明如何促进或保护整个社会的某些集体目标的方式来证立政治决策,后者则通过说明如何尊重、保障某些个人或群体的权利来证立政治决策。在这里,原则和政策是政治正当性的基本依据,它们在立法和日常的司法裁判中也常常互相约束或者互为条件。不过,在疑难案件中,依据原则(例如基于维护当事人利益)和依据政策(例如基于裁判的经济性)的审判结论可能会相互冲突。而且,如果把政策作为审判的一阶理由,可能会招致以下质疑:第一,政策制定的过程涉及政治操作,而司法机关可能难以参与此政治操作;第二,从权利的角度来看,为追求裁判的经济性而牺牲个体的权利的做法并不恰当;第三,倘若依据政策进行审判,还可能导致审判游离于定分止争的职能。诚然,审判也是政治决策的一部分,裁判者也需要通过审判来承担政治责任,但依据原则而非政策的审判,既可以圆满解释审判的政治功能,也满足正义原则的要求。而且,先例的逻辑一致性极大限制了审判的能动空间,这与依据政策的审判要求相左。②

可见,在德沃金的论述中,政策作为裁判理由的核心难题主要在于:第一,难以厘清司法权在权力体系当中的地位;第二,政策可能会与权利命题发生冲突;第三,依据政策审判的司法能动性可能会与直觉主义的正义原则相冲突;第四,遵循先例的裁判技术制约了政策作为裁判理由的制度空间。这种观点反映出德沃金"整全性"(integrity)理论的构图。"整全性"以平等为核心价值,此时法律是能够在资源分配和政治地位上产生实质平等的政治决定。③ 在此理想构图中,审判应当维护公平、正义、程序性正当程序、"政治整全性"(political integrity)四种美德,尤其是要捍

---

① [美]德沃金:《认真对待权利》,孙健智译,台北,五南图书出版股份有限公司 2015 年版,第 69 页。

② See Ronald Dworkin, *Hard Cases*, 88 Harvard Law Review 1057, 1059-1065 (1975).

③ 参见[美]罗纳德·德沃金:《法律帝国》,许杨勇译,上海三联书店 2016 年版,第 131 页;谢世民编:《以平等为本的自由主义》,台北,开学文化事业公司 2014 年版,第 5 页。

卫"整全性"这种政治的根本形态,即"我们必须同样情况同样对待(treat like cases alike)。它要求政府用一个声音说话(speak with one voice),以原则的、融贯的行动对待它的全体公民,将它用于部分人的实质性正义或公平标准扩展至每个人"①。此时,素有"政治法院"别称的美国联邦最高法院因对法律进行道德解读(moral reading)而成为捍卫"整全性"的终极机构。

据此,德沃金尝试借助"整全性"的概念来重述"政治"的概念,使审判的政治功能与捍卫权利命题和正义原则相融贯。不过,它不一定是对现实审判活动的准确描述。首先,本书有关遵循先例制度在英美法当中的变迁和麦考密克的后果主义论辩分析能够说明,遵循先例的原则并未完全阻断政策介入审判的可能性。其次,由法律论证理论所延展出的理由论证分析,通过法律实现社会控制的司法实用主义分析以及后果主义导向的审判研究等都说明公共政策纳入通盘考虑是可行且必然存在的。现实中,在案件裁判中导入政策思维,是很多中国基层法院组织的日常运作逻辑,这增强了公共政策作为法律"触发地给予"的理由的力量。② 再次,政策在很大程度上也可以包括共同体所追求的作为最大公约数的政治美德,而且这种政治美德往往是集体和个人实现民主集中、多元价值、"核心价值"(core value)反复推进的矛盾统一地体现。而且,如果从现实角度来提取政治美德的多元性要素,那么权利并不仅仅在于个人的消极自由,基于物质性的经济社会文化的发展权利即个人的积极自由,可以而且应当成为行为主体的权利束的重要组成部分。在这个意义上,聚焦于积极自由的公共意志也构成了共同体的政治美德,且该公共意志依赖于共同体自身的发展而实现,此时政治美德在最大限度上与公共政策实现融合。最后,社群主义的正义观念也能够导出政策与原则相兼容,政策能够成为司法裁判的理由类型的证据。

就此而言,尽管公共政策具备与政治美德相融合的基础条件,但公共政策与原则命题的冲突的确多见于在现实的审判中,只是这种情况并不

---

① 徐晨:《在〈法律帝国〉中追问合法性问题》,上海交通大学出版社2018年版,第115页以下。

② 参见林浩舟:《自由心证制度的本土实践——以我国西南地区基层环境侵权案件为分析对象》,载《社会》2020年第3期,第148-172页。

构成将公共政策排除在裁判者进行通盘考虑之外的充足理由。这不符合司法裁判的现实要求,也很难为司法裁判寻求真正具备批判能力的参照系。

是故,与其质疑和批判公共政策作为行为理由的正当性,不如进一步强化公共政策作为行为理由的合理性检验,以此准确评价和预测公共政策对审判的理由论证的影响,并为其提供正当化依据。在此,后果主义和实用主义的审判思路值得借鉴。总而言之,公共政策能够作为审判者在通盘考虑中所关注的行为理由类型之一,他们不仅有权力,而且在现实中也的确如此行事。当然,将公共政策纳入行为理由的范畴,并不意味着法官在通盘考虑之后必然选择公共政策作为审判的理由,而只是说公共政策可以作为通盘考虑的其中一种行为理由。而且,法官依法裁判的职权和伦理也决定了他们应当准确地按照法律所规定的内容进行裁判,有可能的话还需要对政策的不当实施表达明确的批评态度。

(四)作为非正式制度性权威的辅助性理由

除了原则、经验法则、公共政策之外,依据最高人民法院《关于加强和规范裁判文书释法说理的指导意见》第 13 条,最高人民法院发布的非司法解释类审判业务规范性文件可以成为裁判者强化理由论证的辅助性理由,也因此它们也构成法律"触发地给予"的理由类型。需要注意的是,在 2018 年之前,最高人民法院发布的指导性案例是事关审判的理由论证的最为重要的作为非正式制度性权威的辅助性理由。2018 年,修订后的《人民法院组织法》第 18 条第 2 款规定"最高人民法院可以发布指导性案例",明确了指导性案例作为法的渊源的地位。但根据最高人民法院于 2010 年发布的《关于案例指导工作的规定》第 7 条"最高人民法院发布的指导性案例,各级人民法院审判类似案例时应当参照"的规定,指导性案例无法成为如同规则那样的二阶理由,而只是作为具有制度性权威的辅助性理由,也因此有学者在研究"法的渊源"范畴时,将指导性案例判定为法的"认知渊源"即指示规范内容的法的渊源。[①] 此外,依据最高人民法院《关于统一法律适用加强类案检索的指导意见(试行)》,最高

————————

① 参见雷磊:《重构"法的渊源"范畴》,载《中国社会科学》2021 年第 6 期,第 157-158 页。

人民法院发布的典型案例及裁判生效的案件,本省(自治区、直辖市)高级人民法院发布的参考性案例及裁判生效的案件以及上一级人民法院及本院裁判生效的案件均可以成为裁判的参考依据,也因此能够成为审判的理由论证的辅助性理由。

另外,一些法院内部存在的非正式的制度性权威,往往也能构成说明裁判结论的辅助性理由。有学者注意到,最高法院正在积极推进的统一法律适用过程,实际上借用了大量非正规的解释法律的技术,例如发布会议纪要,编写出版各类与司法解释相关的《理解与适用》丛书,选编经典案例。[①] 又例如最高人民法院《关于建立法律适用分歧解决机制的实施办法》规定,最高法院试图按照其内设机构和附属的研究机构的权限来理顺有关统一法律适用的运作机制。与之相类似的,法院内部的一些组织性因素如绩效考核、裁判程序的繁简选择、裁判效率的考虑等。当然,它们也许不能成为直接用来进行论证的理由类型,却构成了理由论证的时需要额外关注的辅助性理由。

四、"法律触发地给予的理由"与"行为理由"的关系

最后需要说明的是,在日常语言用法中,"理由"是一个外延非常复杂、用法也非常多元的概念,而且道德哲学和实践哲学上的"行为理由"概念也不能够直接照搬到理由论证的场合中,否则就会难以辨明指引法官裁判的理由、双方当事人阐明自身主张所使用的理由以及裁判文书本身对社会不特定公众所显现的行为理由等多种理由构型。因此有必要首先阐明本体论上的"行为理由"概念在理由论证中的具体功效。对此,我们需要将"法律触发地给予行为理由"的判断与"一阶理由/二阶理由"和"操作性理由/辅助性理由"两种本体论上的"行为理由"类型相结合,从而明确适用于审判的理由论证中的"理由"属性。

"一阶理由/二阶理由"的划分表明理由论证本质上是通过影响通盘考虑中一阶理由的范围和权重等要素来促成行为人选择正确的行为理由。需要注意的是,"一阶理由/二阶理由"的划分标准是规范性效力而

---

① 参见安晨曦:《最高人民法院如何统一法律适用——非正规释法技艺的考察》,载《法律科学(西北政法大学学报)》2016年第3期,第49—59页。

非适用次序。因此,法律规则与法律原则均作为"二阶理由",它们的冲突需要按照通盘考虑的"一阶理由"冲突解决方法,而不能单纯按照"二阶理由"所具有的排他性作用而排除原则的适用,否则就会导致规则与原则在规范性效力上的错位。但问题在于,法律原则是法律体系之外的理由进入法律体系内部的中介,"中介"这个定位表明法律原则的功能并非单纯在审判中阐明其固有的内在价值,而是要将模糊的、不确定的原则的内容,借助法律原则所具有的语义自主性予以明确,发挥法律价值的安定化装置功能。这也是为何需要将原则定位为"一阶理由"的主要原因。

因此,单纯从形式而非内容的角度来理解法律原则与规则的关系,将无法为阐明裁判理由和裁判结论的充足性创造条件。这也是为何需要在此引入"法律触发地给予理由"的命题并明确依据"不被击败的理由行事"的意义:在法律议论中,真正重要的不是理由论证所倚重的究竟是一阶理由还是二阶理由,而是要始终保证论证所使用的理由均是能够被接受的"充足理由",而无论理由的这种充分性究竟来自内容还是来自其规范性效力。

相较而言,"操作性理由/辅助性理由"的划分在理由论证中更具实践效用。这一划分表明理由论证是通过辅助性理由更充分地说明根据操作性理由从事特定行动的合法性与合理性,令论证结论的正当性得到有效辩护,并满足合理性要求。但需要注意的是,理由论证的焦点往往不在操作性理由的合法性论证,而是在使用该项操作性理由的合理性论证,也就是利用辅助性理由来决定理由论证的效果及实现法律议论和社会议论同向而行。因此关键要素是辅助性理由的使用是否合理、是否充分。这里需要注意,当具备决定性的操作性理由允许个案中的理由论证存在差异时,辅助性理由自然需要说明在特定情境下,哪一种实践方式及其所指向的行动后果最为恰当。在审判活动中,辅助性理由将能够影响裁判结果的幅度和大小,甚至还可能引发裁判结果的修正,因此辅助性理由不仅与审判的后果考量问题有关,还会涉及与明示于法律规范之内的裁量问题和潜藏于法律规范之中的心证问题。

这一问题将直接影响到有关行为理由与法律规范性的问题。首先是行为理由与法律规则和原则在司法裁判中的效力认定问题。而且,理由论的规范性立场也表明,无论行为动机与行为理由之间在逻辑上构成充要关系还是充分不必要关系,行为动机都能为行为理由的创制带来充分的实践素材,无论这根植于慎思推理、道德养育还是主体的理性能力运用。在这里,裁判者的动机构成影响理由论证的重要内容。若假定辅助性理由能够被认为是"动机性理由",那么也就意味着动机可以作为理由的构成性要素而非生成性要素。此时,司法裁判当中对规则的裁量和对事实的心证将成为影响裁判者的动机,继而影响裁判者的理由论证的重要组成部分。因此,裁判者的自由裁量权是必要的,自由裁量权的行使也将同时受到一阶理由(之于法律规则作为二阶理由的划分)与辅助性理由(之于法律规则作为操作性理由的划分)的约束,确保了能够顺利推进理由论证和导出论证结论。在这种模式之下,裁判者能够按照作为权威性理由的法律的内容及其指示进行通盘考虑,把原则(作为给予绝对的、亦即任意情境均可适用之命令,它包括对于社会美德的整体性诠释)、经验法则(作为具有一阶理由属性的非强制性规则)、公共政策(包括法官与法院的能动性策略以及法官与法院对于公共政策的理解)和其他非正式的制度性权威的辅助性理由(包括绩效考核,法律规则之外的裁判程序的繁简选择,裁判效率的考虑等)等"法律触发地给予的理由"纳入理由论证过程之中,并得出最终的判决结论。这些"法律触发地给予的理由"共同关注法律实施当中的效用、情节等问题,共同关注案件裁判中的价值判断与场景化的社会需要,并且关注逻辑(法律的自我运作为前提、文本、法律中心)、价值(法律与环境的互动、场景中心)、情境三者之间的关系,并揭示理由论证的程序性精髓。

至此,裁判者适用法律的过程可以重述为:法律规则一般而言具有推定的优先使用的效力,而且它给予的行为理由也是司法官员进行裁判活动所首要依赖的。但同时,规则给予理由所需的实践慎思以及规范性裂缝的客观存在,又表明法律规则的适用可能存在不尽如人意的地方,可能需要借助一定的解释方法和裁量来说明规则给予的理由的正当性。在这里,弥合规范性裂缝、勾连"规则作为理由"、"规则给予理由"的实践作业,将成为完善规范性理由的实践核心点,并使规则能够给予规范性理由。于是,审判的过程就可以被重述为:裁判者在作为权威性理由的法律规则的服务观念指引下,按照权威性理由的内容及其指示进行通盘考虑。这种通盘考虑就是依赖于原则、政策、经验法则等一阶理由,以及依靠旨在阐发二阶理由的内涵的辅助性理由。这种理解将成为证实理由论证概念的基础。

第二节　理由论证的逻辑证立

法律给予理由的"阻断性"和"独立于内容"特征和法律触发地给予理由的方法均表明,法律所给予的行为理由与行为理由蕴藏的实践意图之间往往存在着不一致的可能,意味着行为理由在具体的行动中会存在着实践差异(practical difference)。如果将行为理由蕴藏的实践意图定义为证立法律的终极理由,那么行为理由与实践意图这种不一致就存在于法律所给予的理由与证立法律规则的理由之间,此时就可以说行为理由与实践意图之间的存在"规范性效力上的裂缝"(gap on normative power)或者简称为"规范性裂缝"(normative gap),需要在实践中不断地弥合这样的裂缝。由于这样的实践作业同时指向规则及其正当性基础,因此在讨论理由论证的在审判实践中的证立之前,应当首先解决法律给予的行为理由将如何获得逻辑证立。

一、实践差异与规范性裂缝的概念界定

行为理由和法律规范均与实践意图紧密关联的观点,表明可以借鉴"实践差异命题"(practical difference thesis)来关注行为理由的实践差异问题。实践差异命题是指,能够成为法律规范的权威性声明(authoritative pronouncements)都必须有能力使受法律约束的行为主体在慎思判断的结构或内容上制造实践差异。[①] 有学者据此认为,实践差异命题的核心是:依据法律行事与依据其他道德等其他行为理由行事,会在具体的慎思与

----

① ［美］朱尔斯·L.科尔曼:《原则的实践——为法律理论的实用主义方法辩护》,丁海俊译,法律出版社 2006 年版,第 174 页;Jules Coleman, *Incorporationism*, *Conventionality*, *and the Practical Difference Thesis*, 4 Legal Theory 381, 383, 402-403 (1998).

行动上存在根本上的区别。而这种差别是源自法律规则所具备的制造实践差异的能力。此时,法律的主要功能就是通过影响理由的方式影响人们的具体行为。[①]

可见,在回应规则给予行为理由的问题上,"实践差异"的含义应当是:法律规则的正当性来自它给予的行为理由将不同于行为主体自行慎思判断所得出的行为理由,并因此使行为主体的具体行动产生实质性差异。由于法律规则及其给予的行为理由都需要根本地反映社会主体的实践意图,因此实践意图背后的价值评判将成为评价行为理由是否具备最起码的正当性的重要依据。而且,实践差异命题也表明,法律规则及其给予的行为理由在实践中仍然需要借助行为人的慎思推理及其在长期的社会和专业实践中形塑的规范素养来塑造新的实践意图。于是,行为理由和法律的正当性都将在这样的实践性反思中获得证成,而这种实践性反思在行为理由上的反映,就浓缩为"规范性裂缝"这一概念。

简单来说,"规范性裂缝"就是指法律所给予的行为理由与证立行为的实践意图的理由不一致。[②] 可见,"规范性裂缝"概念与法律规则和行为理由的规范性问题密切相关,它也因此被广泛运用于法哲学、政治哲学和道德哲学的研究中。例如,卡洛斯·阿尔乔龙认为,主张完全依据实证法作出裁决的形式主义法学(他称之为"master system")基于法律体系完整性的预设而奉行"合法律性原则"(principle of legality)。[③] 但是,当存在法律漏洞的时候,某个待决的案件事实无法被既有的法律规范所涵摄,进而无法得出能够一般性的判决结论。这个法律体系就不能称之为"完整的"法律体系,由此出现规范性裂缝。造成规范性裂缝的原因可能是分类问题,也可能是规范本身的漏洞问题,所以需要导入新的规范,例如冲突或准据性规范(解决分类问题)和实体性规范(解决漏洞填补问题)。[④] 也有学者尝试用这一概念来解决权威悖论,也就是事实权力

---

① 参见陈景辉:《法律的界限——实证主义命题群之展开》,中国政法大学出版社 2007 年版,第 238-240 页。

② 参见范立波:《规范裂缝的判定与解决》,载《法学家》2010 年第 1 期,第 6 页。

③ See Carlos E. Alchourrón, *On Law and Logic*, 9 Ratio Juris 331, 333-334 (1996).

④ See Carlos E. Alchourrón, *On Law and Logic*, 9 Ratio Juris 331, 337 (1996).

和事实权威以及事实权威到合法权威的规范性传递机制。①

在法哲学上，针对"规范性裂缝"概念的理论阐发，主要集中在拉兹对规则与法律推理的研究。拉兹说：

> 一项规则，或一个允诺，或一项协议可能是有约束力的，违反它也许是错误的，它也许是行动的有效理由。但它也可能是一项恶的规则，从来不应被制定出来，应该尽可能快地得到修改。我将指出，规则、协议和承诺存留了一个潜在的规范性裂缝，这个裂缝介于评价和规范之间，也即是介于它们的价值和规范力量之间。②

在这里，规则、协议、承诺都是指向人类有意识的行为，它们由人所制定，并且要求人们无条件的接受，进而依据它们而行事。但是，埃诺赫有关法律触发地给予行为理由的分析已经说明，规则并不必然蕴涵行为理由。此时，拉兹要做的就是更好地为"规则是理由"（rules are reasons）或者说"规则蕴涵理由"（rules implicate reasons）的观点辩护。

与埃诺赫的思路不同，拉兹为"规则蕴涵理由"的辩护从讨论和判定"规则的不透明性"（the opaqueness of rules）开始。"规则的不透明性"是指，法律规则在给予行为理由时，并非能够始终同时指出行为理由所蕴涵的实践意图及其背后的善的价值判断。换言之，行为理由的合法性不仅来源于"法律规则所给予"这一事实，而且根本地来源于那些指明行动能够带来善的价值判断的事实群。这里需要补充的是，受限于规则的不透明性，规则不一定能够完全正当地给予行为理由。而且，单纯的规则性（regularities）并不能完全证明规则蕴涵行为理由。其一，规则的不透明性与行为理由的实践意图观念相叠加，会涉及规则之规范力来源（sources of normative power）是否正当的问题：由于存在规则的不透明性，行为主体难以穿透规则的面纱来证立他们的行为是否能够获得真正的行为理由的支持。其二，明确说明规则蕴涵行为指向善的事实的是"评价性陈述"

---

① 参见金韬：《权威的规范性间隙》，载《道德与文明》2018 年第 2 期，第 78—82 页。

② Joseph Raz, *Reasoning with Rules*, 54 Current Legal Problems 1, 6 (2001)；引文使用了雷磊教授的译本，参见[英]约瑟夫·拉兹：《以规则来推理》，雷磊译，载爱思想网 201 年 10 月 17 日，http://www.aisixiang.com/data/36639.html。

（evaluative statements），但规则性与之并不重叠。而且，并非所有规则都能蕴涵评价性陈述，一如并非所有规则都能蕴涵行为理由一样。在这里，"构成性规则"（constitutive rules）及其上位概念的"附条件的理由"（conditional reasons）等理由类型都不具备评价性，因为它们本身一方面并非全然为建构所得（man-made），另一方面它们本身不存在蕴涵行为理由的可能，因之只是作为指引和发现行为理由的路标。此时，"不附条件的理由"（unconditional reasons）即仅凭自身资格就成为待证的行为理由与事关判定与解决规范性裂缝的对象。此时，即可据以研究和解决评价性陈述与规则性陈述、规则的价值判断与规则的规范力量之间的裂缝问题。①

在此基础上，拉兹进一步分析了"规范性裂缝"的概念。首先，规范性裂缝并不是绝对，也不可能绝对存在。例如，如果是为了领悟奋力抗争和面对困难而不抛弃、不放弃的人性精神来阅读加缪的名著《鼠疫》，那么阅读《鼠疫》这本书的行为理由就是与阅读这个行为的评价性考量直接相关，此时不存在规范性裂缝。但是，如果是因为听闻某地区出现鼠疫病患并浏览了网络上有关鼠疫的强烈传染性和历史，又基于大数据的定向投放广告而阅读《鼠疫》这本书，那么此时阅读这本书的行为理由就并非那么充分，其根源是阅读这个行为并不符合相应的评价性考量，亦即阅读要给读者带来精神熏陶而非仅仅满足猎奇心理。

其次，规范性的证立往往依赖于规范性裂缝，因为一项规则的规范力来源通常与针对该规则的评价性考量（evaluative considerations）联系在一起，且规范性往往通过为规范性裂缝留下余地的方式而获得证成。②例如，之所以各足球职业联赛纷纷引入"视频裁判"（VAR），就是因为这种技术有助于协助裁判判断争议性进球，从而减少误判、提高判罚的公正性。在这里，引入视频裁判技术的这项规则，就与它"有助于"裁判判罚直接相关。但是，在执行 VAR 制度的过程中，球员、裁判、教练甚至是观众、足球解说员，也都可以对这种制度进行评价、批判乃至提出进一步的改进建议，以期在一定程度上改善相关的规则。比如在 2019—2020 赛季

---

① See Joseph Raz, *Reasoning With Rules*, 54 Current Legal Problems 1, 3-4 (2001).

② See Joseph Raz, *Reasoning With Rules*, 54 Current Legal Problems 1, 7 (2001).

的英格兰足球超级联赛水晶宫队与沃特福德队的比赛中,沃特福德队门将出击脱手使得水晶宫队抓住机会进球,此时裁判宣布进球有效,然而VAR 在场边的大屏幕上却宣布进球无效,负责相关技术的"鹰眼创新"公司承认算法优化不足,并最终就此事道歉。可见,一项规则乃至一项制度的规范性都要以评价性考量为基础,但这种规范性的证成终极地通过规范性裂缝来实现。

此外,规则的证立标准是恒定的,意味着针对规则的评价性考量以及与之相关的规则约束力的证立应当反映规则制定者的可欲性而非反映规则承受者或者其他场外人士的观感。同时,由于法律规则给予的是独立于内容的行为理由,所以蕴涵行为理由的规则的证立也同样是价值无涉的证立(a content-independent justification)。① 仍然以足球 VAR 制度为例。在上述有关裁判判定进球有效而 VAR 判定进球无效的事件中,VAR 之所以认定进球无效,是因为职业裁判有限公司 PGMOL 的首脑麦克·莱利要求以高标准来设置 VAR,导致它在判断球员是否犯规的问题上非常严苛,以至于变成了查处"毫米级越位"的工具。这不仅导致主裁判和助理裁判们基本上不再需要进行主观判断,而且改变了长期以来行之有效的"越位战术",一些原本为球员和球迷们津津乐道的犯规战术或者冒险的伎俩都无法逃脱法眼,在一定程度上影响了足球运动的流畅性和观赏性。但是,这些都不能成为反对 VAR 继续存在于绿茵场上的理由,因为引入 VAR 技术是各足球协会所普遍支持和认可的。

因此,产生规范性裂缝的根本原因是,规范性陈述与评价性陈述之间通常需要借助第三方力量而实现联系。串联二者的机制依赖于以下三个要素:一是规则证立时的内容无涉性;二是内容无涉性相关的规则"证立上的缺乏传递性"(the lack of transitivity in justification);三是规则蕴涵行为理由的"自主性命题"(the autonomy thesis)。所谓"证立上的缺乏传递性"是指规则的评价性考量并不会直接成为证立规则规范性的直接来源。拉兹认为这是规则最重要的特征。规则之所以在事关评价性考量的问题上缺乏证立的传递性,主要是考虑到行为主体遵从行为理由的好处并不是行为理由具有约束力的原因。例如,大智答应他的女朋友洋葱每天早

———————

① See Joseph Raz, *Reasoning With Rules*, 54 Current Legal Problems 1, 7-8 (2001).

上七点准时在湖畔诵读英语,他每天早上都按照约定行事。在这里,这一承诺的约束力并不在于晨诵能增强他的英语能力,而是在于他基于对洋葱的积极情绪而不希望让她失望。上述三个要素的共同作用使规则蕴涵行为理由的自主性得以可能。至于"自主性命题"是指,如果一项规则能证实具有规范性,那么就默认它蕴涵相应的行为理由,并且它独断地作为规则所给予的理由而有别于其他的行为理由。①

至此可以明确:实践差异和规范性裂缝是规则蕴涵并给予理由的重要支撑点,且规范性裂缝是规则能够给予行为理由的重要通道。它们还说明,法律规则不仅蕴涵和给予理由,而且法律规则给予的最为充分的行为理由就是它自身所显现的内容。在这个意义上,法律规则"作为"行为理由,是法律"给予"的行为理由的一个特殊实例。在这里,规则的不透明性使得规则的规范性判定需要接受相应的测试,这种测试将通过规范性裂缝的检验装置来进行,其核心在于判明规则所提供的规范性陈述和指引规则的评价性陈述之间是否能够完美连结,它并非绝对存在,但它是规则不断发展并更新其蕴涵的行为理由的动力装置。

在这个意义上,规范性裂缝更深刻地说明了规则给予理由的深层次因素,使持续追问"规则如何蕴涵理由"的问题变得可能。此外,规范性裂缝的解决,最终指向的是规则制定者基于权威的评价性考量,而与规则以及规则所给予的理由的内容无关。反过来,规范性裂缝的存在,令基于权威而做出的评价性考量不会直接导出规则蕴涵行为理由的事实。一方面,这使规则给予行为理由的过程存在着反思和批判的空间,另一方面也赋予了行为主体以慎思判断的可能。而且,此种解决规范性裂缝的方式还可以使规则蕴涵理由的命题具有推定效力,它在未获得反证之前将持续具备给予行为理由的规范力,从而导出规则在证立上的不可传递性和自主性命题。

二、实践差异与规范性裂缝的消除

从理由论证的角度来说,实践差异与规范性裂缝探讨的是法律给予的行为理由在实践中如何证立的问题,并在一定程度上反映了规则在实

---

① See Joseph Raz, *Reasoning With Rules*, 54 Current Legal Problems 1, 12-13 (2001).

践中获得正当化的内在动因。首先,法律触发地给予理由的方式表明,真正导致行为主体"做正确之事"的是已经存在于客观实践情境中的那些一阶理由,它们也是证立行为的规范性理由,而法律规则的意义就是在于干预、影响以至排除行为主体的慎思判断,从而造成实践上的差异。其次,由于法律所给予的是独立于内容的和二阶的排他性理由,因此这些行为理由造成实践差异的根本效力来源是逻辑而非其记载的内容。但这种实践差异必须获得实践的合理性和正当性检验,因此才有了"服务的权威"观念和相应的"权威性理由"概念。可见,尽管法律规则在给予行为理由时非常强调行为理由在来源、权威、效力上的独立性,但从实践的角度来看,行为理由的内容及其背后的意图却必须获得相应的合理化说明,尤其是要清楚地说明:相较于行为主体的慎思判断,法律给予的行为理由为何在普遍意义上更具合理性。这恰好就是解决规范性裂缝的核心内容。

就此而言,依据法律给予的行为理由行事,一般只能是在逻辑上获得相应的证实,而无法在逻辑和内容上同时说明行为主体是在"做正确之事"。由于行为理由所指示的行动内容将在实践中检验行为理由是否合理,因此行为理由的内容必然会影响法律给予行为理由的效力,从而产生行为理由的正当化悖论。① 解决这一悖论的方法就是理顺"法律给予行为理由"与"真正的行为理由"之间的关系。首先,应当从逻辑而非内容的角度理解法律给予行为理由所造成的实践差异,令实践差异在内容层面获得融贯的空间。换言之,就是法律给予的行为理由与慎思判断直接导出的行为理由相比,法律给予的行为理由除了具备可普遍性外,在内容和实效上应当与慎思判断给出的行为理由保持一致或协调,除非出于维护行为理由的实践普遍性效力而需要维持这种实践差异。在这里,法律给予的行为理由具有的普遍性效力是指它作为指示普遍行为的理由,具有个别的行为理由所不具有的优势,即克服个人行动缺陷(包括减少行动

---

① 这一悖论来源于陈景辉所定义的"断然性命题"。参见陈景辉:《实践理由与法律推理》,北京大学出版社2012年版,第96、112—115页。当然,这种情况固然属于规则的正当化难题,但并不能认为属于"悖论",因为悖论更应当被认为是一种理论运作上的二律背反现象,所以本书改进了"规则的正当化悖论"的使用场景,把这种情况使用在行为理由的形式与其目的相分离的情况,也就是"合法律性"(legality)与"合法性"(legitimacy)之间的裂痕。

错误、避免行为偏见、降低权衡成本），防止个人权衡受到偏见或者过高的成本导致抵消正确行动的好处。它同时有益于弥合个人权衡与集体行动目标（goals of collective action）之间的裂痕，进而促进合作和解决囚徒困境，防止个人权衡引发社会困难。前者有助于获取更佳的行动判断，而后者则意在补足个人行动最佳化判断无法实现普遍行为目标的缺陷，因为普遍行为目标必须同时代表着个人的恰当行动和最佳的普遍行动两个面向，它将独立于或者说相对独立于个人的行动目标。[1]

根本地，这一理论作业将指向规范性裂缝的解决。有学者认为，在解决规范性裂缝的过程中，必须重视作为权威性理由的原则，也要关注规范设立的目的，并排除直接诉诸个人慎思或道德权衡的做法。[2] 换言之，解决规范性裂缝的问题不能依赖于法官个人在个案中的简单衡量，而必须以法律规范的目的及其给予的行为理由为基础。这个观点说明：在审判中，理由论证所依赖的理由必须是法律所给予的理由，或者是在法律给予的理由的指导下寻获的行为理由。可见，它在给法官预留解释空间的同时也限制了可能的任意：第一，具体的行动必须是在客观层面上才有权衡的空间，因此指示慎思判断的行为理由的规范性效力也应当是客观的，这就相对地限制了主观动机对慎思判断的影响；第二，追求权衡的融贯性过程也是不断从非决定性理由（一阶理由）向决定性理由（二阶理由）转换的过程；第三，解决规范性裂缝的核心支点在于法律所给予的权威性理由，它主要指法律文本所承载的内容和价值判断。[3]

三、法律给予行为理由的逻辑证成

法律给予行为理由以及实践差异和规范性裂缝的解决，使法律给予理由的实践证成即理由论证得以可能。根据上文的分析，法律给予行为理由的实践证成所处理的核心问题就是在确保行为理由具有普遍性效力的前提下使其内容能够被评价为"做正确之事"。通俗地说，就是依据法

---

① 参见陈景辉：《实践理由与法律推理》，北京大学出版社2012年版，第112-113页。
② 参见范立波：《规范裂缝的判定与解决》，载《法学家》2010年第1期，第15-16页。
③ 参见范立波：《规范裂缝的判定与解决》，载《法学家》2010年第1期，第10-15页。不过，范立波对规范性裂缝解决的分析最终落脚到了原则（P）、规范目的（PR）和规范（R）三者的两两组合和权衡当中，因而他对于一阶理由的认定与本书并不完全一致。

律规则的行事如何能够在内容上获得来自原则和政策等一阶理由的认可,并使得它们在内容上相协调和融贯。如果进一步结合行为理由概念的规范性来源,那么问题就会进一步深化为:依据法律给予的行为理由行事本身就能够被评价为符合慎思判断的要求,抑或是依据法律给予的行为理由行事的同时还需要从外部视角关注这一行为理由所对应的行为效果是否能够与慎思判断的结论相一致。倘若持有第一种立场,那么仅仅需要依照规则所给予的理由行事就可以导出具体的实践意图。若持有第二种立场,那么在一定程度上,规则及其所给予的理由都将是实现一阶理由及其实践意图的工具,此时它们的关系就会构成"手段—目的关系",法律给予的行为理由也相应地被称为"工具性指引"(instrumental guide)。① 另外,在此思路的延长线上的解决规范性裂缝的实践作业,使法律给予的行为理由除了需要满足与慎思判断所导出的行动目的之外,还要满足独立存在的可普遍化要求,此时法律给予的行为理由只有在同时满足这两个行为目的的情况下才能获得实践证成。但规范性裂缝的客观存在表明,这两个行动目的之间通常是相互排斥的。

对此,可以采用"敏感于规则的特殊主义"(rule-sensitive particularism)来解决这一问题。② 根据弗里德里克·肖尔的用法,"敏感于规则的特殊主义"是有关"特殊主义的决策模式"(particularistic decision-making)与"基于规则的决策模式"(rule-based decision-making)之区分的第三种可能性:

> 这种决策类型是特殊主义的,是因为它期望决策者们在每一个场合中都能通盘考虑地做出最佳的决策,而且期望他们能够把拥有规则的价值作为通盘考虑的其中一项要素。精致的行为后果主义就是一项例子。这种决策形式因此不同于纯粹的特殊主义,这种纯粹的特殊主义并不会把拥有规则的价值作为计算的一部分。它也不同于纯粹的基于规则的决策形式,这种基于规则的决策形式认为规则的存在妨害了决策者评估拥有规则的理由是否足以证立在该情形下去遵守规则。在这个意义

---

① 参见陈景辉:《实践理由与法律推理》,北京大学出版社 2012 年版,第 110-111 页。
② 参见陈景辉:《实践理由与法律推理》,北京大学出版社 2012 年版,第 114-116 页。

上,我并不偏好它们中的其中一个,但我只是注意到,敏感于规则的特殊主义不同于不允许决策者在特定情况下决定是否应当遵循规则的决策。①

可见,"敏感于规则的特殊主义"要求行为主体把拥有规则这个事实所带来的价值也纳入通盘考虑的范畴,这并不影响规则在逻辑上成为二阶的排他性理由的属性。肖尔随后还给出一个有关"敏感于规则的特殊主义"的更清晰界定:

"鉴于结果 a 由规则 R 指明,你(规则主体)应该获得结果 a,除非在这个使用规则 R 的情形中存在着不遵守规则的理由,而该理由超过了 R 背后的理由以及以规则形式列明的那些潜在理由的总和。"这个表述是肖尔用来区分"证立的推定",也就是"鉴于结果 a 由规则 R 表示,你(规则主体)应达到结果 a,除非或直到你有强大的理由不达到结果 a。"②

据此,"敏感于规则的特殊主义"能够缩小法律规则所给予的理由与行为主体自我持有的行为理由之间的裂缝,甚至可以在行为主体应当遵守规则的时候,引导他们准确地遵守规则。③ 换言之,法律规则能够被行为人接纳为行为理由或者说规则能够给予行为理由,仅仅建立在行为主体认为法律规则是一个有关信息、专业水平与行为建议的信源,并因此说明行为主体针对行为的判断将被认为是错误的。不过这种针对法律规则给予行为理由的立场也表明,法律规则之于行为主体而言并不具备充足的排他性效力,所以行为主体只是把规则作为一种经验法则来看待。

基于上述理论见解,在实践维度上证成法律给予的行为理由的问题上引入"敏感于规则的特殊主义",实际上就是判断法律规则给予的普遍行为理由目的与行为主体基于日常道德素养所锻造的直觉而给出的个别

---

① Frederick Schauer, *Rules and the Rule of Law*, 14 Harvard Journal of Law & Public Policy 645, 649-650 (1991).

② Frederick Schauer, *Rules and the Rule of Law*, 14 Harvard Journal of Law & Public Policy 645, 676 (1991).

③ See Larry Alexander & Emily Sherwin, *The Rule of Rules: Morality, Rules, and the Dilemmas of Law*, Duke University Press, 2001, p.61-62.

行为理由目的之间何者更加优越。换句话说就是通过权衡规则给予的行为理由背后的目标的权重来判断规则是否能够正当地给予行为理由。如果普遍行为理由目的优越于个别行为理由目的,那么就直接依据通盘考虑后得出的一阶理由行事;反过来,就按照规则所给予的行为理由行事。① 但这种见解的问题在于,它只能够证成个别的行动理由,却并不能证成规则给予的行为理由。此外,它把规则视为一般的经验法则的做法,在很大程度上难以兼容把法律规则作为二阶的排他性理由的逻辑效力。

　　针对这一难题,有学者给出了两种补救策略,一种是直接取消这种行为目的的比较而直接规定普遍行为理由目的优越于个别行为理由目的,本书称之为"规则给予理由的刚性证立";另外一种是主张在存在规则时可以推定普遍行为理由目的优越于个别行为理由目的,除非行为主体有反证推翻,不妨暂且称之为"规则给予理由的柔性证立"。在这里,"规则给予理由的刚性证立"在本质上与基于主体性的行为理由观即义务论进路相同,因此并不能作为证立规则给予的行为理由的充分条件。第二种思路实际上就是弗里德里克·肖尔主张的"推定的实证主义"(presumptive positivism),这里的"推定"是指"除非能够提供特定迫切的理由否则规则就被适用的约束力的程度"②,它指代"一种描述在一个相冲突的规范可能产生相互排斥的结果的规范领域内强大却又可推翻的优先性的程度的方法"③。当裁判者获取了一个让他感觉非常有必要的推翻规则的理由时,也就是当他能够根据这个理由确定个别行为理由目的优越于普遍行为理由目的时,他就获得了推翻规则的正当性,且这种活动与是否已经或者将要产生某些错误的或者次优的结果无关。④ 不过也有学者指出,"推定的实证主义"的缺陷是,它不能非常清晰地给定规则推

---

　　① 参见陈景辉:《实践理由与法律推理》,北京大学出版社 2012 年版,第 116 页。

　　② [美]弗里德里克·肖尔:《依规则游戏:对法律与生活中规则裁判的哲学考察》,黄伟文译,中国政法大学出版社 2015 年版,第 233-234 页。

　　③ [美]弗里德里克·肖尔:《依规则游戏:对法律与生活中规则裁判的哲学考察》,黄伟文译,中国政法大学出版社 2015 年版,第 234 页。

　　④ 参见[美]弗里德里克·肖尔:《依规则游戏:对法律与生活中规则裁判的哲学考察》,黄伟文译,中国政法大学出版社 2015 年版,第 234 页。

定优先性被废止的客观性标准,导致规则体系在这一面向上始终存在不确定性的空间。而且更为关键的是,如果认为规则所给予的理由可以因更强的他项理由而被推翻,那么它实际上说明的只是"如何恰当地行事",而非说明"依据规则给予的行为理由行事"何以正当。所以,这种思路也同样存在着难以克服的缺陷。

在这种情况下,有学者提出"规则的部分自主正当化"(partly self-autonomy of rules)的理论方案。① 这种方案将规则背后所指向的规则可普遍化的行为目标作为部分证立规则给予行为理由的规范性基础,且因为这一目标是规则给予的行为理由与经慎思判断而得出的行为理由之间产生实践差异的根本因素,导致这一目标使得规则给予的行为理由具备了部分自主化的能力;但由于规则作为行为理由时,必须克服普遍行为理由目的与个别行为理由目的之间存在的规范性裂缝,所以规则仅证实其普遍行为理由目的,而不能完全证成规则给予行为理由的正当性即"规则的完全的自主正当化"。不难发现,一阶理由就能做到"完全的自主正当化",因为它的行为目标足以支撑其证立自身的正当性。

此时,要想证成规则给予理由的正当性,就只有两种可能:一是,彻底解决普遍行为理由目的与个别行为理由目的之间存在的规范性裂缝,亦即使实践差异获得事实上的消除或者至少使这种差异变得可协调;二是,获取另外一个为规则体系所共同遵循的更高阶的可普遍化的行为目标,而且这样一个更高级的行为目标的权重之中要超越原本的普遍行为理由目的和个别行为理由目的,甚至还要超越二者之和。此时,自主地证成规则给予行为理由的正当性亦即完成规则的自主正当化,就变成了以下的陈述:规则所给予的行为理由表面上发挥工具性指引功能来实现普遍行为理由目的和(或)个别行为理由目的,但根本地,将规则作为行为理由或者依据规则所给予的行为理由行事,实际上是为了落实另外一个更高阶的可普遍化的行为目标。或者可以这样说:当规则给予的行为理由能够作为一种实现可普遍化的目标的工具时,它之于这些目标而言构成必要不充分关系;但就证成规则给予的行为理由的正当性而言,它与一个超越于工具理性的更高阶的可普遍化目标之间构成充要关系,此时规

---

① 参见陈景辉:《实践理由与法律推理》,北京大学出版社 2012 年版,第 123—125 页。

则就不再是实现某些目标的工具。

不难发现，上述理论方案意在取代或者部分取代"敏感于规则的特殊主义"的方案，因为后者只是承认规则具有工具性指引的功能，而前者则是在承认规则及其所给予的行为理由的工具理性同时，将行为理由的正当化建立在某一个更为根本的目标之上。这里的关键就在于如何理解这里所说的"更根本的目标"。同样地，针对这种"更根本的目标"也有两种理解：一是认为它是完全独立于普遍行为理由目的和个别行为理由目的；二是认为它是针对普遍行为理由目的和个别行为理由目的之间权重的合理配置方案。① 如果依据第一种观点，那么这种"更根本的目标"就会指向法律体系之正当性的形式目标，也就是法律规则的权威命题、行为理由的二阶排他性理由命题以及法官"依法裁判"的政治义务，②这种观点仍然从属于规则给予行为理由的逻辑证立范畴。如果依据第二种观点，那么就需要在复数的实践中具体地判定与解决规范性裂缝，进而指向行为理由的生成机制分析。③ 此时，理由论证就是促使各项行为理由获得实

---

① 参见陈景辉：《实践理由与法律推理》，北京大学出版社 2012 年版，第 126 页。

② 事实上，在事关政治义务与法官裁判的问题上，法哲学、政治哲学、法社会学似乎存在着不少争议点，其中一个显而易见的悖论是，不少理论虽然或明或暗地把问题指向了作为组织成员的法官在维系法律体系运作时所承担的政治义务，但具体的内容却没有直接涉及政治义务。例如，规范性裂缝意味着在遵守规则与"做正确之事"之间存在一个内在紧张的见解表明，遵守政治义务就不存在此种裂缝，所以陈景辉所提出的断然性命题需要获得更强的辩护。又如，卢曼有关法院以"禁止拒绝裁判"的原则来维持法律规范性预期的功能，虽然体现了依法裁判的政治义务，但这种义务一方面是规范性义务，另一方面也是法律维系封闭运作的动力机制。还比如，德沃金明确反对哈特意义上的自由裁量权，他认为这种强裁量将只能诉诸法官的政治义务，但实际上法官可以依托政治美德来完善法律的建构性诠释，因而无须政治义务的介入。与之类似，拉兹有关"服务性权威观念"也说明，消除"权威"的命令意涵也是通过法律规则指向来源命题来实现的，这也与政治义务无关。就此而言，政治义务似乎并不是法律和司法正当性的必要构成要件。

③ 有必要说明的是，陈景辉认为，"敏感于规则的特殊主义"与拉兹的权威的服务观念的缺陷，是在于他们把规则的正当化等同于受规则指引之行动的正当化，也就是把行为之正当化还原为规则的正当化，并因此进一步还原到规则何以理性化或支撑其正当化的价值等，导致规则仅仅作为中介行为与实质目标的个别化工具，而不是整体的工具性框架。也正因为这样，它始终无法解决规则正当化的悖论。参见陈景辉：《实践理由与法律推理》，北京大学出版社 2012 年版，第 136—137 页。但本书在这里并不预设此种立场，而是分别从两种观点的出发点进行说明，换句话说，本书承认这种规则正当化的还原论立场，也就是承认行为的正当化不仅可以还原为规则的正当化，而且还可以进一步还原为规则生成的制度性实践。不过，这种思路将不会涉及陈景辉所提到有关规则正当化的那些价值判断，而只是做一种外部视角的实践分析。

践证立的动力装置。

四、法律的权威命题与行为理由

源于法律规则的稳固性和集中体现立法者意图的特征,法律所给予的理由通常可以被规定为二阶理由与权威性理由。[1] 根据拉兹的主张,行为主体如果希望承认一个外在于他们的权威,那么就必然意味着这个权威满足以下三个命题,即"依赖命题"(dependent thesis)、"标准证立命题"(normal justification thesis)、"优先性命题"(pre-emption thesis)。具言之,"依赖命题"是指所有的权威指令应当立足于已经独立适用于诸指引主体(the subjects of the directives)的理由,这些理由关涉指引主体在权威指令覆盖下的具体行动,故又称为"依赖性理由"。"标准证立命题"主张,确立一个人对另一个人拥有权威的标准且主要的路径是:如果行为主体接受权威的指令作为权威性指引(authoritative directive),且尝试根据此种权威性指引而不是那些他能够直接适用的理由行事,此时行为主体反而能够更妥当地遵循一阶理由。而"优先性命题"是指,权威要求执行一项行动的事实是它能够获得执行的理由,而且在评估应当做什么事情的时候,不应当将这个理由添加到所有相关的理由之中,而是应当排除或取代其中的一些理由。[2] 之所以这里说的是排除或取代"其中的一些"理由,是因为"标准证立命题"并不要求行为主体放弃通盘考虑,而是指出:如果行为主体依据权威性指引行事,将会比简单进行通盘考虑要更好的实现依据通盘考虑而后行事的目标。[3]

可见,权威性理由的优先性命题为行为主体进行通盘考虑划定边界并同时指明了思路,也就是在权威性指引所限定的范围内去进行通盘考虑,并选取最终指引行为的一阶理由。拉兹随后把这种受到权威性理由指示的一阶理由称为"受保护理由"(a protected reason),因为这些理由

---

[1] See David Enoch, *Reason-Giving and the Law*, 1 Oxford Studies in the Philosophy of Law 1, 15-16 (2011).

[2] See Joseph Raz, *Ethics in The Public Domain: Essays in the Morality of Law and Politics*, Oxford University Press, 1994, p.214.

[3] 参见陈景辉:《实践理由与法律推理》,北京大学出版社 2012 年版,第 127 页。

受到来自权威性理由即二阶的排他性理由的保护。① 也正是在这个意义上,权威性理由是行为主体与正确的行为理由之间的中介。②

此时,依赖命题和标准证立命题就引申出了拉兹所提到的"服务的权威观念"(the service conception of authority)。它是指权威观念的核心功能在于促进行为主体的实践慎思,使行为主体能够更好地适用那些原本就可以使用在他身上的行为理由。这一定义表明,权威在实践慎思中获得了特殊地位。为此,优先性命题将进一步说明权威性指引将要取代或优先于其他需要被通盘考虑的理由。在这个意义上,拉兹的"服务的权威观念"、肖尔的"规则的稳固性"机制、埃诺赫"触发地给予理由"的方式在深层次上都是相通的。

第三节　理由论证的实践证立

有关行为理由的逻辑证立分析已经说明,法律给予的行为理由的正当性可以通过可普遍化行为目标与个别的行为目标之间的合理安排来说明,并且以此向行为主体提供一项足以在形式和实质层面均具有排他性效力的行为理由。这个实践证立将依赖于复数的审判的理由论证,个别的行动理由将在此过程中解决规范性裂缝,并为上升为可普遍化的规范性理由创造条件。根据规则给予理由的概念界定,法律给予的行为理由在理由论证中的实践证立,与规则在审判实践中的生成过程同步。

这里能够借助麦考密克和魏因贝格尔的"制度事实"(institutional facts)理论分析行为理由的可普遍化的实践证立。③ 法律的制度事实理论关注法律的规范性效力如何从社会的角度来获得证实,它有助于观察

---

① See Joseph Raz, *Reasoning With Rules*, 54 Current Legal Problems 1, 14 (2001).

② See Joseph Raz, *Ethics in The Public Domain*: *Essays in the Morality of Law and Politics*, Oxford University Press, 1994, p. 212-214.

③ 与这一理论相关,阿尔夫·罗斯定义"规范"为:"规范要被界定为一种以特殊方式与特定社会事实相对应的指令。"进一步说,"一个规范'存在'就意味着这些事实存在;就此而言,这一定义能充分满足'规范'的另一些用法,即要求规范能够存在,以及关于这一点的陈述构成社会描述的一部分。"参见[丹麦]阿尔夫·罗斯:《指令与规范》,雷磊译,中国法制出版社 2013 年版,第 104-105 页。

一项行为以及复数的行为人对该项行为的态度将如何赋予该项行为以规范性效力,从而产生具有普遍效力的行为理由。进言之,法律的制度理论主张法律实证主义和法律的层级秩序,但不认为法律的规范性来自凯尔森纯粹法理论中的基本规范,也就是不主张法律的规范性效力植根于客观价值或者内在的公正原则,①而是认为这种规范性效力是社会制度的事实。此时有关法律规范性效力的问题就从法律体系内部转移到了社会层面,法律同时构成规范的观念实体和社会的制度事实,所以对于法律的理解需要着眼于涉及制度事实的价值理念与社会认知。不过在展开相关的论述之前,需要首先界定"制度事实"的概念内涵。

一、"制度事实"的概念界定

根据安斯康姆的见解,有关行为主体的有意识的行动以及这些行为本身的客观事实属性的说明,都需要被放置在"制度"(institution)的语境下。而且,不是"在制度的语境中持有这些事实",而是"这些事实包含在制度的语境中"。②此时,行为主体的具体行为并不会包含在有关制度的描述中,但这个行为本身却需要相应的制度作为背景,使得这个行为能够成其为所是的那种行为。反过来,当人们提及与这些事实相关的制度的时候,也就很快能够清楚在这些制度语境之中的相关事实以及这些事实所包含的行为的内容。③

在这个意义上,约翰·塞尔进一步提出了区分"原始事实"和"制度事实"的理论:

(制度事实)的确是事实,但不同于原始事实的存在,它们的存在预设了特定人类制度的存在。只有在给定婚姻制度的情况下,特定形式的行为才能构成史密斯先生与琼斯小姐结婚。类似地,只有在给定棒球制度的情况下,特定人的特定运动才会构成道奇队在十一回合的比赛中以 3:2 战胜巨人队。在更简

---

① 参见[英]尼尔·麦考密克、[奥]奥塔·魏因贝格尔:《制度法论》,周叶谦译,中国政法大学出版社 2004 年版,导论第 11 页。

② See G. E. M. Anscombe, *On Brute Facts*, 18 Analysis 69, 69 (1958).

③ See G. E. M. Anscombe, *On Brute Facts*, 18 Analysis 69, 70 (1958).

单的层面上,只有在给定货币制度的情况下,我现在才能在手上拿着五美元的钞票。如果去掉这个制度,我所拥有的就不过是一张带着各种灰色和绿色记号的纸。

这些"制度"是构成性规则的体系。每一个制度事实都把下面这种形式的一项规则(或一个规则体系)作为基础,即"X在语境 C 中算作 Y"。我们的假设是言说一门语言是根据构成性规则的施行行为,这一假设涉及以下假设,即一个人实施特定言语行为的事实——例如作出承诺——是一项制度事实。因此,我们并不试图以原始事实来分析这些事实。①

可见,制度事实的意义在于,它利用"制度"这一中介来使纯粹的行为(对应指称纯粹描述性事实的基本意义的"原始事实"(brute facts)赋予了特定的意义,而这种"制度"通过特定的"构成性规则"(constitutive rules),②也就是"X 算作 Y"(x counts as y)或者"X 在语境 C 中算作 Y"(x counts as y in context c)这样的句式来建构起来,它说明了"构成性价值"(constitutive value),也就是"规则对于什么事物而言必不可少,并且能够使得该事物成其为那个事物"。③ 进一步说,以构成性规则为框架的特定制度为行为提供具体的语境,并令相关的行为在该语境中被赋予适切该语境的意义,这表明构成性规则是制度事实的基础。

例如,我们在观看足球比赛的时候,发现进攻方的一名前锋处在防守方最后一名后卫的后方,并且他参与了进攻,此时这名前锋就构成了越位。在这里,"越位"这个事实就是一项制度事实,也就是"参与进攻的进攻方的一名前锋处在防守方最后一名后卫的后方"的这个动作被赋予了"越位"这个意义。换句话说,如果足球运动没有越位制度,那么这样的

———————————

① John Rogers Searle, *Speech Acts: An Essay in the Philosophy of Language*, Cambridge University Press, 1969, p. 51-52.

② 在这里与"构成性规则"相对立的是"调节性规则"(regulative rules),它针对的是那些独立于规则而存在的行为,或者说是那些先行存在的交互行为(behavioiur-behaviour)。例如"汽车右行""靠右慢走"等规则。参见[美]约翰·塞尔:《心灵、语言与社会——实在世界中的哲学》,李步楼译,上海译文出版社 2006 年版,第 120 页;[美]弗里德里克·肖尔:《依规则游戏:对法律与生活中规则裁判的哲学考察》,黄伟文译,中国政法大学出版社 2015 年版,第 7-9 页,其中 regulative rules 在黄伟文译本中被称为"调整性规则",它与"指示性规则"相对。

③ 陈景辉:《实践理由与法律推理》,北京大学出版社 2012 年版,第 152 页。

动作只是原始事实,它在足球运动中就没有任何意义,至多只是一个更优越的进攻机会罢了。又如,"绊马脚"是中国象棋里的一个构成性规则,它参与建构中国象棋里"马"这个棋子的制度。当"马"这个棋子的前进方向上有其他棋子紧挨着的时候,往两个侧前方的运动就会被判定无效。但是由于国际象棋之中没有这个规则,所以"马"在任何情况下都可以往两个侧前方运动。也就是说,"绊马脚"这个规则赋予了"马"在下中国象棋时的意义;如果没有这个规则,那么我们在下棋或者观棋的时候,对于棋子的走法,是不会有异议的,也就是它不过是一个普通的、正常的操作而已,在国际象棋中也正式如此。一个更为极端的例子,就是存在着这样一个客观事实:在一个画满了方格的棋盘上,下棋的双方各执黑白子进行对弈。此时,"五子棋""围棋"作为构成性规则所塑造的制度,就能够确认"他们在下五子棋""他们在下围棋"等制度事实。在这个意义上,不同的构成性规则塑造了不同的"制度",这些"制度"赋予了不同的原始事实以不同的构成性价值,并且使得针对制度事实的种种描述为真,也就是使这些行动是其所是。

在这里还需要注意,制度事实的结构性效力来源于"制度"而非来自"事实",因此它不能还原为原始事实,而且针对制度事实的陈述本身就是一种具备制度、规则、特定含义在内的一种客观事态。在这个意义上,行为的规范性效力就是来自"制度",换句话说就是"制度"使得实然层面(is's)的个别的行为获得了具有应然层面(ought's)的普遍化效力。例如在"承诺"的场合中,"承诺"就意味着行为人负有实现其承诺之事的义务,而这个行为的意向是由一项记录着"承诺"这一语词的意义规则所提供的,这个意义规则因此成为有关"承诺"的构成性规则,它使得"承诺"与"义务"联系起来,并且使这些概念的意义不能获得开放性解释。[1]

二、从"制度事实"到"法律的制度理论"

麦考密克与魏因贝格尔的法律制度理论正是从有关制度事实的此种

---

[1] See John Rogers Searle, *Speech Acts: An Essay in the Philosophy of Language*, Cambridge University Press, 1969, p. 184-186, 190.

哲学陈述中开始的。麦考密克认为,基于双方合意形成的合同、基于程序而通过的法律就可以在哲学上被认为是一个事关制度事实的命题,它指命题所陈述的事实不仅客观存在,并且相对应的构成性规则还会因适用在这些事实身上而使之具备法律效力,它们使作为"制度"的法律得以可能。例如,在乘坐公交车这一事实导致存在着运输合同,因此运输合同就是制度事实;又比如法律经过国会通过而生效,所以法律成其为制度事实。

　　此类可供生成制度事实的构成性规则包括判断规范客观存在的"创制规则",聚焦规范导出具体实益的"结果规则",判断规范效力终结的"终止规则",它们在制定法中体现为"三合一结构",能够描述法律概念呈现构成性规则的过程,并导出概念上由其调整、内容上受其约束的"法律制度"的概念。首先,"创制规则"是指,当法律规定某些假定条件时,这些假定条件所指向的行为在实体上就被评价为"制度",它非常类似于法律规则中以"如果……"为表现形式的假定条件和行为模式。其次,"结果规则"是指,当法律规定的假定条件产生某些以"权利/义务"或者"权力/责任"为基础的行为后果时,这些行为后果就被评价为"制度",它非常类似于法律规则中以"那么……"为表现形式的行为后果。最后,"终止规则"是指,当法律规定的行为需要被终止时,这些法律规定的需终止的行为就被评价为"制度",它类似于法律规则中的一些判定法律行为是否有效或者是否需要被终止的附带条件,例如合同的解除条款、法人的法定或者约定解散条款以及离婚条款等。所以,作为"制度事实"的法律,就是作为大前提的法律(为成文法明确规定的规则、原则、政策、制度道德等),是在时间上先后延续的和用来评价和规制人们的制度行动(由人们组织的、以有组织方式从事社会活动的)。① 后来,麦考密克还指出,"法律制度"还包括制定、修改、实施法律的机构和组织,也就是由组

―――――――――

　　① 参见[英]尼尔·麦考密克、[奥]奥塔·魏因贝格尔:《制度法论》,周叶谦译,中国政法大学出版社 2004 年版,第 66-70 页。需要注意的是,只有当"制度"与特定的法律体系相关、且该法律体系同时以创制规则、结果规则、终止规则明确规定了这样的制度,"制度"才会切实存在,也因此才能在实践中具备一项具体的"制度实例",可见制度的逻辑是先于制度的实在而存在的。

织法和程序法所规定的内容。①

此外，麦考密克还进一步在其"后实证主义"（post-positivistic）法律理论中用"规范性秩序"的概念来深化有关制度事实的观点。所谓"后实证主义"，是指原来植根于法律实证主义的制度法理论逐渐远离了法律实证主义的要求，而日益承认道德在法律规范性证成的意义。麦考密克指出：

> 对于法律来说，满足最低限度的正义要求至关重要。在制度性规范秩序的特点之中，根本没有什么东西要求我们将下面这些东西承认为法律惯例、规则或者法条，即将任何自治的行为人能接受的、可以合理陈述的道德立场描述为严重地违反了正义的基本要求。我们可以非常恰当地接受这一点，即将"应避免严重的非正义"这一最低限度的要求作为法律有效性的底线。在当今世界，从某种程度上看，此一底线实际上已被人们通过……人权手段制度化了。这一结论要求我们承认，以目前这种形式展现出来的制度法理论尽管最初是在众所周知的"法律实证主义"这一思想洪流中发展起来的，但它现在已非一种"实证主义者"的理论。无论是否有人选择将它归入"自然法"传统，它实际上都是"后实证主义"（post-positivistic）的。②

在麦考密克的"后实证主义"法律理论中，"规范性"是特定情境下人们普遍承认或者遵行的行为模式，它是人们参加实践的前提条件。"秩序"则是指行为主体基于某一相对稳定的生活状态所形成的信念而作出行动，并在"人们应当去做什么"这个问题上得出较为一致的意见，进而用这种一致意见来指引各自的行为，使这些行为具有实践意

---

① 参见［英］尼尔·麦考密克:《法律制度——对法律理论的一种解说》，陈锐、王琳译，法律出版社 2019 年版，第 43—45 页。

② ［英］尼尔·麦考密克:《法律制度——对法律理论的一种解说》，陈锐、王琳译，法律出版社 2019 年版，引言第 7 页。

义。①当这种信念以及与之相随的"做正确之事"的信念足够清晰、简明、必需，它也就具有更为普遍甚至具有超越语境的行为效力。同时，这些复数的信念在各种场合中也有相互进行竞赛的空间，也能够通过行为主体的广泛的实践性试验来获取最佳或者次优的行为模式。此时，这些信念就可以成为支撑人们进行普遍性实践的行为理由。当然，这种类型的"做正确之事"是否依赖于公权力机关所倡导的行为模式，则见仁见智。

在这种情况下，把作为制度的规则与规范性概念相融合，就可以使规范性秩序成为"制度的规范性秩序"（institutional normative order）即法律规则体系。由于法律规则体系根植于"制度规范性秩序"，所以法律规则在实践中必然要受到来自道德理由的正当性追问，或者说法律规则的规范性效力可以终极地溯及行为主体的道德自主，并通过法律的程序性实践商谈即审判的理由论证来确保这种道德自主性获取有关"做正确之

---

① 参见［英］尼尔·麦考密克：《法律制度——对法律理论的一种解说》，陈锐、王琳译，法律出版社 2019 年版，第 9-16 页。在理解麦考密克的"秩序"概念时，本书得益于吴允中对于约翰·塞尔相应理论的介绍。参见吴允中：《Neil MacCormick 的后实证主义法理论》，台湾大学2016 年硕士学位论文，第 21-23 页。具言之，塞尔将"集体意向性"（the notions of collective intentionality）、"地位性功能"（status function）和上文提到的"构成性规则"来共同作为制度事实的基础，在客观上，"集体意向性"和"地位性功能"在某种意义上等价于麦考密克称为"规范性秩序"的现象。简单来说，"集体意向性"是所有社会存在的心理学预设，而"地位性功能"则是认为客体性质的归属取决于集体的态度。See John Rogers Searle, *Social Ontology*: *Some Basic Principles*, 6 Anthropological Theory 12, 16-18 (2006). 显然，塞尔是把"意向性"或行为主体的"信念"作为了引导行为主体做出某一行动的基础，但麦考密克倡导实践性建构的法律理论却似乎使他回避了这一问题。吴允中据此认为麦考密克并未直接引用塞尔的上述见解，在一定程度上是认为麦考密克反对塞尔的这种见解。不过本书认为，这种观点也许并未直面麦考密克对于"惯习性行为"的思索。麦考密克也许仍然希望能够为基于惯习而做出的行为保留"可制度化的"（institutionalized）渠道，而一旦采取"意向性"概念，那么在很大程度上就无法说明惯习性行为，因为基于惯习的行为既不容于伯纳德·威廉斯的"慎思推理"，也不容于麦考密克对于"内在视角"的反思。一言以蔽：麦考密克或明或暗地承认行为主体能够在并未进行慎思的情形下进行实践，或者说他认为"盲从"其实也能产生针对行为的规范性效力；所不同的是，行为主体大可以在参与实践的同时进行相应的反思，而并不需要完全进行慎思推理后才依据最佳的行为理由行事，这也许在某种程度上更符合普通人而非"理性人"的心智。麦考密克有关"排队"与规范性秩序的生成描述，实际上就是在说明这一点。参见［英］尼尔·麦考密克：《法律制度——对法律理论的一种解说》，陈锐、王琳译，法律出版社 2019 年版，第 8-11 页。这些现象随处可见。例如外地人常常不了解为什么上海人会有"排队文化"，而笔者也是在多次参加这种未经反思的"排队"之余，才逐渐领悟到"排队"这种行为是如何在本地人当中获取其规范性意义。

事"的博弈空间。①

在这个意义上,以制度事实命题观察法律制度与法律结构,需要关注法律制度与法律体系的实然状态,也就是法律职业人如何适用法律。具言之,法律的制度理论试图同时回答以下三个内容:一是从整体的制度维度描述法律的运作,二是回应"法律为何如此获得适用"的问题,三是进一步给出描述的具体范式。为此,法律首先是被"制度事实"所证实的事实,其次是能被具体适用的大前提(亦即"制度事实"),最后是可被用以描述整体的法律体系。

因此,制度事实下的法律体系并不等同于法律形式主义视野下的法律体系。麦考密克指出,"制度实例"要求法律规范满足特定语境下进行公开辩论所需的语言清晰度和理由充足度,结合实践要求对规范含义进行"灵活解释",使制度事实与具体情境统一起来。②

"制度实例"的概念将更为深刻地阐明行为理由的生成机制。③ 第一,制度事实仅仅是制度实例进行规范性陈述的必要条件而非充分条件,因为"制度实例"通过引入各类情境而令制度事实的判断形成差异或者说存在着极为宽泛的例外空间。此时,"如果……那么……"的构成性规则仅仅意味着:在审判当中推定制度事实为真,除非可以依据证据规则与证明责任规则而被反证推翻。

第二,"制度实例"意味着理由论证通常需要依赖通常需要依赖原则、政策等一阶理由,因为它们作为法律规则和价值观念的汇合点,能够说明作为制度事实的法律及其给予的行为理由所蕴藏的实践意图和基本目的。而且,当从规范的合目的性或者说从目的论的角度发现规则存在漏洞时,法律的制度理论将允许突破制度事实而形成规范。因此,司法活动必定具有基于情境而非规范的目的取向,这就为后果主义论辩提供了实践空间。这也同时说明,作为制度事实的法律在论证当中只是给定了实践具备了推定的、可能的、充足的条件,因此存在例外情况,也存在明示

---

① 参见[英]尼尔·麦考密克:《法律制度——对法律理论的一种解说》,陈锐、王琳译,法律出版社 2019 年版,第 41-43、362-384 页。

② 参见[英]尼尔·麦考密克、[奥]奥塔·魏因贝格尔:《制度法论》,周叶谦译,中国政法大学出版社 2004 年版,第 83-85 页。

③ 参见[英]尼尔·麦考密克、[奥]奥塔·魏因贝格尔:《制度法论》,周叶谦译,中国政法大学出版社 2004 年版,第 85-88、90-91、119-126、131-132 页。

的创制规则范围内进行实质判断的空间,从而体现合目的性与制度事实的协调。这时就需要加强规范的解释力度。具体来说,规范秩序作为诠释对象,由参与论证的行为主体以行动、语言、思想构成,所以规则体系只是解释具体行为而成的涉及制度事实的知识。于是法律的制度事实源自对行为和事件的解释,这种解释方法旨在以规范为标准去证实那些可被称为"事实"的东西,具有类似于验证证据的意涵。而且,相关解释需要关注法律的"规范性框架",在实践理性的指引下结合论证和跨学科研究方法来解释实质性的行为规范,做出相应的目的论解释和价值判断。

第三,"制度实例"蕴涵着围绕着法律规则所展开的实践论证必须在符合逻辑的前提下充分尊重民众的心理预期。由于作为制度事实的法律规则从复数的日常规则和习惯中抽象而成,根植于解释人类行为和心理的规范性实践,是行为主体采取或判断行动所需的基本理由或根据,因此法律规则之所以能够在本体论层面客观实存,是因为它关注的是作为事实性陈述的"合理性"问题:一项事实之所以合理,不是因为它能够获得可普遍化的行为理由支持,而是因为它能够确保规则所指示的行为理由能够具有共同的适用性,进而在研究原则和"直觉"之间取得罗尔斯式的"反思性均衡"。此时,制度事实的命题就可以重新阐述规则的"内在视角":对生活在制度事实中的人们而言,制度事实因人们的实践而被赋予了规范性权威,法律规则或法律秩序以此具备了规范性效力,这反过来又证明了法律作为制度事实的客观有效性。当然,这种情况并不代表所有的行为主体都无条件地认可或接受相应的法律规范,也未必完全真诚地遵从这些规则所给予的行为理由,因此对法律规则体系和法律秩序的分析与描述是一回事,行为主体是否"接受"或"认可"这些规则及其所给予的行为理由又是另一回事。是故,利用"制度事实"和"制度实例"的概念来分析行为理由和法律规则的生成机制时并不需要关注意识形态,也完全可以只是进行中立的说明,但它天然蕴含着自由批评的契机。在这个意义上,麦考密克有关制度事实的立场与卢曼关于法律的规范性预期的生成机制具有异曲同工之妙。①

————————

① 参见[德]尼克拉斯·卢曼:《法社会学》,宾凯、赵春燕译,上海人民出版社 2013 年版,第 129-130 页;[德]尼克拉斯·卢曼:《社会中的法》,李君韬译,台北,五南图书出版股份有限公司 2015 年版,第 158 页。

三、行为理由的规范性给予及其实践根源

麦考密克的"法律的制度理论"有助于说明行为理由的规范性给予过程。规则能够给予规范性的行为理由的根本原因,是它本身便是被社会多数成员所实践过的那些个别的行动理由之抽象集合。可见,规则给予的行为理由的内核就是那些被行为主体在通盘考虑后获取的一阶理由,或者说规则给予的行为理由与那些一阶理由之间存在紧密关系。在更强的意义上,规则及其所给予的理由之所以能够被行为主体所普遍依循,并不是因为它具备二阶理由的外观,也不是因为它具有可普遍效力,甚至也不是因为不依据规则行事而可能遭受制裁。根本地,行为主体之所以遵从规则触发地给予的理由的指示,是因为它代表着社会多数行为主体曾经或者正在发生的实践,并令行为主体的具体行动获得更佳的效力支撑。这意味着,根据二阶理由的指示行事,将要比依据自己的通盘考虑所得出的结果要更加合理和更有利于实现自我的行为目的,尽管行为主体最终依循的也还是在二阶理由限定下的个人的道德省察和实践慎思。[①]

按照麦考密克有关实践理性与行为主体的论述,这种从一阶理由上升为二阶理由的过程依赖于行为主体对规范的运用来实现。他因此提出了"人是规范的运用者"(human as norm-users)的命题:

> 道德是:在我们成为规范的创造者或立法者之前,我们人类是规范的运用者。如果是这样的话,那么我们彼此之间的责任感和义务感将先于且必须先于施加给我们的任意的权威性规则。如果不是这样,民事制度就不可能发展。[②]

麦考密克进一步将"人类在成为规则的给予者(norm-givers)之前是

---

① 也正是在此意义上,有学者认为,规则是优胜于其他一阶理由的一阶理由。See Michael S. Moore, *Authority*, *Law*, *and Razian Reasons*, 62 South California Law Review 827, 827-896 (1988).

② Neil MacCormick, *Practical Reason in Law and Morality*, Oxford University Press, 2008, p.29.

规则的运用者(norm-users)"①作为一项定理,而且这种规范的给予还不能通过建立实在法的方式来实现,因为"建立实在法"这个事实意味着人类已经是"运用规范的生物"(norm-using creatures),所以不能诉诸法律来完成"人是规范的运用者"的界定,而只能回归到行为主体在实践中运用规范的能力。② 对这种能力的探知与说明将不能通过区分"是"与"应当"的休谟命题,而是要通过"亚当·斯密式定言命令"(the Smithian categorical imperative),它包括一条定言命令和一条辅助命令,其中定言命令可以写成这样:

> 尽可能全面地进入与事件或关系直接相关或受其影响的每个人的感受,并公正地形成一项所有人都可接受的判断何为正确的准则,如果他们致力于维护共同的诸信念,这些信念事关在他们之间所设立的有关同意或反对的共同标准。③

而该定言命令所导出的辅助命令则是:

> 根据在特定的事件或关系中应当做什么的公正判断而行动。④

有研究从中抽取出实现"亚当·斯密式定言命令"的四个步骤,分别是"进入当事人的情感""公正地形成判断""普遍化"和"依判断行动":依赖人类的"同理心"或"同情共感的能力"而"进入当事人的情感",这构成了人类运用规范的基础能力;在此基础上,行为主体开始从他者的角度来评价自己的行为,思索他者在具体的情境之下会对自己的行为会给出何种态度,这种对他人而言"能否被接受"的态度,就被定义为"公正"。此后进行的"普遍化",就是将在具体情境下形成的判断与能够被普遍化

———————————

① Neil MacCormick, *Practical Reason in Law and Morality*, Oxford University Press, 2008, p. 200.

② See Neil MacCormick, *Practical Reason in Law and Morality*, Oxford University Press, 2008, p. 129.

③ Neil MacCormick, *Practical Reason in Law and Morality*, Oxford University Press, 2008, p. 64.

④ Neil MacCormick, *Practical Reason in Law and Morality*, Oxford University Press, 2008, p. 64.

的可期待性结合起来,使得在某一情境下获得适用的具体的行动理由也可以适用于在其他场合,最后行为主体就依靠这一理由来展开行动。[1]不过由于道德自主性的客观存在,具备普遍性的行为理由也始终存在着因相互批评和相互期许而获得更新的契机,从而成为"制度性伦理"(institutional ethics)。[2]

可见,在解释行为理由的规范性来源问题上,"亚当·斯密式定言命令"与基于客观价值的行为理由观多有重叠之处,并集中体现在行为理由因社会素养而赋予善的内容上。从这个意义来说,规则所给予的二阶理由虽然具有排他性效力,但这种排他性效力应该被理解为来自行为主体的实践认可,这也正是社会事实命题与法律的权威命题的内涵。同时,此种针对规则给予的理由的理解,也印证了法律给予理由的逻辑证立进路,亦即应当在逻辑和内容上对法律给予理由所造成的实践差异采取不同的立场:在逻辑上应当捍卫这种实践差异,但应当考虑法律给予理由的实践与通盘考虑的实践在内容上的协调乃至一致,至少应当确保这种实践差异不会成为强调规则给予的理由具有优越于其他行为理由(尤其是道德理由)的效力或权威判准。

此时,行为主体遵从规则给予的理由行事,就体现为规则的实施过程。它使得具体的法律规则、具体的实施环境、个别的行为事实相结合,并形成相应的"制度实例"。其中,行为事实因附着于规则之上而成为"制度事实",此时制度事实所面对的差异化环境就促成了法律规则在法律实现中的差异化机制,它允许在解释法律时采取灵活立场,意图营造以下的审判效果:在外观上,行为主体以规则所给予的理由进行行事,但在解释这些理由所指示的内容时,则需要在其限定的范围内进行通盘考虑,并以导出的一阶理由作为重要的解释依据。而在内容上,通盘考虑后得出的一阶理由可以用来重述规则所给予的理由,甚至可以成为重塑新的规范性理由以至法律规则的契机。

在这里,程序无疑再次彰显了它作为制度化基石的地位。程序的这

---

[1] 参见吴允中:《Neil MacCormick 的后实证主义法理论》,台湾大学 2016 年硕士学位论文,第 72-77 页。

[2] See Neil MacCormick, *Practical Reason in Law and Morality*, Oxford University Press, 2008, p. 80-82.

种特性表明,规范性理由的生成机制还需要借助法律秩序的规范性效力和具体语境中的社会议论,而且后者还是生成、检验、发展规范性理由的重要动力源泉。由于这样的议论将围绕着法律规则所给予的行为理由进行,且涉及法律规则的大量实践都是在审判当中进行的,因此审判提供了规范性理由生发的重要场所。这时,理由论证的叙事将导入中国审判环境的变量,令规范性理由的分析更具现实意义。①

---

① 在这里值得关注的是一种主张通过动态的对话式建模的方式来论述法律证立过程的理论建构。简单来说,有关"对话法律"的架构将浓缩于"盒子讨论"(box discussion)之中,它包括参与者、博弈的行动、证明责任(burden of proof)、承诺角色、对话规则、对话层次等要素,在此基础上形成的对话规则进一步定义对话方的次序,某项行为是否被程序允许,以及依据承诺做出有效行动的相应后果。最终形成的对话框架则包括语言、对话行动的、承诺库、对话、对话树等数个部分,并且附随多项对话规则。参见[荷]阿尔诺·R.洛德:《对话法律——法律证成和论证的对话模型》,魏斌译,中国政法大学出版社 2016 年版,第三章"对话法律——框架和一般规则"。

第五章　理由论证的型式构造

本章将通过重述法律论证理论中"论题"和"分析"两个核心关键词，说明"理由论证"是如何从法律论证理论中生长出来，并界定理由论证的具体论证型式。"论题"是引出"理由论证"的起点。图尔敏有关论点和论据的非形式逻辑推理，必须要在理由的支撑下才能成立。阿列克西的法律论证理论以"内部证成"和"外部证成"的区分来调和形式逻辑与实质推论，明确理由论证在审判的推论中的必要地位。而麦考密克的"二阶证立"理论，则是阿列克西论证理论的具体操作版本，麦考密克提供了一个以后果主义和原则论辩为代表的理由论证模式。此时，法律论证实际上就是指借助行为理由来说明某一项"论题"及相关观点所具有的合理性。结合由法律触发地给予理由的方式，可知"理由论证"能够用来描述审判活动中各方借助话语辩驳不断废止并生成既有结论，最后获得一致意见的过程。

第一节　"论题"作为理由论证的方法论起点

法律论证的目的是使判决得到理性的检验，特别是在反驳错误裁判、论证合理裁判的基础上从多个合理裁判中筛选出最具有说服力者,因此其理论范式通常可以归结为"提出命题+证立命题"。① 这一范式表明,法律论证把"评价"和"论证"作为关涉法律之理解问题的焦点。在这里,命题通常以"论题"(topic)的形式出现,它是指"某一见解或观念所处的定位",是"言谈者论辩起始之所""论点的位子"(the seat of arguments)或者说"论点所由生之处"。② 可见,"论题"是言说者试图获取听众支持其某一观点时所诉诸的一般性质的前提,论证也就相应地呈现为围绕"论题"所展开的证明过程。论题的兴起则伴随着论证理论对于逻辑三段论的系统性反思和批判性改造。

在法律论证理论中开此先河的,当属史蒂芬·图尔敏的论证模型。与之非常接近,沙伊姆·佩雷尔曼主张的"新修辞学"则从古希腊的修辞学传统中寻找到了法律论证的"对话"精髓。也正是如此,图尔敏与佩雷尔曼被认为是启动当代法学论证理论的两位先驱。一般认为,图尔敏的论证模型与佩雷尔曼的新修辞学都是着眼于普遍接受的或然性命题为起点,借助言语行为开展有关的论证,它们都可以被认为属于"论证"的范畴。所不同的是,图尔敏的论证模型更强调论证过程中的逻辑线索和具体论证行为在整个论证脉络中的功能与意义,而佩雷尔曼强调的是论证处理价值判断的问题,强调听众对论证内容的内心认同以及认同的程度,而不是强调论证的具体形式,因此也可以说,这是一个有关言说的技艺与心理学的问题。正如佩雷尔曼所说:"的确,论证理论的目标是研究论述技巧,这些技巧使我们能够引发或增强内心对所提出的论点的坚持。内心坚持的特点在于它的可变强度。"这一认定表明,论证的重点在于听众是否认同该论证所提出的事实以及其结果之间的因果连接,换句话说就是重点不在于论述的逻辑是否准确,事实是否为真,结论是否可靠,而是在于这些复数的论述及其所形成的论述网络将如何对听众产生影响,因此需要"更广泛地分析论证说服的进行中,各种要件、技巧与论证结

---

① 参见[德]托马斯·M. J. 默勒斯:《法学方法论》(第4版),杜志浩译,李昊、申柳华、江溯、张彤校,北京大学出版社2022年版,第42页以下。

② 参见舒国滢:《法学的论题学立场》,载[德]特奥多尔·菲韦格:《论题学与法学——论法学的基础研究》,舒国滢译,法律出版社2012年版,第19—20页。

果的关系"。①

后来,特奥多尔·菲韦格更进一步复兴并深化古希腊传统的"论题"概念,开放出"论题学法学"这一清晰阐发法律论证的对话模式。图尔敏、佩雷尔曼、菲韦格等人关于"论题"的研究,对罗伯特·阿列克西和尼尔·麦考密克建构法律论证的理论作业创造了坚实的条件。

在这里需要说明,图尔敏的论证模型虽然并未直接给出"论题"的概念,但它的论证模式能够体现"论题"概念的古希腊传统。亚里士多德在《论题学》中按照"论题"(topic)能否独立于言说者的标准区分"分析推理"和"辩证推理",前者以可纯然独立于言说主体的、可进行纯然逻辑推理的必然性命题为推理前提,而后者以被言说主体所普遍接受为标准,因而关涉言说者主观价值判断、个人心智、自我认同的或然性命题。后来,亚里士多德在《修辞学》中按照言说主体的多寡的标准区分"论辩术"(即"辩证法")(dialectic)和"修辞学"(rhetoric),前者是个人之间就某一特定且清晰的命题进行论证所需要的技艺,后者则是针对不特定人群进行演说所使用的技艺,以进一步讨论如何运用论辩术来开展"论证"或"辩证推理"来导出证立(justification)或然性命题的问题。"论证"至此被定义为一种利用言语来促成某一或然性命题得到听众普遍接受的过程。② 佩雷尔曼提到,针对具体议题的议论将无法简单通过形式逻辑来获得唯一的结果,必须借助论证来使可变的"意见"获得普遍接受。此时,关注焦点就不再是讨论的命题本身,而只能是"接受"意见的主体即"听众"(audience)。总而言之,围绕着"论题"概念所产生的各类"意见"成为论题学的研究对象;而着眼于通过话语令"听众"支持和接受这些意

---

① See Chaïm Perelman, *The New Rhetoric and the Rhetoricians: Remembrances and Comments*, 70 Quarterly Journal of Speech 188, 195 (1984); Chaïm Perelman & Loucie Olbrechts-Tyteca, *The New Rhetoric: A Treatise on Argumentation*, trans. by John Wilkinson & Purcell Weaver, University of Notre Dame Press, 1971, p. 4; 参见廖义铭:《佩雷尔曼之新修辞学》,唐山出版社 1997 年版,第 38 页。

② 参见[古希腊]亚里士多德:《修辞术·亚历山大修辞学·论诗》,颜一、崔延强译,中国人民大学出版社 2003 年版,第 3、6 页(边码 1254a, 1355a, 15)以下;Chaïm Perelman & William Kluback, *The Realm of Rhetoric*, 17 Philosophy and Rhetoric 240, 240-242 (1982).

见的技艺,就延伸出了修辞学。① 可见,图尔敏的论证模型与修辞学在论证思路上存在着高度的重合,以至于图尔敏后来在接触到修辞学后,表示要从修辞学的角度来重新理解各类作为"理据支撑"的规范性陈述,尽管他在提出论证模型时并未了解过修辞学。②

一、"论题"的先声:图尔敏的论证模型

图尔敏将论证的建模建立在了法律论证的辩论特征之上,即抛出论点、佐以论据和相互辩驳。这意味着,一个可以被证实的主张都必定有一些特定的事实来作为论据,而论证这个主张的过程被称为"初始论证",从而与反对这些事实的真实性(合法性)、客观性的意见进行辩论的"中间论证"相区分。

此时,我们就能够获得两个最基本的区分:一是某一特定"主张"或"结论"(claim or conclusion,缩写为 C),二是证明该主张或结论的"数据"(data,缩写为 D)或者"根据"(ground,缩写为 G)。进一步,需要给出能够证明主张或结论与这些事实之间是否存在关联,以及这些关联是否合法的各类主张,它们被称为"理据"(warrant,缩写为 W)。此时,数据(D)、主张或结论(C)、理据(W)三者的关系就可以写成"如果 D,那么 C,因为 W"这样的一个条件句。当然,主张并非绝对,理据也是多元的,因此理据本身并不能绝对确保事实与主张之间存在关联,需要给予该主张能够被证实的一定范围或条件,即"限定语"(qualifier,缩写为 Q)。同时,还存在着可废止理据之一般性依据的"反驳条件"(rebuttal,缩写为 R)。除此之外,理据通常还可以被一个更一般的理由所支撑,它凸显理据的权威与效力,即"支撑"(backing,缩写为 B)。③ 此时,整个论证模型

---

① 参见[比利时]沙伊姆·佩雷尔曼:《新修辞学》,陈林林译,载《浙江大学法律评论》(2003 年卷),中国社会科学出版社 2004 年版,第 69、71-72 页。

② 参见[英]史蒂芬·图尔敏:《论证的使用》,谢小庆、王丽译,北京语言大学出版社 2016 年版,导言第 2 页。

③ 参见[英]史蒂芬·图尔敏:《论证的使用》,谢小庆、王丽译,北京语言大学出版社 2016 年版,第 86-89 页。由于国内关于图尔敏论证理论的研究与译著存在着术语翻译不统一的现象,为统一表述,本书所采用的术语全部源于谢小庆、王丽的图尔敏著作译本。

可以用图 5-1 表示：①

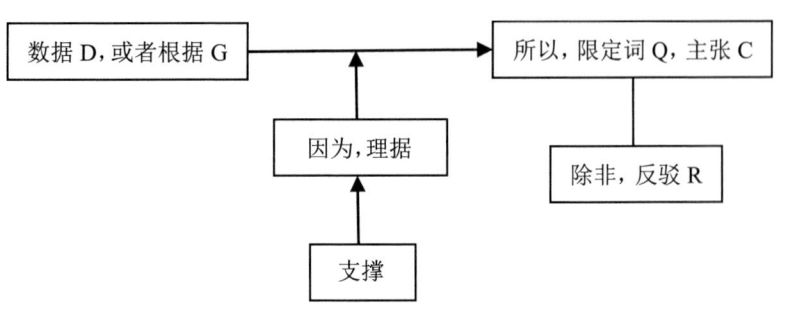

图 5-1　图尔敏的论证模型

（本图来源：宋旭光：《理由、推理与合理性——图尔敏的论证理论》，中国政
法大学出版社 2015 年版，第 109 页。引用时按照本书术语和用法做了修改。）

不难发现，图尔敏的论证模型以主张或结论（C）为核心，进而引入数据（D）和理据（W），它们构成了整个论证模型的主要构件；而支撑（B）、限定词（Q）、反驳（R）等要素则是对相应内容进行的补充。而且，这些要素都是在证实特称命题的基础上被提出的，因此整个论证模型都是以不完全推理为基调。值得一提的是，雷蒙德·莱特受到图尔敏论证模型的启发，在 1980 年提出了"缺省逻辑"（default logic）的概念，它表示有缺省假定的推理的非单调逻辑，亦即可以表达像"缺省的，某个事物为真"的事实。一般而言，形式逻辑只能简单表达某一事物为真或为假，例如"鸟会飞"就代表着"所有鸟都会飞"；"鱼是卵生动物"就代表着"所有的鱼都是卵生动物"。但推理通常会涉及多数为真但不总是真的推理，例如当清楚鸵鸟不会飞之后，"鸟会飞"的表述就需要相应修改为"鸟通常会飞"，亦即可以表述为"除了鸵鸟，所有的鸟都会飞"。以此类推，准确的表述就是"除了鸵鸟……等之外的所有鸟都会飞"，这就要求规则有预留空间给例外情况，但不要求可以穷举这些例外情况。缺省逻辑就是应对这种情况而产生的推理。总而言之，缺省逻辑将单调逻辑中的前件与后

---

① 这里的"根据 G"（ground）是图尔敏在其后来的研究中取代"数据"（D）的新表述。参见宋旭光：《理由、推理与合理性——图尔敏的论证理论》，中国政法大学出版社 2015 年版，第 109 页，注释 1。

件改造为假定命令的合式公式,并将涵摄改造为论证先决条件与证成理由之间的逻辑关系,从而使推理的真值推论转变为说明逻辑后承的合理性。[1]

进言之,图尔敏的论证模型说明了如何利用事实和规范两个层面的理由来证立某一项论题:除主张(C)之外的其他因素都可以成为导出主张的直接或间接理由,且直接依据即数据(D)和根据(G)都需要依赖于理据(W)和支撑(B),并需要避免遭受反驳(R)。还需要说明的是,支撑(B)通常是规则等具有程度、范围或假定条件限制的事实性陈述,因而具有多变性和领域依存性特征。[2] 例如判定某甲酒驾的理据(W)是"一杯红酒的酒精浓度通常能够达到酒驾标准"这样一个经验法则,而理据的支撑(B)则可能是"饮酒驾车是指车辆驾驶人员血液中的酒精含量大于或者等于20mg/100ml,小于80mg/100ml 的驾驶行为"这样一个规范,还可能是"《车辆驾驶人员血液、呼气酒精含量阈值与检验》(GB19522—醉酒驾车的测试2004)当中规定'饮酒驾车是指车辆驾驶人员血液中的酒精含量大于或者等于20mg/100ml,小于80mg/100ml 的驾驶行为'。"这样一个事实。除此之外,支撑(B)也可以是"存在着这样一个规定或法律"的客观事实。理据(W)则一般体现为支撑(B)所在领域下的经验法则,并因此具备承上启下的功能:它一方面依赖于支撑(B)而获得效力,另一方面又证明数据(D)和主张或结论(C)之间具有因果关系。

在此意义上,图尔敏的论证模型充分揭示了逻辑三段论在论证中的缺陷。具言之,逻辑三段论之所以成为形式逻辑的典范,是因为它的效力来源是三段论的形式结构即形式有效性,而非大前提或小前提的具体内容。也正是如此,通说认为,逻辑三段论的大前提是非真非假的、规范性的全称命题,小前提必须是确证的事实,而结论则相应地成为与大前提有关的应然判断。但是,图尔敏的论证模型是以小前提即具体的事实为论证起点的,它不能完全依赖于逻辑三段论的形式有效性来导出结论。事实上,图尔敏的论证模型也只是把逻辑三段论作为"说明"论证有效的结

---

[1] See Raymond Reiter, *A Logic for Default Reasoning*, 13 Artificial intelligence 81, 81–132 (1980).

[2] 参见[英]史蒂芬·图尔敏:《论证的使用》,谢小庆、王丽译,北京语言大学出版社2016年版,第91页。

构,而未曾把证立结论的希望寄托在此种形式结构上。在这个意义上,大前提仅仅意味着论述有力,而不是说明其内容为真。

一旦循此种思路理解逻辑三段论,也就完成了对它的祛魅。此时,除了按照证成主张或结论(C)有效性的思路来改造逻辑三段论外,还要基于论证的不完全推理特性,从事实而非规范的角度来理解大前提,并按照对论证领域是否具有依存性为标准,进一步把证明结论有效的大前提拆分为适配于论证过程的理据(W)和支撑(B)。具体地,由于论证以主张或结论(C)为核心,因此主张或结论(C)、数据(D)以及证实它们之间存在因果关系理据(W)将成为推论的焦点。此举把原来的大前提降格为一种事实性陈述,它不再具有全称命题(严格地说是"普遍前提")的属性,并需要接受真值的检验。这就为特称命题充当理据(W)创造了条件。

可见,因为论证在一定程度上体现为以论点和论据的实质真实性为基础的不完全推理,所以逻辑三段论的形式有效性机制就需要被彻底否定。毋宁说,严格意义上的逻辑三段论只是论证的一种特殊形式即"分析性论证"(analytical arguments),此时支撑(B)包含着理据(W)的全部信息,或者说理据(W)是支撑(B)的真子集。而基于日常经验逻辑所导出的多数逻辑论证,都是与之相左的"实质性论证"(substantial arguments)。[1]

有关"分析性论证"和"实质性论证"的区分表明,参与论证的事实只需要有充足的理据支持它们证明相应的主张,而不要求这些事实能够具有普遍的意义,因为有关的主张并不必然包含在参与论证的事实之中。本质地,这种实质性论证代表着在日常生活实践中被广泛使用的实践论证,是一种工作逻辑或操作性逻辑。它在以下三个方面有别于以形式逻辑为代表的理想化逻辑:第一,在判断论证的正确性、合理性、严谨性或说服力的问题上,实践论证体现领域依存性,而形式逻辑体现领域不变性;第二,在回应"可能性"或"必要性"等限定语(Q)的问题上,实践论证通过领域依赖的方法来应对,而形式逻辑仍然坚持领域不变特征;第三,在界定"演绎"的概念时,实践论证认为凡使用理据的论证都可称为"演

―――――――――

[1] 参见[英]史蒂芬·图尔敏:《论证的使用》,谢小庆、王丽译,北京语言大学出版社 2016年版,第 109 页。

绎",而形式逻辑只认定分析性论证可被称为"演绎"。①

就此而言,图尔敏的论证理论从事实和特殊性的角度来说明:作为待证事实的主张或结论(C)——也就是论题构成了论证的核心内容,它的证立依赖于数据(D)、理据(W)、支撑(B)等相关要素。从另一个角度也可以说明,理据(W)、支撑(B)是支持数据(D)导出最终主张或结论(C)的充足理由。② 是故,这一论证模式"争议的不是三段论逻辑上的正确性,而是其揭示论证结构的适合性"③,也就是关注的是如何借助理由来证明某个论点和改善某个论证的过程。而且在一定程度上,理据(W)具有穿越领域的意涵,因为它在论证中扮演着勾连领域依赖的数据(D)、主张/结论(C)和领域独立的支撑(B)的论证装置。不妨在此作进一步理解:在实践推理中,如果说数据(D)是得出主张或结论(C)的充足理由,那么理据(W)就是二阶的理由,它使得数据(D)得以成为"充足理由"(sufficient reasons)。在这里,所谓的"充足理由"和"二阶理由"都受到实践论证的领域依存性影响,因此这些理由是情境化的;又因为实质论证之下的主张证立活动依赖于各方合意,因此论证的过程及其要素都是主观化的。

在这里,注重实践推理、主张情境化论证、论证各方对论证的同意或接受,正好构成了修辞学的三个基本立场。不过,由于图尔敏在提出他的论证模型时未曾打开修辞学的知识地图,导致他并未注重他的论证模型与修辞学传统的关系。而且从"论题"的角度来看,尽管"论题"的概念可以成为概括复数的主张或结论(C)的词汇,但出于对具象化的图尔敏最终也并未在他的论证模型中引入这一术语,即使他的研究实际上已经从对话或论辩的角度触及到了修辞学传统与论题概念。因此可以认为,图尔敏的论证模型是"论题"概念在现代论证理论中复兴的先声,并同时说

---

① 参见宋旭光:《理由、推理与合理性——图尔敏的论证理论》,中国政法大学出版社 2015 年版,第 121 页。

② 参见[德]罗伯特·阿列克西:《法律论证理论——作为法律证立理论的理性论辩理论》,舒国滢译,中国法制出版社 2002 年版,第 101 页。

③ [德]乌尔弗里德·诺伊曼:《法律论证学》,张青波译,法律出版社 2014 年版,第 27 页。也正是在此意义上,乌尔弗里德·诺伊曼认为图尔敏的论证模型可以被称为"逻辑",但却不能称为"演绎"。这从侧面反映了图尔敏对于"演绎"的界定似乎未能获得学界的广泛认可。

明了充足理由在论证当中的重要意义。

二、"新修辞学"：议论和"论题"的复兴

如果说在事关论题的获取与充足理由的关系问题上，图尔敏的论证模型是从对话本身的角度来加以回应，那么佩雷尔曼的新修辞学则是转而从对话者的言语行为、话语实践、价值判断、行为选择的视角来回答该问题。

佩雷尔曼的"新修辞学"的问题意识始于对弗雷格现代逻辑理论的系统性反思。他发现，现代逻辑理论无法从正义原则的分析中终极地解决价值判断的问题。而且，与价值判断有关的行为选择与决策问题不仅关涉语言行为，还更多地指向言说者的思想和心智，这些要素与修辞学传统密切相关。是故，佩雷尔曼转而从修辞学的角度，试图从文本和言语行为中探寻与行为有关的价值判断问题，进而分析人们如何合理地进行选择和决策。①

"新修辞学"从古典修辞学中重新发掘了"听众"的概念，并以此作为新修辞学的核心概念。进而，以"听众"是否"说服"（persuade）或"信服"（convince）概念为核心，新修辞学区分了合理（reasonableness）与理性（rationality）、作为论证前提的实在的（real）共识（包括事实、真理和假定）与偏好的（preferable）共识（包括价值、位阶、论题），并进而从中得出不同听众取得共识的具体要求。② 这一点表明，新修辞学侧重的是论证的实质性内容，它将论证行为和与之相关的评价问题都纳入了实践理性的范畴。

"新修辞学"的"新"在于：第一，它在理论上使修辞学从辩证法中区分开来。亚里士多德在《工具论》中是同时运用修辞学和辩证法来处理有关或然性命题的证立问题，但它们处理的领域有所不同：辩证法回应的是有关论证领域的观念的变化与发展问题，也就是在论证过程中某一特

---

① 参见廖义铭：《佩雷尔曼之新修辞学》，唐山出版社 1997 年版，第 24—28 页；[德] 乌尔弗里德·诺伊曼：《法律论证学》，张青波译，法律出版社 2014 年版，第 75—76 页。

② See Chaïm Perelman & Loucie Olbrechts - Tyteca, *The New Rhetoric*：*A Treatise on Argumentation*, trans. by John Wilkinson & Purcell Weaver, University of Notre Dame Press, 1971, p. 42-44, 66.

定观念在外在视角下的变迁；而修辞学回应的是听众有关论题的认同程度和内心确信的强度变化问题，是内在视角下的观念强度变化问题。[1]而且，随着黑格尔对辩证法的改造，辩证法与修辞学的内涵差异性早不可同日而语。故为突出论证朝向听众内心强度的面向，佩雷尔曼将原本与辩证法密切关系的修辞学单独提出，使之成为可以包含辩证法之意涵的"新修辞学"。

第二，新修辞学对修辞学的"听众"概念进行了扩大化和抽象化处理。首先，佩雷尔曼基于论证和修辞所欲达成的之目的，而将"听众"界定为"言说者希望通过他的辩论来影响的人的集合"[2]。基于这个定义，听众具有两个基本特征：其一，"多元性"。这是从言说者的主观角度来界定的，亦即言说者根据其言说和论证的旨趣来区分出不同的听众。当然，听众本身也是携带着自己的价值理解参与论证的，因此听众是否属于不特定群体与修辞本身并没有直接关系，尽管与修辞学有关的论证过程必须关注听众自身的多元性问题。其二，听众与其自身所处之环境有着密切联系。[3]

其次，有别于亚里士多德根据听众的差异来区分对话类型，佩雷尔曼继续从言说者的角度出发，针对他所希望影响的听众的不同而区分为"普遍听众"（the universal audience）、"单一听众"（the single interlocutor 或 hearer）、"自我听众"（the subject himself）三类。[4]

"普遍听众"没有一个明确的定义，[5]它只是在与抽象的普遍价值或

---

[1] See Chaïm Perelman & Loucie Olbrechts－Tyteca, *The New Rhetoric：A Treatise on Argumentation*, trans. by John Wilkinson & Purcell Weaver, University of Notre Dame Press, 1971, p. 5-8

[2] Chaïm Perelman & Loucie Olbrechts－Tyteca, *The New Rhetoric：A Treatise on Argumentation*, trans. by John Wilkinson & Purcell Weaver, University of Notre Dame Press, 1971, p. 19.

[3] See Chaïm Perelman & Loucie Olbrechts－Tyteca, *The New Rhetoric：A Treatise on Argumentation*, trans. by John Wilkinson & Purcell Weaver, University of Notre Dame Press, 1971, p. 21-23.

[4] See Chaïm Perelman & Loucie Olbrechts－Tyteca, *The New Rhetoric：A Treatise on Argumentation*, trans. by John Wilkinson & Purcell Weaver, University of Notre Dame Press, 1971, p. 30-31.

[5] 有关"普遍听众"的定义争论。参见廖义铭：《佩雷尔曼之新修辞学》，唐山出版社 1997 年版，第 368-385 页。

者抽象的群体(例如"全人类")之连结中显示自身,且"普遍听众"只是在不同个体或不同文化都可以自其周围的群体中建构出一个超越于他自认为的反对意见的普遍听众。① 基于这种情况,佩雷尔曼认为,使普遍听众信服的关键在于言说内容具有不言而喻和超越时间的绝对的有效性,并独立于地方性和历史性认知。换句话说,逻辑的证明(logical proof)就是最为普遍听众所信服的修辞。② 这也是证成论证之理性的不二法门。③ 是故,"普遍听众"的概念有两个实益:第一,形式逻辑也是修辞的一部分,这是因为佩雷尔曼仅仅反对笛卡尔主义和形式逻辑的垄断地位,而不是反对形式逻辑本身;④第二,由于有针对"普遍听众"才有信服的可能,而针对"特定听众"就只能"说服",故"信服"与"说服"得以区分,并进而令"具有实效的论述"和"有效的论述"相区分。⑤

"单一听众"是针对个别的听众而言的,它既包括特定时空下的特定的聆听者(hearer),也包括写作者(writer)所面对的相对不特定的言说对象,因此可以区分为"文字对话"(written dialogue)和"口头对话"(spoken dialogue)。有关单一听众的论证是一种真诚、不回避自身短处的讨论,旨在客观平等而无偏见地寻求双方均可接受的结论,因此有别于各自捍卫和辩护各自立场的辩论(debate)。⑥

"自我听众"是指个人接受其自身的见解,这一概念表示言说者自身

---

① 后来,佩雷尔曼澄清,"普遍听众"的提法更多地是促使修辞学与纯粹诉诸感性的语言相切割,而使自身立足于全体人类所共享的普遍价值之上。See Chaïm Perelman, *The New Rhetoric and the Rhetoricians: Remembrances and Comments*, 70 Quarterly Journal of Speech 188, 194 (1984).

② See Chaïm Perelman & Loucie Olbrechts - Tyteca, *The New Rhetoric: A Treatise on Argumentation*, trans. by John Wilkinson & Purcell Weaver, University of Notre Dame Press, 1971, p. 32.

③ 参见[德]乌尔弗里德·诺伊曼:《法律论证学》,张青波译,法律出版社 2014 年版,第 78 页。

④ See Chaïm Perelman & Loucie Olbrechts - Tyteca, *The New Rhetoric: A Treatise on Argumentation*, trans. by John Wilkinson & Purcell Weaver, University of Notre Dame Press, 1971, p. 33.

⑤ 参见[德]乌尔弗里德·诺伊曼:《法律论证学》,张青波译,法律出版社 2014 年版,第 77-78 页。

⑥ See Chaïm Perelman & Loucie Olbrechts - Tyteca, *The New Rhetoric: A Treatise on Argumentation*, trans. by John Wilkinson & Purcell Weaver, University of Notre Dame Press, 1971, p. 37.

要受到自我立场之约束,主要用来建构为言说者的自我慎思(self-deliberating)。这种自我慎思乃是论证得以成功的基础,因为只有当言说者能够用同样的逻辑和推论来说服自己时,他才有资格、也有能力用同样的逻辑和推论去说服他人。①

对法学而言,新修辞学除了能够在技术层面强化诉讼程序中事实认定与心证公开的说理(justification),以及促使法学更好回应因法律的模糊性与价值判断而导致的一系列评价和解释问题外,②更为重要的是将有关价值判断、价值位阶和有关价值与位阶之综合的"论题"概念引入法学论证的领域。

我们清楚,新修辞学将推理前提的充分性建立在前提自身的真实性(所谓"真实性知识")和人们的普遍接受和信赖(所谓"偏好性知识")的综合之上,且将这些论证的修辞学起点命名为"论题"[Topic(s)]。③ 具体来说,在古典修辞学当中,"论题"可以被认为是经过分类之后的论点的总标题或者是资料的汇编,它的意义在于使人们在论辩时能够更加快速地找到支撑某一观点的各类论据。而在"新修辞学"当中,佩雷尔曼更注重能够被任意听众重视并获得普遍适用的一般性前提即"共同论题",这些问题大多与纯形式的范畴或基础性的价值判断有关。④ 是故在修辞学眼中,法律论证的前提是"论题取向"(topoi-oriented)而非"公理取向"(axiom-oriented)。

至此可以明确:修辞学对法律论证的贡献,除了为与价值判断有关的"评价法学"确立理论基础外,更为重要、也更加根本的是重新发现了"论题"的概念,并将其引入了法学之中。

---

① See Descartes, *Preface to the Reader*, in Meditations on the First Philosophy, GBWW, vol. 31, p. 72. quoted in Chaïm Perelman & Loucie Olbrechts-Tyteca, *The New Rhetoric: A Treatise on Argumentation*, trans. by John Wilkinson & Purcell Weaver, University of Notre Dame Press, 1971, p. 40.

② 有关疑难案件(hard case)的讨论说明,法律的模糊性和令人烦恼的价值判断问题都令一种以实质内容为导向的评价法学和与之相关的法律论证理论成为可能,此时是难以纯粹使用形式推理的。See Chaïm Perelman, *Justice, Law, and Argument: Essays on Moral and Legal Reasoning*. Springer Netherlands, 1980, p. 139-140.

③ See Chaïm Perelman, *Justice, Law, and Argument: Essays on Moral and Legal Reasoning*. Springer Netherlands, 1980, p. 83-85.

④ 参见廖义铭:《佩雷尔曼之新修辞学》,唐山出版社1997年版,第88-89页。

三、论题学法学与"论题"概念的深化

佩雷尔曼"新修辞学"的概念表明,修辞学传统能够更加清晰地揭示了法律日益活泼的实践面向,甚至促使人们转变对法律乃至法学本质的认识:法律不再被理解为是一门科学,而是关于"理解"的学问。这种有关法律的"理解"应当紧密贴合法律实践的现状,尊重现有的法律秩序,进而平衡法律的安定性和正义的关系。① 这就是法律作为一门实践学科的核心。也因此,它需要情境思维、合理性论证、言词论辩、结论的可接受性。其中,可争辩性是法律的基础特征,也是法律论证甚至是法治得以可能的前提认识。② 正是在这样的情况下,诸多的法律论证学说才"八仙过海、各显神通",从不同的现实关怀、论证起点和论证思路来展开各自论述,使法律成为"提问辩难"(Quaestio)之学。③

据此思路,图尔敏的论证模型关注的是论证的主张如何以论辩的形式来给出正当化说明,"新修辞学"关注的是听众的主观感受和认知在证立论证结论当中的意义,而菲韦格有关论题的研究,则试图直面有待争辩并因争辩而证立的论证主张,并给出相应的论证方案。④ 有学者将这一理论作业界定为"论题学法学"(Topische Jurisprudenz),也就是研究论题或"论题目录"的学问。所谓"论题目录"或者说"论目",就是按照不同的论证格式来归类论证材料并形成"论点位子的纲目",且"论图目录分得越细,可供选用的论证材料就越多,列举的事例就越接近论题,论证就越

---

① 在 2018 年的"昆山反杀案"(于海明正当防卫案)中,法律的这种实践面向和"理解"的意涵被得到充分的讨论。刑法教义学事实上也在自觉或不自觉地体现着此种意涵,甚至说,法律教义学表明法律的实践面向与现实生活之间的辩证关系:一方面,法律需要某种逻辑乃至科学化的推论思维和方法,另一方面也时刻处理价值判断的问题。参见冯军:《昆山砍人案的冷思考,打捞那些被忽略的细节》,载微信公众号"法律与生活杂志"2018 年 9 月 15 日。

② 参见[英]尼尔·麦考密克:《修辞与法治——一种法律推理理论》,程朝阳、孙光宁译,程朝阳审校,北京大学出版社 2014 年版,第二章"法治与法律的可争辩性"。

③ 参见舒国滢:《法学的论题学立场》,载[德]特奥多尔·菲韦格:《论题学与法学——论法学的基础研究》,舒国滢译,法律出版社 2012 年版,第 18 页。

④ 参见张青波:《理性实践法律——当代德国的法之适用理论》,法律出版社 2012 年版,第 96-112 页。

显得自然而有说服力".①

　　具言之,论题学具有三项重要特征:一是论题学是自修辞学分出;二是论题学较之于修辞学更能适应于论证活动;三是论题学是问题导向的实践技艺。② 在这三项特征当中,"问题思维"是论题学作为一种思维或者作为技艺的关键。按菲韦格对亚里士多德有关论题学的分析,论题学的这种"问题思维"源于固有且举足轻重的"问题"概念。首先,问题根植于作为"理解关联结构"的"生活"之中,论题学因而被认为是"在每一生活情境中展现推荐或劝阻某个步骤之理由的技艺"。③ 其次,亚里士多德的"疑难(困局)工作方式"(aporetische Arbeitsweise)表述说明,由于"问题情境"不可消除,故必然存在将人们从中解救出来的"论题"。而且,"疑难(困局)工作方式"或"疑难(困局)思维方式"(aporetische Denkweise)与"体系思维方式"(systematische Denkweise)相对立,后者因仅仅负责筛选出符合它们逻辑的论证问题(尤其是演绎的体系思维)而无法更加全面多元地呈现出问题与答案的全部面貌,而前者则是要求,不同的体系所开放出的问题之解释必须经过相互问答和证明的方式才能得以证立。④ 因此,不同的"问题"将导出不同的体系,令体系获得多元化的同时不改变问题的性质,而且更能体现问题与体系之间存在的"实质交错关系"。具言之,如果"问题界定为允许表面上看起来有不止一个答案的任一提问,如果我们必须以某个暂时的理解作为前提,即我们把任何一个

――――――――――

　　① 参见舒国滢:《法学的论题学立场》,载[德]特奥多尔·菲韦格:《论题学与法学——论法学的基础研究》,舒国滢译,法律出版社 2012 年版,第 19-20 页。

　　② 参见舒国滢:《法学的论题学立场》,载[德]特奥多尔·菲韦格:《论题学与法学——论法学的基础研究》,舒国滢译,法律出版社 2012 年版,第 27 页。

　　③ 参见[德]特奥多尔·菲韦格:《论题学与法学——论法学的基础研究》,舒国滢译,法律出版社 2012 年版,第 28-30 页。

　　④ 亚里士多德在其《形而上学》的第 3 卷中提到了有关"疑难"的研究。参见[古希腊]亚里士多德:《形而上学》,苗力田译,中国人民大学出版社 2003 年版,第 37-57 页,尤其是 45 页(边码 998a, 20)以下。菲韦格据此认为,所谓的"疑难"是指"不可消除的问题情境",或者说是"没有问题,没有答案的情境"因此这种"疑难(困局)工作方式"是指"引导人们在此情境中如何应对,而不使自己陷入不可拯救的地步"。参见[德]特奥多尔·菲韦格:《论题学与法学——论法学的基础研究》,舒国滢译,法律出版社 2012 年版,第 27 页。此外,译者舒国滢在该页的注释中指出,菲韦格所提出的"疑难(困局)工作方式"表述源于尼克莱·哈特曼的"疑难(困局)思维方式"与"体系思维方式"。如果这一分析是准确的,那就意味着菲韦格事实上沿用的是亚里士多德而非康德的哲学进路,否则他是不会用思辨问题的区分来直接对应和处理实践问题。

提问无论如何看作必须认真对待的提问,那么这个时候,我们就会寻求某个答案作为解答方案"。此时,这样一个问题与寻求答案的过程就需要被放入"一种预先确定的、多少有些明确、多少有些广泛的演绎推导关联结构当中"。这里的"演绎推导关联结构"(Albeitungszusammenhang)就被称为"体系",所以此处的问答过程实际上就是要针对有关问题的答案归属于某一特定的体系。此时,有关问答过程的思考就会转变为"问题"与"答案"的关系问题,言外之意就是,由于问题和体系都是显明的,那么问题就只能是:或者通过问题来判断和选择答案所在的体系,或者通过体系来确认问题在多大程度上以及以何种形式存在着。它们的差异在于:如果将研究重心放在体系上,那么体系的逻辑推导活动将排除与之不相适应的问题,换句话说就是体系确定问题;如果将重心放在问题上,也就是寻找能够可以最好获得问题的体系,那么任何一个问题都需要从复数的体系中获得不同的答案,从中找到最为合适的答案,并可以促成体系的多元化。这种情况进一步强化了以下的根本性假设,那就是"疑难(困局)思维方式"包含在一个本身不可把握且始终处于有待确定的秩序之中,且不论该秩序将如何在思想形成。进而,论题学被"疑难(困局)思维方式"区分为"一阶论题学"(Topik erster Stufe)与"二阶论题学"(Topik zweiter Stufe)。所谓"一阶论题学"关涉问题的求证全过程,它既包括试验性求证亦即随机选取求证思路和依据来推出可能的论证前提,也包括精确求证亦即由主导性观点(即论题)掌控论证过程。所谓"二阶论题学",就是支撑"一阶论题学"的求证活动所需的"观点汇编"或"论题目录"。也正是在这基础上,西塞罗进一步促进了论题学在法律实践上的应用。同时,"论题目录"的存在也表明,与论题学有关的"理解关联结构"将不是从演绎而是从问题出发的。① 这也符合论题学植根于"生活情境"的内涵。

综合上述分析,可以明确:论题学是一门问题导向的、寻找和确认论题的学问,它既可以被用来处理普遍的思辨性论题(如亚里士多德),也可以处理特定领域的实践性论题(如西塞罗)。因此,论题学实际上是有

---

① 参见[德]特奥多尔·菲韦格:《论题学与法学——论法学的基础研究》,舒国滢译,法律出版社 2012 年版,第 28—31、34 页。

关论证过程中给定的具有实质意义的命题,它包括两个方面的内容:第一,某些价值判断。佩雷尔曼曾对量、质、排序、存在、本质的论题展开分析,例如"量的论题"是指基于数量之优胜(例如为多数人所接受)而认为某一事物优于其他事物的论题,它使"多次发生的"视为"正常的"(normal),并进而将"正常的"视为"规范"(norm);"质的命题"则一般认为基于论题之独特性而优于其他命题。排序的论题则如"原则优于规则""目的优于手段";等等。① 第二,某些具体的论争焦点或论证原则,它适应"规则(原理)法学"(Regularjurisprudenz)时代的司法活动,例如表5-1所示的《学说汇纂》中的一些论题:

表 5-1 《学说汇纂》的部分法律论题

序号	法律论题	主题	出处
1	加图规则(Regula Catoniana)	遗赠无效	《学说汇纂》第 30 编第 41 章第 2 节(D30, 41,2)
2	"法可以不来自规则,但规则必须来自实在的法"	法与规则关系	《学说汇纂》第 50 编第 17 章第 11 节(D50, 17,1)
3	"根据本性,任何物之利益所属者,亦其不利所属者"	有关物上负担	《学说汇纂》第 50 编第 17 章第 10 节(D50, 17,10)
4	"更有保证者在物,而不在人"	物之保证的优先性	《学说汇纂》第 50 编第 17 章第 25 节(D50, 17, 25)
5	"某物自始有瑕疵,不得因为时间经过而有效"	不能通过时效补救的自始无效	《学说汇纂》第 50 编第 17 章第 29 节(D50, 17, 29)
6	"任何人不得将大于其自己所拥有的权利转让他人"	转移大于自己所拥有权利之不能	《学说汇纂》第 50 编第 17 章第 54 节(D50, 17, 54)
7	"凡存在多者之可能处,也存在少者之可能"	多者恒包含少者	《学说汇纂》第 50 编第 17 章第 110 节(D50, 17, 110)

(表格内容摘录自[德]特奥多尔·菲韦格:《论题学与法学——论法学的基础研究》,舒国滢译,法律出版社 2012 年版,第 55-57 页。)

---

① 参见廖义铭:《佩雷尔曼之新修辞学》,唐山出版社 1997 年版,第 90-91 页。

菲韦格还进一步说明:即使在现代法学已经被公理化(即"法律科学"),论题学的法学基础已经隐退的情况下,论题学仍然能够在以下四个方面发挥积极作用:第一,论题学能够协调法律冲突,促进法学发展;第二,论题学能够解释法律的适用困难;第三,论题学能够与法律所使用的日常语言相联系,缓和法律的模糊性;第四,论题学与法律的客观目的论解释有着密切关系。[①] Gerhard Struck 就曾经开列一篇论题目录,共计 64 个论题,如表 5-2 所示:

表 5-2　Gerhard Struck 的法律论题学目录

编号	法律论题的内容	编号	法律论题的内容
1	后法废止前法	19	所有者复旦事故的损害
2	特别法优于一般法	20	因果对应的税负分配原则
3	对于例外必须严格解释	21	先占者有优先权
4	既定判决的内容必须视为真实	22	平等
5	法务官不拘泥琐事	23	过失者承担后果责任
6	审判不超出诉求	24	不保护协助造成有责损害者的利益
7	应该对等听取反方意见	25	沉默不能带来任何义务
8	任何人不得成为自己诉讼的法官	26	意志独立
9	疑点有利于被告	27	无罪推定
10	孤证等于无证	28	禁止反言
11	不可仅凭怀疑定案	29	履行注意义务者受法律保护
12	不当得利必须返还	30	意思表示高于目的和愿望
13	补偿损失	31	意思决定权利的条件和诚信判断
14	有疑则平分	32	法律由制裁担保
15	无法分割时抽签决定	33	禁止仅以损人为目的而行使权利
16	任何人不得向他人转让非己权利	34	斗争手段不可有违目的
17	禁止缔结让第三者负责的契约	35	有权者不得排除其他共同权利者
18	为友者亦可为敌	36	日常判断必须符合标准

[①]　参见[德]特奥多尔·菲韦格:《论题学与法学——论法学的基础研究》,舒国滢译,法律出版社 2012 年版,第七章"论题学与公理学"。

续表

编号	法律论题的内容	编号	法律论题的内容
37	保护交易	51	禁止恣意
38	法律站在正义一方	52	权利丧失
39	信赖值得保护	53	不应做过分不当之要求
40	权利者对侵犯权利者不得让步	54	人难堪则法不求
41	妥当	55	不得承认没有界限的请求
42	均衡	56	滥用的风险
43	有义务采取危害最少的方法	57	目的性
44	行为必要则允许	58	利益
45	行为合乎时宜则允许	59	一般利益
46	在极端不幸的场合允许例外	60	保护社会
47	法律明定的就是适当的	61	经济的利益
48	可行性	62	秩序的原则
49	判断重在大局	63	法的安定性
50	不可为则无义务	64	案情清楚时诉讼程序简略化

（本表来源：Gerhard Struck, *Topische Jurisprudenz*：*Argument und Gemeinplatz in der juristischen Arbeit*；*Studie*, *Athenaum*, 1971, s. 20-34. 转引自季卫东：《人工智能时代的法律议论》，载《法学研究》2019 年第 6 期，第 40-41 页。）

以此来看，论题仍然普遍存在于现代的法学和法律体系当中，甚至完全可以这样认为：论题也就是使法律推论得以可能的论证前提。就整体的裁判过程而言，英美法在应用论题的程度和范围上似乎要强于大陆法系。论题的外观多种多样，例如原则（如信赖利益保护原则）、法谚（"法不强人所难"）、规则、法律制度的初始形态（例如美国刑法上有关共谋犯的"平克尔顿法则"）乃至某些涉及价值判断的关键词（如"利益""大局"）等。不过这些论题的共同特征是涉及普遍或具体的价值判断要求、提请法律职业人需要关注的法律理念或法律程序运行中的具体价值衡量。因此，不妨认为论题就是涉及价值判断的论争焦点或论证原则。

进言之，由于论题学处理有关论题的判定与归类问题，并致力于将这些为某论证主题所需的观点或论据成体系地汇编为"论题目录"，也由于它必然回应实质层面的问题，且有关处理论题的形式标准也是与实质判断联系密切的"妥当性标准",故论题学不能够被简化或还原为逻辑关系,否则就将割裂论题与问题之间的关系。不仅如此,在论题学的视野中,问题世界同样遵循着甚至是严格地遵循着熵增原理,故将论题的逻辑化努力也是徒劳的。

这些内容说明,论题学秉持一种有限逻辑的立场。首先,论题学虽然排斥逻辑的殖民主义,但并不否定逻辑在论题和论题目录中的功能。也就是说,论题学仅反对逻辑地"发现前提",但并不排斥逻辑地接受前提、应用前、得出结论,是故,论题学既允许在得出结论的环节中使用演绎的方法,又鼓励使用论理的说明方法例如类比推理、相似论证、反对解释、当然解释等来获取论证所需的前提。其次,论题学主张通过"解释"的方法来维持论题和论题目录与逻辑思维活动之间的相对固定状态,缓和论题目录的实质取向和思维活动的形式性要求之间的紧张关系。进言之,它们之间的紧张关系体现在以下两组矛盾:第一组矛盾是,思维活动具有使论题目录与论证过程形成固定逻辑联系的动机,但问题思维难以与固定联系长期兼容;第二组矛盾是,尽管问题思维难与固定的逻辑联系长期兼容,但论题学必须要借助论题目录来维持着论题与逻辑之间的稳定联系,也不排除在一定程度上将这种联系形式化(尽管也需要防止这种联系变得僵化)。此时,就需要借助"解释"来充当平衡二者的装置,它作为"一个片段论题学"(ein Stück Topik),能够为先前已经相对固定化的内容提供新的说法,包括"阐释""评释""诠释"三种类型。①

论题学对"解释"的理解表明,"解释"之所以能够平衡论题意义之理解与逻辑关联的,就是因为它可以在实质层面更新已经固定下来的意义关联,但在形式层面尽可能维持原有的内容和结构。而更新实质内容,就意味着这些内容一方面在论题的范围内,另一方面是这些内容都根本地源于各议论主体对它们的接受。在这一立场的延长线上,亚里士多德所说的"辩证"或"论证"(dialectic)就构成了解释所在的场合,所有可能获得解释的陈述都是或然性命题,都会因各方的接受而非依据逻辑而获得认定或确认,并产生论证的分量。"真正的洞见"也由此产生。

---

① 参见[德]特奥多尔·菲韦格:《论题学与法学——论法学的基础研究》,舒国滢译,法律出版社 2012 年版,第 35-42 页。

第二节　基于"论题—分析"型式的法律论证

由"论题"概念导出的图尔敏论证模型、佩雷尔曼"新修辞学"和菲韦格"论题学法学"的研究表明,法律结论的获取应当遵循论题导向的思路,同时要把逻辑三段论视为增强说明力度而非获取结论的方法。这两个特征彰显了法律论证"提出命题+证立命题"的公式,同时也为法律论证理论的理论构造奠定了基础。法律论证自此体现出以论题为导向,兼顾话语议论与逻辑三段论的"论题—分析"特色。一方面,在论题的指引下,各论证主体借助议论来导出具体的法律命题;另一方面,形式逻辑不再过问该法律命题以至论题的产生过程,而只负责证立该法律命题,此时形式逻辑在外观结构上成为证立裁判结论的理由。是故,修正逻辑三段论以适应法律论证的要求,就成为理论作业的第一个步骤。

一、逻辑三段论在法律论证当中的修正

由于法律论证不关心如何逻辑地获得结论,而只关心如何逻辑地说明获得结果的过程,因此法律论证就必须正视逻辑三段论的先天不足,并通过全称命题来证明单称命题的涵摄模式构成循环论证。[①] 此中道理不难明白:涵摄是将具体的事实(小前提)安置在大前提下来获取具体的判断,它是一个应然的规范判断;而法律论证本身是一个实然的事实重述,因此涵摄模式在法律论证当中只能说明全称命题在逻辑上包含单称命题,却不能够证立单称命题本身,因为它对单称命题的证立,要以单程命题已经被证立为前提。例如经典的"苏格拉底会死"这样一个单称命题,就是以"所有人都会死"(大前提)和"苏格拉底是人"(小前提)的涵摄来得出的。但是,只有当"苏格拉底会死"这个命题被"苏格拉底已经死了"这样一个事实所确证之后,"苏格拉底会死"的单称命题才能够被证立,也只有到这时才能说明"所有人都会死"这样一个前提是成立的。

---

① 参见[德]乌尔弗里德·诺伊曼:《法律论证学》,张青波译,法律出版社 2014 年版,第21-26 页。

这样的逻辑显然是循环论证。

这个理论澄清表明,逻辑三段论可以成为逻辑地说明获取结论的结构,但它本身不能被视为证立裁判结论或相关主张的过程。这种理解动摇了分析进路在法律获取程序中的基础性地位,却同时为逻辑三段论的复兴阐明了条件。首先,逻辑三段论只需要负责逻辑地说明如何利用某一前提来证成结论,即使该前提的确可以逻辑地获取特定结论。换言之,"逻辑三段论能够说明裁判结论"与"利用逻辑三段论能够获取裁判结论"在很大程度上可以被认为是必要不充分关系。它们的关系可以类比经典物理学中有关"重量"和"质量"的关系:前者是物体受到重力作用产生的;而后者是指含有多少物质,是物体的固有属性。当我们试图说明一个物体有多"重"的时候,实际上是通过测量它的重量来说明它的质量,但它们却并不是同一回事。其次,由于逻辑三段论假定前提必然为真,它并不真正关注前提的真假或真值问题。然而在实然的角度上,一个未经检验证实的前提将无法被用来证立一项理论主张,因此该前提被证实为真或者说证立该前提,是逻辑推论得以顺利进行的基础条件。①

至此,为了在法律论证中继续利用逻辑三段论来增强裁决的说服力,那么就需要说明论证所依赖的大前提和小前提在事实上为真。相应地,法律论证也就需要区分"逻辑推论前提(依据)之证立"与"逻辑推论过程之证立"。这种区分是法律论证理论的经典框架,与之相关的一系列法律论证难题也都围绕着上述两个面向而展开。罗伯特·阿列克西的"内部证成/外部证成",理查德·瓦瑟斯特罗姆所提出的"证立的程序/发现的程序",尼尔·麦考密克的"演绎证立/二阶证立"是较为经典的理论模型,并分别做出了相应的理论贡献。

不过在这里需要注意的是,即使法律论证理论做出了上述区分,也并不意味着逻辑三段论构筑了最终获取裁判结论的密闭空间。相反,在"逻辑推论过程之证立"程序,或者更具体地说,在"内部证成"(阿列克西)、"证立的程序"(瓦瑟斯特罗姆)、"演绎证立"(麦考密克)等步骤中,逻辑并不能纯然地实现自我运作,而必然同时伴随着与待证立命题相匹配的

—————————
① 参见[德]乌尔弗里德·诺伊曼:《法律论证学》,张青波译,法律出版社 2014 年版,第25页。

论题群。也就是说,实质取向的价值判断实际上渗透在法律论证的"推理推论过程之证立"程序中,即使这一程序在很大程度上能够通过形式化的逻辑符号来加以表述。这种理解一方面能够更加清晰地说明逻辑三段论在法律论证中的说明而非证立的本质,另一方面也能加深我们对于法律论证理论的"论题导向"和"论题—分析"模式的理解。与此同时,这种认识还表明:对法律论证理论而言,更为重要的因素并不是它为逻辑三段论的运作划定了场域,而在于它利用"论题导向"的特征来贯彻审判的商谈和议论本质。

总而言之:法律论证理论区分了"逻辑推论前提(依据)之证立"与"逻辑推论过程之证立"两个程序。其中,前者依赖于论题和议论,它直接反映论证的结果和论证所意图实现的目的。而后者尽管具备逻辑三段论的外观,但在本质上也体现出论题和议论导向,它不仅需要借助实质分析和价值判断来填充逻辑推导步骤之间的缝隙,且逻辑三段论的说明功能也反过来证实形式逻辑将作为议论工具而存在于法律论证中。

二、内部证成的逻辑化与议论本质

(一)阿列克西的内部证成模型

在法律论证理论中,阿列克西的内部证成的理论模型是最经典、形式化最高的,它试图发展出一套利用逻辑符号、公式、原则的方式来形式化法律论证的理论,并以此重塑有关法教义学的理论模型。简单地说,"内部证成"处理的是涵摄(subsumption)问题,[①]关注结论是否逻辑地从给定

---

① 大陆法系的法学方法以处理"涵摄"问题为核心,它是指"具体的生活事实(一个'案件')置于一般抽象的法律规定之下,按照该规定进行法律评价"。参见[奥]恩斯特·A. 克莱默:《法律方法论》,周万里译,法律出版社 2019 年版,第 2 页注释 4。有关"subsumption"的含义以及具体译法的介绍,可参见[德]卡尔·恩吉施:《法律思维导论》,郑永流译,法律出版社 2013 年版,第 60 页"译者注"。雷磊指出,"涵摄"概念有三种理解,最广义的涵摄指"确定生活事实与法律规范之间关系的思维过程";作为法律方法的涵摄,是指将具体的案件事实置于制定法的构成要件之下并得出相应的法律后果;狭义的涵摄指的是"具体待决案件与为制定法构成要件所确凿涵盖之案件之间的等置"。而涵摄的过程或曰"涵摄模式",是指其中的"作为法律方法的涵摄"。参见雷磊:《为涵摄模式辩护》,载《中外法学》2016 年第 5 期,第 1207 页。可见,涵摄模式体现的是演绎推理的逻辑三段论模式。此外,焦宝乾认为,外部证成与内部证成的区分并不是截然对立的,外部证成事实上可以从内部证成当中引申出来,这从侧面反映了涵摄问题与证立裁判依据之间在逻辑上存在的关系。参见焦宝乾:《内部证成与外部证成的区分》,载《浙江学刊》2009 年第 4 期,第 143-150 页。

的前提中推导出来。阿列克西给出了有关内部证成的两个规则:一是"欲证立法律判断,必须至少引入一个普遍性的规范";二是"法律判断必须至少从一个普遍性的规范连同其他命题逻辑地推导出来"。[①]

以此为基础,阿列克西更加依赖逻辑符号和公式来推进内部证成的逻辑性分析,并给出了理想化的涵摄模型:

(1) $(x)(Tx \rightarrow ORx)$

(1') $Ta \rightarrow ORa$

(2) Ta

(3) $ORa(1),(2)$

在这里定义:x 是有关商谈中作为商谈对象的变量;T 是"把一条规范的构成前提组合为上述类型质疑的个体的特征"的谓词,或者称之为将规范的事实前提概括为人格属性的复合谓词;R 是规范所涉及的主体所做之事的谓词;a 则是对有关事实或主体的特定描述。[②] 因此,(1)是针对规范的形式化表达,其表示对任意事实 x 来说,若 x 满足规范要件 T,都"应当"(用 O 表示)被赋予法律效果 Rx。(1')是指代"全消规则",也就是用代入特定常量 a 的方式消除不定的全称量词 x,(2)则是针对某项事实的形式化表达,表示 a 是 x 的一个特例。(3)是针对法律结果的应然判断,即 T 应当赋予 a 以 Ra 的法律后果。[③]

这一涵摄模型的确更加严谨地表达了假定条件 (x) 在规范 T 中的制度性意义,也更清晰说明了规范的应然色彩,但它只能表示一个简单的规范,并不能包容选择性构成要件、引证性规范、多后果规范、多义性规范概念等四个面向的内容,这四个面向的内容可以被归纳为"多义""模糊"

---

① 参见[德]罗伯特·阿列克西:《法律论证理论——作为法律证立理论的理性论辩理论》,舒国滢译,中国法制出版社 2002 年版,第 276 页。

② 参见[德]罗伯特·阿列克西:《法 理性 商谈——法哲学研究》,朱光、雷磊译,中国法制出版社 2011 年版,第 10 页。

③ 参见[德]罗伯特·阿列克西:《法律论证理论——作为法律证立理论的理性论辩论》,舒国滢译,中国法制出版社 2002 年版,第 13 页;雷磊《为涵摄模式辩护》,载《中外法学》2016 年第 5 期,第 1219 页。在拉伦茨那里,就已有利用逻辑符号来阐述法律推理的尝试。参见[德]卡尔·拉伦茨:《法学方法论》,陈爱娥译,商务印书馆 2003 年版,第 150 页。

"评价开放"三种语义空间。① 为了弥补这一困难,阿列克西提出了一个新的涵摄模型:②

（1）$(x)(Tx \rightarrow ORx)$

（2）$(x)(Mx \rightarrow Tx)$

（3）$(x)(Sx \rightarrow M^n x)$

（4）Sa

（5）ORa

其中,（3）（4）（5）一般被认为是内部证成的核心步骤。

（二）内部证成模型的形式逻辑分析

为了更好地说明阿列克西针对包含复杂构成要件的规范而提出的涵摄模型,在此以我国《刑法》第125条(非法制造、买卖、运输、邮寄、储存枪支、弹药、爆炸物罪)为例。首先,在该条文中,"非法制造、买卖、运输、邮寄、储存枪支、弹药、爆炸物"属于选择性构成要件,只要成立其中一项构成要件,就足以成立本罪,例如非法制造和邮寄枪支的,就构成"非法制造、邮寄枪支罪",并可以此类推。其次,"处三年以上十年以下有期徒刑;情节严重的,处十年以上有期徒刑、无期徒刑或者死刑"属于多后果规范,也就是按照具体的犯罪行为和罪责来判断处以何种刑罚。再次,"情节严重的"属于引证性规范,也就是需要引用其他规范来澄清此处的含义,例如需要借助《最高人民法院关于审理非法制造、买卖、运输枪支、弹药、爆炸物等刑事案件具体应用法律若干问题的解释》第2条"非法制造、买卖、运输、邮寄、储存枪支、弹药、爆炸物,具有下列情形之一的,属于刑法第一百二十五条第一款规定的'情节严重'"(以下从略)的规定来说明"情节严重"的内涵。最后,"枪支""弹药""爆炸物"这一概念就属于多义概念,需要借助法律解释方法或者借助其他规范性法律文件来明确其意义,例如通过该司法解释第1条的规定,"枪支"包含"军用枪支""以

---

① 参见[德]罗伯特·阿列克西:《法律论证理论——作为法律证立理论的理性论辩理论》,舒国滢译,中国法制出版社2002年版,第14-15、277页。

② 参见[德]罗伯特·阿列克西:《法律论证理论——作为法律证立理论的理性论辩理论》,舒国滢译,中国法制出版社2002年版,第16-17页。需要注意的是,此处的第二步(x) $(Mx \rightarrow Tx)$没有被阿列克西写入,但就整体逻辑来看,将这一步骤重新载入,会更加清晰。

火药为动力发射枪弹的非军用枪支""以压缩气体等为动力的其他非军用枪支"三类;"弹药"包括"军用子弹""气枪铅弹""其他非军用子弹""手榴弹"四类;"爆炸物"包括"爆炸装置""炸药""发射药""黑火药""烟火药""雷管""导火索""导爆索"等八类。

在此,令《刑法》第 125 条的构成要件表述为规范 T,它的构成要件"非法"记作 M_n^1,其余的"制造""买卖""运输""邮寄""储存""枪支""弹药""爆炸物"等客观行为的构成要件,按照顺序分别从 M_1^1 记到 M_8^1,则 T 可以表述为以下由 M_a^b 的表述模式所形成的集合:

(1) $T = \{M_n^1 \wedge (M_1^1 \vee M_2^1 \vee M_3^1 \vee \ldots \vee M_7^1 \vee M_8^1)\}$,且

(2) $(x)(Tx \to ORx)$,所以

(3) $(x)[(M_n^1 \wedge M_1^1 \vee M_2^1 \vee M_3^1 \vee \ldots \vee M_7^1 \vee M_8^1) \to ORx]$

假设某甲制造军用枪支一支和气枪三支,那么某甲首先符合非法制造枪支的构成要件,记为

(4) $(x)[M_n^1 \wedge M_1^1 \vee M_6^1 \to ORx]$

同时,根据上述司法解释第 1 条的规定,制造军用枪支一支以上或以压缩气体等为动力的其他非军用枪支二支以上的就可以构成本罪,因此,"军用枪支一支以上"和"以压缩气体等为动力的其他非军用枪支二支以上"的情节从属于本罪名中"枪支"的外延,故某甲在本案中制造相关枪支的行为可以记作 M_6^2。即

(5) $M_6^2 = M_1^1 \vee M_6^1$

同时,某甲持有的是非法制造枪支的故意,且明知非法制造枪支是违法犯罪行为仍然追求这一行为的实现,即持有直接故意,则其有责性可以记作

(6) $M_n^1 = M_{(M_1^1 \vee M_6^2 \vee M_6^3)}^1$

此时,就可以将某甲非法制造军用枪支一支和气枪三支的行为记作 M_6^3,即

(7) $M_6^3 = M_{(M_1^1 \vee M_6^2 \vee M_6^3)}^1 \vee M_6^2$

此时,某甲构成非法制造枪支罪。假设将这种符合某一构成要件的行为记作 S,则

(8) $S = M_6^3$

故某甲非法制造枪支的行为，就可以记作

（9）$(x) Sx = M_6^3 x$ 因此，有

（10）$Sa = M_6^3 a$

（11）ORa

上述过程明确，M_a^b 指代的是在复杂规范 T 中选择出与案件事实 x 有关的规范要件，亦即在 T 中与任意案件事实 x 有关的特征组合，不妨径自记作 M。因此，针对规范 T 的涵摄 Tx，可以记作 Mx，因而可以写作

$$(x)(Mx \to Tx)$$

在此基础上继续进行迭代，也就是令 M^1 为 x 按照构成要件的分析方法来不断推导出新的特定特征组合，并以此获取作为 M^1 存在的某特定特征组合 M^2。以此类推，则有：①

（1）$(x)(Tx \to ORx)$

（2）$(x)(M^1 x \to Tx)$

（3）$(x)(M^2 x \to M^1 x)$

（4）$(x)(M^3 x \to M^2 x)$

……

（n-1）$(x)(M^n x \to M^{(n-1)} x)$

至此，就可以获取针对任意事实 x 的任意特征组合 M^n，可以将 M^n 记作 S，用来表示此处的针对 x 的任意含义 M^n 恒成立的映射，亦即针对 M^n 恒成立的语义规则，记作

$$(x)(Sx \to M^n x)$$

进言之，如果要达到 $S \to M^n$ 的地步，就"需要尽可能多展开逻辑推导步骤，以使某些表达达到无人再争论的程度，即：它们完全切合有争议的案件"②。换句话说，只有当得出 $S \to M^n$ 之后，真正的形式推理才能登场。

（三）阿列克西内部证成模型的议论本质

据此而言，阿列克西有关内部证成的模型的确非常精致，也在相当程

———————

① 参见［德］罗伯特·阿列克西：《法律论证理论——作为法律证立理论的理性论辩理论》，舒国滢译，中国法制出版社 2002 年版，第 15–16 页。

② 参见［德］罗伯特·阿列克西：《法律论证理论——作为法律证立理论的理性论辩理论》，舒国滢译，中国法制出版社 2002 年版，第 282 页。

度上说明了内部证成是如何借助围绕构成要件而渐次展开的议论来获取法律上的共识。但就其议论本质,仍然有需要作进一步澄清。

首先,这一模式无法涵盖任意的复杂规范的复杂后果和事实构成。例如,我国《刑法》第 264 条(盗窃罪)中有关"处三年以下有期徒刑、拘役或者管制,并处或者单处罚金"的规定,就是一个复杂后果的构成要件,具体判处何种刑罚及其幅度,很难从纯粹的形式推理角度得知。又如,《刑法》第 20 条第 2 款有关防卫过当的规定中,针对防卫行为是否属于"明显超过必要限度"和"造成重大损害"的判定,是一个无法完全形式化的要件,这种条文的主要特征,就是在内部证成的涵摄过程中诉诸具体的事实和认知判断。这也是考夫曼对涵摄模式提出根本质疑和批判的重要原因之一。①

其次,内部证成的涵摄模型提出了自己的申辩。它认为内部证成及其所主要依赖的涵摄方法,其目的在于彻底地澄清任意事实 x 与规范要件 T 之间的关系,而这一关系是通过指向 x 的要素组合 M_a^b 来中介的。阿列克西认为,在涵摄的过程中,这一中介过程不能直接从制定法中引申出来,而需要通过要素组合 M_a^b 的充分迭代来实现,这一过程有的可以从其他规范中直接获取,有的则需要通过法律发现的方式来获得。② 而且,就涵摄而言,真正发挥作用的是对任意事实 x 都成立的要件组合 S,而不是规范 T;尽管 S 可以被称为"初始规范",但它并不一定是一个实在法规范,而需要通过逻辑推演来获取。换句话说,获取 S 的过程是一个充分显现实在法潜藏信息的过程,这是由外部证成来实现的。至于获取 S 的过程本身及其形式化表达,不过是这些信息充分展示的结果。

再次,内部证成的这种形式化推演过程所存在的另一个问题,就是它侧重从规范的层面来展开推理,因此弱于回应事实与规范之间的互动,也就是难以"在事实和规范之间往返观照"。对此,阿列克西认为,这样一个往返关照的过程是存在的,但从属于外部证成的环节;内部证成是该往返观照过程所最终确定的结果,表明内部证成"不是要求复制作出裁判

---

① 参见[德]阿图尔·考夫曼:《法律获取的程序——一种理性分析》,雷磊译,中国政法大学出版社 2015 年版,第 1~12 页。

② 参见[德]罗伯特·阿列克西:《法律论证理论——作为法律证立理论的理性论辩理论》,舒国滢译,中国法制出版社 2002 年版,第 283 页。

(决定)者之实际进行思考的过程"①。这恰好与瓦瑟斯特罗姆和麦考密克区分法律发现过程和法律证立过程的做法不谋而合。

最后,内部证成将原本普遍认为由其管辖的两个内容划归到了外部证成的范畴,一个是涵摄中所需要的充足理由及其论证过程,内部证成认为这些理由的发现及其达到充足论证的过程性内容,都属于外部证成的范畴,内部证成只需要根据充足理由论证的结果进行涵摄。另一个则是事实与规范的往返观照的过程,内部证成也同样排除了这一过程,而只承认事实与规范的互动结果可用于内部证成。也因此,有学者认为,裁判的思维步骤应该是处理事实、提出案件问题、寻找规范、分析事实构成、构建大前提、涵摄、作出结论。只有最后两步才属于内部证成,而前面的内容都属于外部证成。②

这一立场似乎说明,内部证成要求所适用的规范要获得充分的证实,且其构成要件都必须清晰明确,在此情形下才能够进行涵摄。是故,涵摄所需的逻辑大前提与法律适用所需的"裁判依据"之间,是充分不必要的关系。就此而言,区分"概念涵摄"和"规则适用"有其积极意义:前者指具体的案件事实能否与构成要件及其组合相对应,可否成为构成要件概念的实例或者在其外延范围之内;后者则是指代规则能否用在判断具体案件事实。故"规则适用"是"概念涵摄"的前提条件,而"概念涵摄"则致力于根据所确定的规则,阐明真正需要运用于内部证成的概念组合。换言之,先有"规则适用",后有"概念涵摄"。③

就此而言,内部证成的活动范围比通说要小,因为它把一切模糊的、有争议的内容都划归外部证成的范畴。但即便如此,也不意味着完全属于形式逻辑领地的内部证成将断然与论题和议论无关。从逻辑三段论的角度看,$(S \rightarrow M^n)$ 这一步骤的目的,是导出为审判所需的全部构成要件,并为后续的规范与事实的涵摄创造条件。但事实上,审判依赖的构成要件的导出及其所需要的 M 的自我迭代都表明:提取审判所需的全部构

---

① [德]罗伯特·阿列克西:《法律论证理论——作为法律证立理论的理性论辩理论》,舒国滢译,中国法制出版社 2002 年版,第 284 页。

② 参见郑永流:《法律方法阶梯》,北京大学出版社 2008 年版,第 40 页。

③ 参见陈坤:《概念涵摄与规则适用:一个概念与逻辑的分析》,载《法制与社会发展》2017 年第 5 期,第 150 页。

成要件的根本动力是各方在审判中的议论和博弈,且这个过程高度倚重案件事实和与之相关的价值判断,说明了当内部证成抵达 $(S \to M^n)$ 这一步骤,逻辑三段论所需的大前提与小前提也就实现了等置。因此,$(x)(Sx \to M^n x)$ 的公式,应当被修正为包含以下两个内容:

(1) $(a)(Sa \to M^n a)$

(2) $S = Sa$

且这两个内容是同时发生的,而非先后继起的关系。这表明,所谓的"涵摄模型",实际上是"大前提与小前提的等置模型"。是故,"内部证成"不应被认为是从法律规范中导出事实的涵摄过程,而是确证法律规范与待决事实等置并继而导出结论的话语实践作业。逻辑三段论在此所发挥的也不是赋予审判结论以规范性效力,而是增强审判结论获取力度的功能。换句话说,在获取审判结论的过程中,起决定性作用的并不是逻辑三段论,而仍然是审判各方围绕着法律和事实所进行的议论活动。在这个意义上,外部证成与内部证成的区分实益将获得更为清楚的理解:它们界分的核心因素是导出的内容不同,而非导出内容所采取的形式存在差异。

三、外部证成的公式化及其论题导向

(一)外部证成的问题意识

在理论上,外部证成的问题意识可以认为源于广义的法律形式主义与法律现实主义的冲突。[1] 在英美法学史上,克里斯托夫·兰德尔针对普通法裁判的不确定性,旗帜鲜明地提出了"作为科学的法学"的法律形式主义,认为所有的法律问题都会具有唯一正确解,因此审判就是发现这些正确的法律答案,此时不存在法官向道德寻求决疑和法官造法的空间。[2] 在此基础上,法律形式主义可以被界定为两个核心概念,即"概念形式主义"和"规则形式主义",前者指法律概念和法律原则都具有内在

---

[1] 这里之所以是"广义的",是因为它同时包含欧陆自由法运动与概念法学的争执。相关综述可参见杨仁寿:《法学方法论之进展——实践哲学的复兴》,台北,三民书局有限公司 2013 年版,第 61—65 页。

[2] 参见季卫东:《法律议论的社会科学研究新范式》,载《中国法学》2015 年第 6 期,第 28 页;陈景辉:《实践理由与法律推理》,北京大学出版社 2012 年版,第 85 页。

的逻辑联系,并且可以组合为一个理性的法律制度;后者指法官能够以此进行"机械推理"来获取裁判结论,它们能够被归入法律的非工具主义阵营中。① 进一步,斯科特·夏皮罗把法律形式主义分为"司法自制""确定性""概念主义""裁判的非道德性"等四个命题。②

与之相对的法律现实主义则信奉实用主义的审判道路。在普通法审判中,一项清晰的规则需要经过复数的裁判反复校验和修订才能进行霍姆斯所说的"调和案件"(reconcile the cases),即利用严格的归纳方法使一个含混模糊的裁判规则清晰化。③ 是故,法律的实效及法律的发展不能单纯依赖于演绎既有的文本,而必须持续地将外在的经验注入法律之中,在补充和改造法律的过程中促使历史与现实的融贯。换句话说,具体的社会生活及其公共要素,是法律发展的根本动因。法官作为社会共同体中的成员,在其参与社会生活的过程中得以分享为社会所普遍接受或感知的社会需求、价值判断、政策考量。这些因素在法官裁判案件时并不会被法律规范所隔绝在外,相反,这些因素必将反映在司法裁判的交涉和程序推进的过程之中,无论是法官本人还是双方当事人,都需要接受社会价值、公共政策、法律规范的共同约束。在裁判案件时,法官对待法律规范的正确态度应当是在社会现实和历史、司法实践和法律规范等多个面向中取得融贯,令高度依赖于过去的法律规范不断充满有利于现实和未来发展的内容。④ 在这个意义上,普通法的法律发展机制在理念上对法律"向前看"采取了一种更为开放的态度:它看重司法裁判对未来的预测功能,因此不仅在裁判中诉诸普通人的日常生活经验和直觉,而且主张只要判决理由(ratio decidendi)更加充分,则后案的裁判可以补充以至推翻先例。这也意味着遵循先例仅仅是裁判之必要条件,而非源于裁判者的忠诚义务。而且,在哲学的角度,这也是演绎推理不断"内卷化"特征的

---

① 参见[美]布赖恩·Z.塔玛纳哈:《法律工具主义:对法治的危害》,陈虎、杨洁译,北京大学出版社 2016 年版,第 71 页。

② 参见[美]斯科特·夏皮罗:《合法性》,郑玉双、刘叶深译,中国法制出版社 2016 年版,第 311-314 页。

③ 参见[美]霍姆斯:《法律的生命在于经验——霍姆斯法学文集》,明辉译,清华大学出版社 2007 年版,第 23-24 页。

④ 参见张顺:《后果主义审判:源流、思维特征与理论定位》,载《北方法学》2019 年第 2 期,第 94 页。

批判性超越。① 也正是在这个意义上，霍姆斯提出"先判决案件，再确立规则，是普通法价值之所在"和"法律的生命不是逻辑，而是经验"的论断。②

作为霍姆斯的继任人，卡多佐更强调司法实用主义要在遵循先例和社会效用之间取得均衡。这种均衡体现在他所说的哲学、历史、传统、社会学等四种方法的综合使用和位阶排序上，也体现在社会效用与遵循先例原则之间的协调之中。③ 在四种审判的方法中，由法官在审判中诉诸利益衡量的社会学方法最为优越，其次是哲学方法，而历史与传统方法仅起补充和说明的作用。

在霍姆斯和卡多佐的基础上，波斯纳从哲学层面强化了对"实用主义司法"的讨论，相关观点可以归纳为概念特征、裁判后果、社会背景等三个方面。首先，在概念特征方面，遵循先例在裁判活动当中并不具有优越地位，这种特征使"实用主义司法"尝试促成法律推理与实践推理的融合，因此是"合乎情理"的裁判；它也比法律形式主义更加欢迎那些可以用来指导经验研究的理论，还积极地将修辞纳入推理模式的备选项中。其次，在裁判后果的维度上，"实用主义司法"虽然重视裁判后果，但却反对将自身纳入"后果论"的范畴之中，因为单纯的"后果论"立场仍然是一种"类形式主义"，因此只有"合乎情理"才能算作裁判的终极标准。最后，在社会意义的维度，裁判者应当直面被传统法学和司法程序以"案件真实"为名义区隔在外的真实世界，而不能简单将裁判当中所涉及的案件事实及其社会背景理解为是一种实质非理性式的超越法律形式逻辑或统合司法裁判方法的混沌概念。④

（二）"二阶证立程序"的实践先导

上述学说争执反映在审判实务的理论研究之中的问题意识，就是如

---

① 参见《康德著作全集·第3卷：纯粹理性批判》（第2版），李秋零主编，中国人民大学出版社 2013 年版，第 31-32 页。

② 参见[美]霍姆斯：《法律的生命在于经验——霍姆斯法学文集》，明辉译，清华大学出版社 2007 年版，第 23 页。

③ 参见[美]本杰明·卡多佐：《司法过程的性质》，苏力译，商务印书馆 1998 年版，第 15-16、31-32、36-44、67-68 页。

④ 参见[美]理查德·波斯纳：《波斯纳法官司法反思录》，苏力译，北京大学出版社 2014 年版，第 73-84、92-95 页。

何平衡依法审判与回应社会需要,而理查德·瓦瑟斯特罗姆所提出的"二阶证立程序"(two-level procedure of justification)就是外部证成的实践先导。它的初衷是在遵循先例和衡平裁判之间寻求一种理论上的均衡,以适应先例制度逐渐灵活化和衡平裁判日益理性化的现实。

具言之,这一理论"规定当且仅当某个结论是从法律规则——能够证明该规则的引入与运用比其他任何规则都更加的可欲——中推导出来的,该裁决才被认为是正当的"[①]。为此,审判过程相应地区分"发现的程序"(process of discovery)和"证立的程序"(process of justification),前者是"某个结论赖以获得的程序",后者是"结论之证明所依凭的程序",亦即证明裁判结论来自既有法律规范的推理,以及裁判依据的法律规范本身是正当的。进言之,这两种程序通过以下三个面向获得实践联系:一是能够被形式化和理性化,亦即具备能够体现有序性的"逻辑"。与两种程序相对应,分别存在"发现的逻辑"(logic of discovery)和"证立的逻辑"(logic of justification)。二是"证立的程序"可以作为评价"发现的程序"及其特定结论的标准,即"发现的程序"的二阶程序。三是理性行为的意义蕴含在"证立的程序"所具有的证实意义,即一个行为之所以符合理性,不仅因为它被"发现的逻辑"所测出,还因为这一行为要求能被"证立的逻辑"所证实。[②] 在这一范式中,裁判者首先"要证明某个裁决结论是从既定的法律规则中推导出来的,其次还要证明裁决所诉诸的这个法律规则本身能够证明是正当的"[③]。

第一,二阶证立程序的优势在于:与衡平裁判相比,二阶证立程序以功利主义为基础,它所选择出来的裁判理由及其背后的考量将优于衡平程序的相应判断前述可知,衡平裁判的优势在于它能够通过诉诸良心自由和道德感的方式来充分实现个案正义。但正如"伦敦电车公司诉伦敦市议会"一案的判决所指出的那样,防止所谓的"个案正义"对抽象正义

---

① [美]理查德·瓦瑟斯特罗姆:《法官如何裁判》,孙海波译,中国法制出版社 2016 年版,第 209 页。

② 参见[美]理查德·瓦瑟斯特罗姆:《法官如何裁判》,孙海波译,中国法制出版社 2016 年版,第 38—39 页。

③ 孙海波:《译后记》,载[美]理查德·瓦瑟斯特罗姆:《法官如何裁判》,中国法制出版社 2016 年版,第 279 页。

的情景化干扰,要比实现"个案正义"更重要,因为它会从根本上动摇既有规则的合法性基础,使整个裁判制度陷入"卡迪司法"的深渊中。① 与之相反,二阶证立程序的优势是尝试在立足个案现实的同时超脱个案的束缚,从相对宏观的角度来全面审视同类案件的本质和考量有关的利益衡量,从而平衡当事人利益和有关群体的长远利益,平衡个案利益和同类案件的整体性利益,为更准确地理解先例或创设新的判例提供镜鉴。由于法官的裁判都会对后案造成实质拘束,且司法裁判的外溢效应更有可能影响到社会的行动预期以至立法的考量,故裁判者除了考量双方当事人的利益之外,还要考虑其他的社会因素。在这里,一种经济学分析或功利主义式的最小伤害或最大化利益的考量是必要的。正如瓦瑟斯特罗姆说:"如果法院只考虑诉讼双方当事人的利益,那么这些功利主义方面的考虑无疑很可能被忽视。对于特定案件的裁判,如果法官只考虑裁决对于诉讼当事人所带来的后果,那么与诉诸法律规则——该规则基于功利主义的理由被认为是最可欲的——的裁判实践相比,这就很有可能导致一种更加严重的、深远的不可欲后果。"②

第二,二阶证立程序在本质上仍然是一种"规则适用型程序"(rule-applying procedure),它能够有效联系行为模式、法律后果、行动方案的预测,从而增强诉讼双方在案情研判、诉讼策略、裁判结果问题上的可预期性,这恰是衡平程序所无法做到的。但和严格遵循先例的立场相比,二阶证立程序对规则能否被修正的问题又采取了较为弹性的立场,即当新的、更可欲、更有现实说服力的法律规则出现时,二阶证立程序就会采取这一新的法律规则,或以此修正既有的法律规则。③ 这一立场表明,就裁判结果的确定性问题而言,二阶证立程序下裁判结果的不确定程度要弱于衡平程序。但是,由于二阶证立程序将论证的重心放在规则缘何可欲或合

---

① The London Street Tramways Company Ltd. *v.* The London County Council, [1898] A. C. 375, 380.

② [美]理查德·瓦瑟斯特罗姆:《法官如何裁判》,孙海波译,中国法制出版社 2016 年版,第 215-216 页。引文中的"对于特定案件的裁判",原文是"对于特定抵押案件的裁判",本书出于写作意图,删除了"抵押"二字,但不影响引文的内涵。

③ 参见[美]理查德·瓦瑟斯特罗姆:《法官如何裁判》,孙海波译,中国法制出版社 2016 年版,第 224-225 页。

理之上,意味着新的规则的必须要首先获得证立,且该证立活动必须建立在与既有规则的比较之上,因而能够在相当程度上保障双方当事人基于既有法律规则而形成的信赖利益,进而确保裁判结果的可预测性。

第三,二阶证立程序在查明事实的层面上,也同样关注在运用证据规则进行法庭调查过程中所派生的相关后果。这些后果虽然与案件事实可能没有直接因果关系,却可能通过影响证据效力来间接影响最终的裁判结果。此时,二阶证立程序会带来两个效果:一是鼓励了双方当事人采取各类社会科学方法来提供证立或证否有关规则的更强理由,从而增强了相关规则的正当性说明和论证效果。① 二是通过影响证据规则来影响证据链条的形成轨迹,从而贯彻司法的社会治理理念。例如,在"霍金斯诉合众国"(Hawkins v. United States)案中,霍金斯被指控拐卖未成年女性,且该未成年女性在其事实婚姻中妻子(common-law-wife)的监控下从事卖淫活动。美国联邦最高法院一致推翻了初审法院的认定,认为霍金斯夫人对其丈夫的指证不具有证据效力,尽管霍金斯夫人的证言对案件事实的成立具有决定性意义。这是因为,"在刑事案件中不得采纳被告人的妻子或丈夫所做出的对于被告人不利的证言,即便被告人的配偶愿意提供那个急需的证据"②这样一个证据规则不仅仅是先例所确立的,而且它能够确保家庭和睦、婚姻和谐、社会的公共利益。同时,这也体现法院通过司法实践化解家庭矛盾的现实。③ 在这里,法官争议的核心是"是否有必要推翻不允许配偶作为证人或提供证言的规则",为此需要权衡"惩罚和制止犯罪"以及"维持家庭幸福和化解家庭矛盾"两个理念何者更具优先性。不过需要注意的是,虽然法官在裁判中支持了后者,但不意味着这一理念在本案中具有直接的指导意义;相反,由于案件的争议焦点绝对是"霍金斯是否从事了贩卖妇女的行为",而非"是否有必要推翻不允许配偶作为证人或提供证言的规则"这样一个证据规则的适用问题,故

---

① 参见[美]理查德·瓦瑟斯特罗姆:《法官如何裁判》,孙海波译,中国法制出版社 2016 年版,第 227-233 页。

② [美]理查德·瓦瑟斯特罗姆:《法官如何裁判》,孙海波译,中国法制出版社 2016 年版,第 219 页。

③ Hawkins v. United States, 358 U. S. 74, 82 N. 4 (1958), p. 77-78. 转引自[美]理查德·瓦瑟斯特罗姆:《法官如何裁判》,孙海波译,中国法制出版社 2016 年版,第 229-230 页。

这一理念是通过影响证据效力的方式而间接地影响了案件裁判的结果,并充分体现司法的社会治理功能。

总之,二阶证立程序作为一种功利主义的论证思路,它的理论作业将围绕着证立裁判案件的充足理由(sufficient reason)进行。只要有更强的论证理由,违背先例的审判不仅是正当的,甚至是法官捍卫遵循先例原则和服从政治义务的体现。而在选择裁判规则的问题上,它必须要证明以下两个内容:一是有关的理由能够通过论证发展为新的裁判规则;二是与既有规则相比,新的规则能够带来更加可欲的裁判后果,亦即对新的规则进行正当性说明。至于如何界定何为"可欲"的裁判后果,则需要采用审慎的功利主义来进行价值判断,且对所涉及的价值持有开放态度。道德理念、公共政策、情景现实等,都可以成为影响具体案件裁判的价值。

(三)麦考密克的"二阶证明"理论

在外部证成的问题上,尼尔·麦考密克提出了与瓦瑟斯特罗姆相类似的"二阶证立"(second-order justification)理论,它是指"对选择所依据的理由进行论证,换个说法也就是在法律制度容许的范围内进行合乎情理的选择"[①]。这一理论的前设是,基于实践哲学,司法判决的意义是通过裁判来宣示何种法律规则在现实中更具意义,并且宣示如何来适用有关的法律规则,也就是揭示为现实世界提供行为模式的规范的全貌,故"二阶证立"就是在论证相互对立的规范性理由的过程中选择出现实世界的一项社会行为模式。这一理论包括两个基本命题,其一是"后果主义论辩",其二是"一致性和协调性论辩"。

当法律的演绎推理出现裁判依据的合法性问题(大前提是否为真)与裁判依据存在争议(大前提未能确定)的困境而需要权衡备选的裁判规则时,后果主义论辩就会成为裁判者常用的论证方法,律师也必须以此为思路组织论辩,以争取赢得诉讼。[②] 所谓"后果主义论辩",是指裁判者应当谨慎地对相关规则所造就的后果进行"预测"和"评价",并在权衡之

---

① 季卫东:《法律推理与法律理论中文版序》,载[英]尼尔·麦考密克:《法律推理与法律理论》,姜峰译,法律出版社2018年版,第3页。

② 参见[英]尼尔·麦考密克:《法律推理与法律理论》,姜峰译,法律出版社2018年版,第180-183页。

中选择恰当的裁判规则,由此派生出基于后果的"评价性"和基于预测的"主观性"等两大特征。① 其中,"评价性"是后果主义论辩模式的本质,它关注的是后果的可接受性;而"主观性"是指权衡后果的过程是一个法官的主观意志主导的过程,他们需要厘清不同评价指标的权重,关注不同规则所可能带来的不公正感或效用等。

在这里,除了享乐主义的功利主义(即苦乐计算)可以充当后果主义论辩的"指标"外,还包括以下类型:第一,"公共政策",例如贯彻最小伤害原则和确保公众的利益;第二,"正义"原则,主要是指矫正正义原则,例如在侵权案件中加害人未能尽合理注意义务或审慎义务而导致他人受有损失,受害人有请求加害人承受侵权之债的权利;第三,"常识",即具有完全行为能力的主体所应当具有的健全理智、道德观念、审慎义务;第四,"权宜"或"方便",主要是指在涉及公共利益的考量中,关注在个案中贯彻矫正正义的理念是否会导致公众遭受不经济的后果,例如影响整体性的行动预期或使得公共利益遭受不利益的"诉讼爆炸"现象;第五,"承认规则"或"符合法律原则"。这些评价指标将协助裁判者综合评价相关规则所导出的判决及其可能的后果,从而说明备选裁判规则是否合理,并对既有的裁判规则做出最为妥当的解释(解决裁判依据的合法性问题)或选取最为妥当的裁判规则(解决裁判依据存在争议的问题)。②

在裁判方法上,后果主义论辩依赖于"归谬法",亦即对相关的理解进行推演,通过对导出的后果违背主观的国民感情或客观的不合情理来否定有关的推论,此时,后果主义论辩广泛存在于相关性问题、解释问题、分类问题之中。首先,在相关性亦即待决案件能否被视为与先例相类似,或能否被视为特定的法律概念而受该规范调整的问题上,后果主义论辩可能会承担辅助论证用以强化法律规则论证的功能。其次,在解释问题,亦即对模糊的法律规范、概念以至原则的内涵进行澄清的过程中,裁判者时常会再论辩双方充分讨论的基础上,引出其中一方所作陈述可能导致的谬误后果,从而否证该论辩的法律效力。最后,在证据规则问

———————————

① 参见[英]尼尔·麦考密克:《法律推理与法律理论》,姜峰译,法律出版社 2018 年版,第 124-125、155 页。

② 参见[英]尼尔·麦考密克:《法律推理与法律理论》,姜峰译,法律出版社 2018 年版,第 128-143、166-169 页。

题,即某项证据规则的设立、举证责任的分配、证据效力的认定问题上,裁判者可以借助后果主义论辩的方式来推导出争议双方在抗辩理由中所存在的不正当后果。①

也正如此,后果主义论辩还充分展示了司法通过个案回应社会和实现社会治理的功能。它能够使裁判的理由论证过程契合社会事实,从而赋予了承认规则以实效性,最终形成"后果主义取向和社会基本事实—承认规则—大前提证成"这样一个法律体系效力的自我指涉的闭环。

与此同时,后果主义论辩需要与审判的"一致性论辩"和"协调性论辩"相兼容,亦即审判结果的导出必须以先例、规则、原则作为证立理由,且不能与这些证立理由相冲突。所谓"一致性",是指只有当满足后果导向的规则不抵触既有的法律制度时,这一规则才能成为整理判决的理由,它体现了贯彻遵循先例原则的要求;而"协调性"则是指后果导向的裁判规则必须与既有法律规则和原则的目的与价值不矛盾,它体现了审判利用既有规则来涵盖新观念的法律发展功能。② 可见,一致性论辩在审判中具有优先地位,它确保同案同判和法律推理基本方法的准确实施;而后果主义论辩和协调性论辩则在审判满足一致性论辩的前提下,实现个案正义和促进法律发展。

在这里,利用原则来重述规则的"原则论证"以及类推适用先例的"类推论证",将承担起为后果主义导向的审判提供裁判理由的重要方法。③ 而且,由于针对判例法和成文法的裁判推理在本质上不存在差异,因此这两种方法可以兼顾先例和成文法两种裁判依据。例如在解释法律成文法时,裁判者首要遵循文义解释规则,但不排除在特殊情况下,基于体现法律基础的基本价值、政策、原则,对语词作扩张甚至是类推解释为某种生僻用义,或以其他解释方法代替文义解释的情况。这样的考虑是为了在疑难案件中令一般性规则、原则目的或可欲的政策、法律的

---

① 参见[英]尼尔·麦考密克:《法律推理与法律理论》,姜峰译,法律出版社 2018 年版,第155-183 页。

② 参见[英]尼尔·麦考密克:《法律推理与法律理论》,姜峰译,法律出版社 2018 年版,第126-128、144-147、151-152、238-239 页。

③ 参见[英]尼尔·麦考密克:《法律推理与法律理论》,姜峰译,法律出版社 2018 年版,第184-189、215-218、225-228 页。

文义之间取得平衡,在后果取向与文义之间取得协调。①

与此同时,得益于判例法区分"判决理由"和"附带意见"的结构及其要件事实的"区分技术",判例法在解释上具有更高的开放性,它对案件所进行的区分、归类、说明也相应地具有更高的可争辩特性,并因此具有更强的可塑性和论辩的空间。具言之,"判决理由"是指"案件的判决理由,是指法官明确或隐蔽地表达出的为得出判决结论所必需的任何规则,亦即他采用的推理链条"②。在推理过程中,裁判者首先需要对先例进行严格解释,并阐明区别案件与先例的理由,然后充分阐明先例的原始裁判规则。在这里,如果这项裁判规则是清晰、明确、不存在任何例外的话,那么裁判者就必须按照其明确含义来适用判例,否则就可以提出更加充分的理由来说明相关规则的含义。在这里,裁判者对案件事实和判例事实进行比对和"区分"的操作,是提取原始裁判规则的关键节点,它给审判导入后果主义论辩提供了充分空间,并根本地影响判例法的生成与修正。③

(四)阿列克西的外部证成理论

在阿列克西的法律论证理论中,外部证成是运用相应方法,证立实在法规则、经验法则、其他前提等三类内部证成所需前提的过程。④ 它可以被理解为这样一个论证过程:针对法律、教义学、判例、理性、经验、特殊法律论述形式等六种"论述形式"进行逻辑分析,进而说清它们在"经验论证"和"解释规准"两个方面上的功能。

所谓经验论证,是指利用经验来进行外部证成。在外部证成中,它的地位要弱于普遍实践论述,原因是:第一,其高度依赖其他学科的知识和研究范式,需要更多复杂的论证内容;第二,经验论证受限于其自身的经

----

① 参见[英]尼尔·麦考密克:《法律推理与法律理论》,姜峰译,法律出版社 2018 年版,第254-255 页。

② [英]尼尔·麦考密克:《法律推理与法律理论》,姜峰译,法律出版社 2018 年版,第259 页。

③ 参见[英]尼尔·麦考密克:《法律推理与法律理论》,姜峰译,法律出版社 2018 年版,第234-235、263-264、272-273 页。

④ 参见[德]罗伯特·阿列克西:《法律论证理论——作为法律证立理论的理性论辩理论》,舒国滢译,中国法制出版社 2002 年版,第285-287 页。

验特征而需要借助"合理推测"规则来确定规范的含义,存在较高程度的不确定性;第三,经验论证本身能够通过"过渡规则"被纳入普遍实践论辩的范畴,削弱了自身的独立性;第四,在裁判中,事实属性和内容的判断才是最为关键的,这同样降低了经验论证在利用经验阐释规范的意义。①

所谓解释规准,是针对复杂规范中得出涵摄所需大前提的过程。例如,在前面所提到的涵摄过程中,由于 T 是以 R 为法律后果的规范[记作 $(x)(Tx \to ORx)$],而 M 是规范 T 中针对任意事实 x 都可成立的构成要件的要素组合[记作 $(x)(Mx \to Tx)$],因此对任意事实 x,都有 M 和法律后果 R 成立[记作 $(x)(Mx \to ORx)$]。阿列克西将这个内容命名为"通过 W 对 R 的解释",记作

$$T' = I(\frac{T}{W})$$

其中,I 是解释(interpretation)的缩写;W 是"语词使用规则"的缩写,对应的是 $(x)(Mx \to Tx)$ 的过程。解释规准就是围绕 W 和 T' 的关系及其功能,运用文义解释(阿列克西称之为"语义学论述")、主观目的解释(阿列克西称之为"发生学解释")、历史解释、比较解释、体系解释、客观目的解释等六种方法来证立 T' 的正当性。

在上述六种方法中,文义解释、主观目的解释、客观目的解释是常用的解释方法。首先,文义解释指的是通过语言来证成针对规范 T 的解释 T',此时,基于 W,存在着三种论述形式:其一,基于 W,T' 成其为或不成其为 T 的解释;其二,基于 W 不成立,T' 可能是或可能不是对 T 的解释。不难发现,如果第一种情况是 $(W \to T') \lor (W \to \neg T')$,那么第二种情况就是 $(\neg W \to \neg T') \lor (W \to T')$。

其次,主观目的解释就是证明 T' 符合立法者意图。这里有两种情况,并分别存在着两个推理规则:其一,T' 本身就是立法者意图,对应的规则是:若立法者希望通过 W 来解释规则 T,这就构成了 T' 有效的理由;其二,立法者意图是外在于 T 的目标 Z,且通过 W 和 T' 的关系来说明对 T 的解释为实现 Z 所必需,对应的规则是:立法者希望通过 T 来追求目标

———————

① 参见[德]罗伯特·阿列克西:《法律论证理论——作为法律证立理论的理性论辩理论》,舒国滢译,中国法制出版社 2002 年版,第 288-289 页。

Z，且 T 是追求目标 Z 的必需乃至排他性手段，则构成了 T' 有效的理由。[①]
在逻辑上，它们的关系可以记作 $(T \rightarrow Z) \wedge (\neg T \rightarrow \neg Z)$，亦即 T' 有效的
理由是 T 可以实现目标 Z，且如果不通过 T 来实现 Z，那么 Z 就无法实现。
此时，T' 就被称为"饱和要求"，这是因为规范 T 与目标 Z 之间往往是充
分不必要关系，也就是 T 只是实现 Z 的手段之一；而若 T' 令 $(T \rightarrow Z) \wedge$
$(\neg T \rightarrow \neg Z)$ 恒成立，那么就意味着规范 T 与目标 Z 是充要关系。当
然，证明 T' 作为"饱和要求"的过程不能通过形式逻辑来进行，因为这一
证明过程是基于实践三段论而非形式三段论。

再次，客观目的解释是指依据法律自身所需符合的理性目的或为现
行的客观法律秩序所要求的规范性目的来进行解释法律规范和法律概
念。阿列克西指出，客观目的所说的"目的"，是规范性目的而非经验目
的，因此它属于应然层面的要求，故可以将道义逻辑算子应当"O"与目的
"Z"结合起来，表示为"OZ"，此时针对规范 T 的解释 T' 是 OZ 的充要条
件，可以记作 $(T' \rightarrow OZ) \wedge (\neg T' \rightarrow \neg OZ)$。但需要明确的是，$T'$ 作为
OZ 的充要条件有三个可能：第一，这是一个经验问题而不是规范性问
题，因此它需要依赖经验论证的证立。第二，当 Z 存在着多个可能（不妨
记作 $Z = \{Z_1, Z_2, \ldots, Z_n\}$），且这些目的可能相互并列或相互排斥的时
候，T' 作为 OZ 的充要条件就意味着 T' 要实现其中最为优越或最契合现
实的目的，这同样是一个经验问题。第三，这是一个相互确证的过程，也
就是 Z 的含义的显现需要依赖于 T' 的确证，此时指向的是原则论证。为
此，需要通过更进一步的规范性语句来具体化原则的内涵，因为原则之所
以能够被引入讨论之中，是因为它作为一种生效的事态描述而非作为规
范性命题，因而需要规范性语句的转化。[②]

---

① 参见[德]罗伯特·阿列克西：《法律论证理论——作为法律证立理论的理性论辩理
论》，舒国滢译，中国法制出版社 2002 年版，第 295 页。

② 参见[德]罗伯特·阿列克西：《法律论证理论——作为法律证立理论的理性论辩理
论》，舒国滢译，中国法制出版社 2002 年版，第 299-301、321 页。

第三节 "理由论证"的论证型式

通过分析法律论证理论,可以明确:法律论证理论较为贴合传统的规范分析和法教义学模式的分析思路,重视法律条文对于案件审判的指引作用,以及重视逻辑三段论在获取论证结果当中的作用。它们也普遍认为,法律论证理论需要合理且清晰地证立裁判前提或裁判依据,并为此引入了审判后果和实践经验等现实素材。而且,从提出法律论证理论的动机和它意图所实现的目的来看,它试图弥合实质判断和形式推理之间的裂缝,表明了以下两个内容:第一,外部证成对于审判结论的获取具有决定性意义,它确定了审判所援引的裁判依据,并且负责为该裁判依据提供充足理由;第二,逻辑三段论在内部证成中发挥说明性而非规范性功能,意味着它提供的是一个导出裁判结论的形式框架,它描述大前提与小前提在议论中相互等置的过程。

是故,法律论证理论描述的是审判各方围绕着待决事实和相关的价值判断,进行议论、博弈并继而获取共识的过程,这一过程被浓缩为"论题—分析"模式。它表明了以下两个问题:第一,审判需要依赖包括但不限于法律在内的资源来获取结论,若称之为"法律论证",则其范围未免不够全面,也无法更清晰地彰显审判作为话语议论的本质。由于审判是一个依赖于多元的理由来获取结论的过程,且外部证成和内部证成的实现都体现为相关论题获得了充足理由的支持,因此更准确地,描述裁判结论获取的是"理由论证",法律在其中指代的是证成结论的其中一种充足理由。第二,作为研究审判的理论范式,法律论证得以可能的基础也源于相应的理由证成。是故,与审判有关的论证活动,无论是论证内容还是论证本身,都内含在理由论证的过程之中,并直观地反映出理由论证的论证型式。

一、法律论证理论的"论题导向"及"充足理由"概念之生成

自菲韦格在《论题学与法学》一书中论述论题学对法学的意义(亦即

应当从论题学的意义上去理解法学)以来,论题学就是法律论证理论所无法绕开的一道门槛。按阿列克西的说法,有关支持或反对论题学的诸多意见,都必须进行进一步的反思,才能进行后续的法律论证理论的研究,否则将犯下理论研究的幼稚病。[1] 是故,不少学者都试图界定论题的含义、功能、属性,或者通过开列论题目录的方式给出具体的实例,审视论题在论证中的地位。例如约瑟夫·佐佩蒂提出了论题的四种功能,包括:(1)确定论证类型与命题之间关系(称为"定位论证");(2)基于论题而推进论证过程(称为"建构论证");(3)发展批判性思维能力;(4)教授论证和辩论。[2] Kreuzbauer 认为,"论题"的概念在现代的法律论证当中并不具有重要地位,因为只有个别案件在裁判中最终依据清晰明确的"强意义的论题"(Topoi in the strong sense)来做出判决;相反,大量内容模糊的"弱意义的论题"(Topoi in the weak sense)存在于裁判的论证当中,但这种论题是论证的原初论点,为每个裁判之程序所必需,因而是各裁判论证过程中的规定动作。[3] Kienpointner 把"弱意义的论题"类比为图尔敏论证模型中的"理据"(W),也就是支持推论的最核心论据,并把它们理解为"关涉语境的推论规则"(content-related rules of inference)。只是它们能否足以称之为"规则",仍然值得商榷。[4]

根据这些研究,论题学的现实意义远不如其历史意义,因而不足以成为法律论证的新范式。乌尔弗里德·诺伊曼就直接认为:"如果将'论题学'理解为,在讨论一个问题时,能被提出以支持或反对一定解决建议之

----

[1] 参见[德]罗伯特·阿列克西:《法律论证理论——作为法律证立理论的理性论辩理论》,舒国滢译,中国法制出版社 2002 年版,第 25 页。

[2] 参见[美]约瑟夫·佐佩蒂:《论题的价值》,高伟伟译,载《法律方法》2017 年第 22 卷,第 20-31 页。

[3] See G. Kreuzbauer, *Topics in Contemporary Legal Argumentation: Some Remarks on the Topical Nature of Legal Argumentation in the Continental Law Tradition*, 28 Informal Logic 71, 77-81 (2008).

[4] See M. Kienpointner, *Alltagslogik: Struktur und Funktion von Argumentationsmustern*, Frommann-Holzboog, 1992, S. 179, 246.

视角的学说,那么法律论题学实质上就是一种法律论证理论。"①不过,它重申了亚里士多德的工具论传统对法律论证理论所具有的基础意义,重新发现了法学作为实践知识的面向,并进一步令"问题导向"或"论题导向"的法学研究思路在一定程度上转变为对抗强调逻辑的"体系导向"的思路,用以晓谕法律论证理论的研习者们:应当始终把问题意识放在现实生活与专业知识上,而不是在理论的象牙塔中徘徊。

在这个意义上,论题学与法学的关联与分歧在于:论题学不希望被逻辑化的语言限制其问题域,因为逻辑化的语言至多澄清某一特定的待决论题;法学则是基于逻辑化的语言而尽可能扩充论题的范畴,因此在提出论题和进行论证的过程中,法学作为一般条款与具体条款在论辩过程中的沟通媒介,必然指向被逻辑化和被建构的结果。

如果说论题学发现了论证的实践面向,那么修辞学则证明了论证的议论本质。在审判问题上,修辞学涉及以下两个内容:第一,如何更好地提供一个说服他人的功能性言谈;第二,与纯粹的形式逻辑(数理逻辑)相比,如何更好地为裁判中的价值判断提供一个更为融贯的理论框架。显然,这两个问题指向的是两个完全不同的领域:前者是主观进路,指向的是言谈的对象,以说服言谈对象接受自己的主张作为主要的研究旨趣,这是传统意义上的修辞学所希望解决的言谈主体性问题;而后者则是客观进路,指向言谈之内容,希望以此调和修辞学与形式逻辑的智识张力,解决言谈之真实性问题。法律修辞学正是此种调和的典范。一般来说,这种调和立足于言谈的二重性特征,亦即言谈内容与言谈主体之间的对立统一关系。一方面,言谈所达成的共识将取决于言谈内容,为此言说者的言说活动必须准确、真诚;另一方面,言谈又关注言说者如何获取他人的认同与接受,而不关注言谈内容的真假,这正是修辞作为批判本体论的主体性基础。是故,应当结合法律的具体境遇来建构"法律的"修辞学。例如福里特约夫·哈夫特认为,"法律修辞学"不应仅仅关注如何修

---

① [德]乌尔弗里德·诺伊曼:《法律论证学》,张青波译,法律出版社 2014 年版,第 63 页。阿列克西也曾分析过论题学的利弊。参见[德]罗伯特·阿列克西:《法律论证理论——作为法律证立理论的理性论辩理论》,舒国滢译,中国法制出版社 2002 年版,第 25-29 页。

辞地说服言谈对象的问题,而应当把修辞学的言谈技艺特征与法学的论证特征结合起来,使修辞学服务于阐明"事理"的活动。佩雷尔曼的"新修辞学"则试图将修辞学作为在价值判断议题上更具包容性的体系。①

不过,就言谈之主体性和言谈之真实性问题,修辞学与法律修辞学存在理论和逻辑上的背反现象,这恰恰表明修辞学对法律和法学的工具性意义。具言之,言说二重性与建构"法律修辞学"的基调表明,法律修辞学意图将修辞更加彻底地工具化。一方面,修辞本身就是实现言说目的之工具,而法律修辞作为彰显交谈与相互理解之修辞的工具,可以成为实现主观目的之二重工具;另一方面,法律修辞是希望用修辞来认识和发现客观的法律,且由于言谈内容是客观的法律,言谈目的是正确地发现客观的法律,故可以在法律修辞的支持下,通过言谈来阐明客观的、可认识的法律。然而,言谈的这种二重性特征造成了修辞学在法学中应用的难题。具言之,在理论旨趣和问题意识上,法律修辞学呈现出针对古典修辞学的"否定之否定":如果法律修辞是实现修辞的"工具的工具",那么法律修辞学所取得的合意与该合意所呈现出法律的客观性(即"事理")之间只是一种偶然性关联,因而不存在"发现真实的法律"一说。这将导致两个后果:其一,"信服—普遍听众—形式逻辑"的推论在法律修辞学当中的溃败;其二,法律存在被工具化之虞。当然,相应地也存在以下辩护意见:第一,"信服—普遍听众—形式逻辑"的论证思路虽然是为警示反理性的论辩而存在的理想状态,但它同时也是理想的论证状态,亦即能够充当论证的参照系。第二,法律被工具化的风险源自修辞学的工具性和批判本体论本质,即使在佩雷尔曼的"普遍听众"概念那里,也不能根本地解除这一风险。② 据此,修辞学的工具性意义是:当人们意识到不能把法律彻底地科学化或数学化的情况下,它提供了一个能够正视法律和法学现状的视角,并为更清楚地描述现实中的法律发现和获取裁判结论的活动提供了理论指导。不过,它至多能够为理解法律论证中必然存在的价值判断提供一项合理化说明,但不能由此谋求将修辞学改造为一项法律理论

---

① 参见[德]乌尔弗里德·诺伊曼:《法律论证学》,张青波译,法律出版社 2014 年版,第 74-75 页。

② 参见[德]乌尔弗里德·诺伊曼:《法律论证学》,张青波译,法律出版社 2014 年版,第 75 页;廖义铭:《佩雷尔曼之新修辞学》,唐山出版社 1997 年版,第 54-55、377-380 页。

的元理论,毕竟法学研究者可以修辞地适用法律,却不能法律地使用修辞。①

由此,我们可以得知:法律修辞学得以展开的前提,以及法律修辞学得以长驱直入的关键,依赖于既有的非常清晰的观点或理论,或依赖于一个模糊或纲要化,但值得人们进行讨论并促进其发展的论点。这个论点就是前文所提到的"论题"。

就此来说,阿列克西的论证理论批判吸收了论题学法学的研究成果。一方面,阿列克西的问题意识始终聚焦于如何建构一个能够跨越法教义学与先例裁判的论证模型,且这个模型不仅结构清晰、逻辑明确、具备指导现实实践之能力,而且能够奠基在法哲学的基础之上,意味着论证理论本身是实践导向、问题导向的。另一方面,阿列克西认为,为了贯彻理论的可普遍性特征,论题将不能完全成为论证中的"理性规则"即符合实践理性的规则,此时法律应当被视为实践的特殊实例命题,法律论证应当符合道德论证的一般规律,其中最核心的是处理事实命题到规范性命题的过渡问题。② 而应对这一问题的关键是:能否找到一个理由来充当证成规范性命题的前提条件,且该理由必须是一项可普遍化的规则。③

在这样的基础上,阿列克西发展出一套涉及程序与商谈的法教义学模型。④ 在该法教义学模型中,"法教义学语句"的证立在很大程度上依赖法律之外的实践经验。所谓"法教义学语句",是指形成"法教义学"概

---

① 参见陈金钊:《把法律作为修辞——认真对待法律话语》,载《山东大学学报(哲学社会科学版)》2012年第1期,第69-78页。

② 参见舒国滢:《走出"明希豪森困境"》,载[德]罗伯特·阿列克西:《法律论证理论——作为法律证立理论的理性论辩理论》,舒国滢译,中国法制出版社2002年版,第11页。

③ 参见[德]罗伯特·阿列克西:《法律论证理论——作为法律证立理论的理性论辩理论》,舒国滢译,中国法制出版社2002年版,第125页。

④ 这里有必要提出,有学者认为,阿列克西直接受到了图尔敏的影响,因为他们的法律论证的框架在功能上是相互等价的,也就是阿列克西的内部证成过程可以类比图尔敏的"数据—理据—结论"("D-W-C")结构。参见季卫东:《法律解释的真谛(上)——探索实用法学的第三道路》,载《中外法学》1998年第6期,第9页。诚然,二者功能是可以被认为等价,但在论证的结构上,它们倒不一定能够得出这样的结论,毕竟阿列克西的内部证成环节仍然是一个被高度涵摄化的推理过程,但图尔敏却自认其理论并不能与逻辑三段论相兼容。参见[德]罗伯特·阿列克西:《法律论证理论——作为法律证立理论的理性论辩理论》,舒国滢译,中国法制出版社2002年版,第122-125页。

念的语句群,包括"纯法律概念""事实状态的描述和称谓""原则的表达"三种类型,它们涉及法律规范和司法裁判(不限于描述法律规范、裁判原则、判决理由),并组成相互之间实现有机整合的整体。

具体来说,首先,"纯法律概念"就是法律规范上的基本概念。不过,部分纯法律概念的定义似乎不能仅仅通过其他纯法律概念的定义来获得理解,因此需要透过学说讨论的中介,例如需要通过"失去占有""取得控制"等学说来定义"盗窃"。可见,一个语句的定义不必然使之成为法教义学语句,反而是那些能够促使该语句在法律制度框架内获得讨论的语句构成法教义学语句。在这样的情况下,区分法教义学语句和非法教义学语句的界限,就是那些语句能否在法学框架之内获得讨论或者被接受,这很大程度上取决于法学家对此的认知与确信。其次,"事实状态的描述和称谓"指确定某个规范或一组规范以及该事态之间的优位关系。最后,"原则的表达"指的是原则需要被进一步的补充和解释才能够参与法律教义学论证,此时它作为的是有效事态的描述而非作为规范性命题。①

上述语句如果希望能够成为"法教义学语句",还需要经过"法教义学语句的证立"程序,相应地具有"纯粹的教义学证立"和"非纯粹的教义学证立"两种途径。其中,"纯粹的教义学证立"是指由教义学语句连同经验语句或通过补充有关法律规范的表达来推导出那些有待证立的语句,而"非纯粹的教义学证立"则指"纯粹的教义学证立+普遍实践论述"。与此同时,法教义学语句的证立依赖于教义学语句的自我迭代,因此教义学语句本身兼具"证立"和"检验"两个面向,分别指向"作为推论结果的法教义学语句"和"作为推论对象的法教义学语句"。此处的"证立"是指一个语句从另一个语句中被推导出来,而"检验"是追问一个从自身或从其他语句中被推导出来的语句可否获得接受。并且,这种检验是体系性的,因而被称为"体系检验",并有狭义和广义两类。"狭义的体系检验"关注的是待检验语句可否通过生效法律规范和以被接纳的教义学语句的检验;而"广义的体系检验"关注能否通过普遍实践论辩规则来实现以下

————————
① 参见[德]罗伯特·阿列克西:《法律论证理论——作为法律证立理论的理性论辩理论》,舒国滢译,中国法制出版社 2002 年版,第 315-322 页。

检验:依据待检验的教义学语句所得出的判断,与那些借助其他教义学语句和法律规范所得出的判断相关。例如,针对规范性语句 N_1,可以借助教义学语句 S_1 以及与之同一类已经被认可的其他前提来获得证立。同理,规范性语句 N_2,也可以以此通过 S_2 来获得证立。此时,N_1、N_2 都可以被认为是论辩的可能结果。同时,存在着一个此前已经获得证立的 N_3,它和 N_2 一致,但与 N_1 不一致。按照阿列克西的说法,"不一致"是指"按照论辩参与者的观点,基于普遍实践的理由似乎不能证成,在一种情形中把 N_1 作为判断加以宣称,在另一种情形中又把 N_3 作为判断加以宣称"①。此时,如果论辩参与者更倾向于选择此前已经证立的 N_3,那么就要放弃 N_1 以及证立 N_1 的教义学语句 S_1,尽管 N_1 也许比 N_2 更能获得认同。这正是通过法教义学来拓宽普遍实践判断的基础的过程。②

就此而言,法教义学在狭义的体系检验层面关注的是教义学语句和法律规范的表达之间是否协调;在广义的体系检验层面关注的则是,在普遍实践角度下,借助教义学语句和法律规范加以证立的判断之间是否协调。而且,在经受狭义体系检验后的教义学语句,还需要进一步接受广义的体系检验。③ 是故,在法教义学的论证中,普遍实践语句是教义学语句之证立和检验的基础,因为单纯依靠逻辑方法将无法证立教义学语句:演绎逻辑使教义学语句的内容无法获取新的内涵,而归纳逻辑只能依赖于无规范性可言的经验语句。此时,教义学语句的证立需要依赖以下两种理由:一是在狭义检验层面,那些与之具备体系性或直接关联的教义学语句;二是广义检验层面的普遍实践论述。这正是区分内部证成(对应狭义检验)和外部证成(对应广义检验)的根本原因。

就此来说,阿列克西的研究确属"论题导向"。"法律论辩作为实践论辩的特殊实例"就是支撑这一理论的论题。但是,这个论题仍然有值得进一步审视的必要。由于阿列克西法律论证理论的初始关切是事实命题

---

① [德]罗伯特·阿列克西:《法律论证理论——作为法律证立理论的理性论辩理论》,舒国滢译,中国法制出版社 2002 年版,第 325 页。

② 参见[德]罗伯特·阿列克西:《法律论证理论——作为法律证立理论的理性论辩理论》,舒国滢译,中国法制出版社 2002 年版,第 322-328 页。

③ 参见[德]罗伯特·阿列克西:《法律论证理论——作为法律证立理论的理性论辩理论》,舒国滢译,中国法制出版社 2002 年版,第 328 页。

与规范性命题的衔接,因此这里可以从以下两个依次递进的问题入手:第一,事实如何成为证立规范的充足理由;第二,作为充足理由的事实是否必然以规则形式呈现。此时,针对法律论证理论的研究,将上溯至事关论证之根本的"理由"概念。下面将作进一步展开。

二、充足理由的事实属性之证成

阿列克西"法律论辩作为普遍实践论辩之特殊实例命题"的论题引申出两项与"理由"概念相关的命题。第一个命题是:证立论证结论的充足理由是事实而非规范。

这一命题可以上溯到图尔敏论证模型,它展示了道德论证所独有的"评价性推论"(evaluative inference)。具言之,"评价性推论"的有效性体现在它能够从事实性理由(factual reason)推出道德结论(ethical conclusion)。换言之,当存在充足理由(good reason)时,规范性命题(norm)为真。如果结合事实命题(ground)到规范性命题的过渡,则可以明确:"充足理由"是连结事实命题与规范性命题的核心。图尔敏正是以此为核心建构起他的论证模型,并使得理据(W)以至于支撑(B)成为衔接主张(C)与数据(D)的中介。

这种从事实到规范性命题的推论,试图借助语用学检验的理论脚手架来超越休谟命题:道德判断的描述性意义仅仅反映言说者的态度,我们并不能以此去判断它的真实性,是故,道德判断无关内容之真假,而只关涉言说者的立场。[①] 进一步,言说者的立场又受到社会因素的影响,因为人们在参加社会实践的过程中必定同时受到社会伦理规范即"道德准则"(moral code)以及法律、惯习、原则等要素的影响,这些要素都将形塑

---

① See Stephen E. Toulmin, *An Examination of the Place of Reason in Ethics*. Cambridge University Press, 1953, p.38. 在此简要展开语用学检验的相关内容:图尔敏从维特根斯坦的语用学路径出发,以语用学检验作为判断是否具有充足理由的方法,亦即关注科学论证能否提供为道德判断所需的充足理由。语用学检验表明,表明伦理学中也有未经反思的"直觉"以及经过慎思的"道德判断"的区别。这种区分类似于科学语句和伦理学语句的区别,前者不会改变它所说明的经验,而后者会修正未经反思所表达出来的道德情感。参见[德]罗伯特·阿列克西:《法律论证理论——作为法律证立理论的理性论辩理论》,舒国滢译,中国法制出版社2002年版,第101页。简单来说,伦理学语句必须诉诸实践行为,而科学语句仅仅是标记,因而是纯然思辨的。这再一次体现了康德哲学的意涵。

他们的行为。①

这里蕴含着区分道德论证的两条进路:第一条是义务论进路,个人仅仅因社会准则如此要求而行事,换言之,社会规则仅因其自身被定义为"社会规则"而成为"充足理由"(good reason),它使人们的自我道德判断与社会的整体道德判断相协调。第二条是后果论进路,也就是个人的行事依据是自我的道德判断,更具体地说是个人认为的"更好"结果,它有助于发挥道德判断的批判功能,并为社会整体道德判断的变革提供动力,因为自我的道德判断是人们行事的终极理由。②

不难发现,图尔敏是从两个层面来讨论道德论证的评价性认定,一个是涉及道德判断与"态度"之关系的认知立场,另一个是表现道德结论之施为性(performativity)特征的行动立场。而且,如果个人的道德结论与社会道德准则以及法律、惯习等要素密切相关,那么评价性推论在本质上将着眼于道德主体的行为,或者说那些能够充当理由的事实提供了使人们"应当如此行动"的道德结论。

在这个从事实到规范的跨越中,"道德家"(moralist)——那些科学批判现有制度的人们,在其中扮演了决定性因素:

> 不加批判地接受现有的制度是不对的吗? 它们必须随着它们所适用的环境而进化。因此,在社会上总有"道德家"的位置,这个人批评当前的道德和制度,并提倡更接近理念的实践。他必须持有的理念是,在现有的资源和知识状况下,不能容忍一个存在任何的痛苦或挫折的社会。对于精通自然科学的专家来说,他们是发现减少世界上苦难的手段,从而为满足和实现提供新的渠道的人。但是科学的证据仍然是关于什么是可行的以及事实(即"事实是或可能是什么",而不是"事实应当是什么")的证据。正是在道德家的手中,可能性变成了政策,"能做什么"变成了"应当做什么"。他所有的经验和智慧都需要用来弥合

---

① See Stephen E. Toulmin, *An Examination of the Place of Reason in Ethics.* Cambridge University Press, 1953, p.137-143.

② 阿列克西认为,这种区分在根本上服务于功利主义。参见[德]罗伯特·阿列克西:《法律论证理论——作为法律证立理论的理性论辩理论》,舒国滢译,中国法制出版社 2002 年版,第 102 页。

事实和价值之间的鸿沟。但这一鸿沟是可以被弥合的。①

这段内容表明,道德准则或道德判断就是"道德家"用来填补事实与规范之间裂缝的"经验和智慧",它们寓于具象化的道德实践之中。也正是这种道德实践产生了足以证立或批判道德准则或道德判断的力量,因此在价值证成的问题上,重要的不是逻辑,而是道德经验。② 这符合图尔敏强调论证之实质性而非分析性的立场。而且,由于经验只能植根于实践行为之中,伦理学在此将彻底地与实践理性和日常语言哲学联系在一起,成为论证正当行动之充足理由,亦即提供行为理由的学问。

针对图尔敏的上述立场,阿列克西采取了批判性吸收的态度。他在以规则为底色重构论证理论的同时提出了三个追问:第一,追问是否存在实现"评价性推论"的规则,这指向了图尔敏与黑尔的争论。③ 第二,追问能否证成实现"评价性推论"的规则,这指向了图尔敏道德论证模型的属性。④ 第三,追问以功利主义作为实现"评价性推论"规则之哲学基础或"根本规则"的充足依据。⑤ 有学者认为,产生上述三个追问的根源是阿列克西对图尔敏的误读,这种误读源于他们理论的不同知识来源、方法以及对法律论证的不同理解。⑥ 但阿列克西批判图尔敏理论的核心理论关切理应是道德实践的可普遍化问题。据康德,"可普遍化"(universalizability)或"普遍法则形式"(the formula of universal law)是一项先天综合命题,也

---

① Stephen E. Toulmin, *An Examination of the Place of Reason in Ethics*, Cambridge University Press, 1953, p. 223.

② See Joseph W. Wenzel, *Toward a Rationale for a Value-Centered Argument*, 11 Readings in Argumentation 399, 409 (1992). 转引自宋旭光:《理由、推理与合理性——图尔敏的论证理论》,中国政法大学出版社 2015 年版,第 209 页。

③ 参见宋旭光:《理由、推理与合理性——图尔敏的论证理论》,中国政法大学出版社 2015 年版,第 202-215 页。

④ 阿列克西将其称为"经验性—定义性的程序"。此处所谓"经验性"就是通过外在描述道德论证实践的方式来得出具体的规则;"定义性"就是把这种语言游戏排他性地命名为"道德游戏"。他认为,这种思路只是能够部分说明了道德论证实践的证立问题,因为没有充足理据表明排他性地把这种描述性的语言游戏定义为"道德游戏"是合理的。参见[德]罗伯特·阿列克西:《法律论证理论——作为法律证立理论的理性论辩理论》,舒国滢译,中国法制出版社 2002 年版,第 112-113 页。

⑤ 参见[德]罗伯特·阿列克西:《法律论证理论——作为法律证立理论的理性论辩理论》,舒国滢译,中国法制出版社 2002 年版,第 109-113 页。

⑥ 参见宋旭光:《理由、推理与合理性——图尔敏的论证理论》,中国政法大学出版社 2015 年版,第 217-218 页。

是一项定言命令(categorical imperative),意指支持某个行动的道德理由必须能够经受可普遍化测试并成为全称命题。① 就此而言,阿列克西并不反对图尔敏利用"充足理由"弥合事实与规范的裂缝的做法,但他怀疑这种未经理性检验的"充足理由"能否证实自身的可普遍性,尤其是需要将它用在证成法律这种强规范性命题的场合。换句话说,阿列克西的核心追问是:"充足理由"的"充足",究竟根源于言谈各方达成的合意,还是源于理性规则以及形式化的逻辑推导程序?

图尔敏给出了他的回答。他区分"分析性论述"和"实质性论述"的做法已经表明,由于任意的理据(W)及其支撑(B)的内容均已获得认可,因此无须额外的证成。换言之,图尔敏在此并未明确给出证立"充足理由"的"二阶理由",却通过给出言说者所共同分享之实质内涵的方式来阐明了"二阶理由"的内容。就此而言,"充足"蕴含于"实践论证"的逻辑形式及其使用的理据之中,且这种论证形式并非形式逻辑的分析性论证。②

这一追问暴露出日常语言哲学的语用学进路和逻辑理性主义进路的根本分歧。日常语言哲学的语用学进路必定采描述性分析方法,但它希望在分析与描述语言用法的过程中"让一切如其所是"。③ 是故,对外在之物的语用分析过程也是逐渐呈现事物自身的过程,此时描述性研究和规范性研究是一体两面。所以,图尔敏的描述性研究也同时包含了规范性研究的内容。以"充足理由"来回应社会准则之"有效性"问题即为典型。④ 与之相反,另外一种获取规范性命题的方法则根源于自在之物的本质。此时,论辩目的就是利用各种方法来说明事物之客观存在或论证该事物为真。再加上可普遍化原则作为定言命令的属性,无疑又必须依赖于形式逻辑和形式化的推论规则。因此,阿列克西得出结论:法律论证既需要形式逻辑,又需要作为论证前提条件的形式推论规则,且这些推论

---

① 康德在《实践理性批判》第 2 版第 7 节"纯粹实践理性的基本法则"中给出了可普遍化原则。参见《康德著作全集·第 5 卷:实践理性批判 判断力批判》,李秋零主编,中国人民大学出版社 2013 年版,第 33-34 页。

② 参见[英]史蒂芬·图尔敏:《论证的使用》,谢小庆、王丽译,北京语言大学出版社 2016 年版,第 109 页。

③ 参见[英]路德维希·维特根斯坦:《哲学研究》,陈嘉映译,上海世纪出版集团、上海人民出版社 2005 年版,第 58 页。

④ See Stephen E. Toulmin, *An Examination of the Place of Reason in Ethics*, Cambridge University Press, 1953, p. 140-143.

规则还要与历史形成的规范材料联系在一起。[1]

至此可以明确，以形式逻辑为主轴展开理论构建的阿列克西论证模型与强调反形式逻辑的图尔敏论证模型的根本分歧是：基于经验而非逻辑的论证能否获得普遍证成，而非"经验性"与"定义性"之间能否直接过渡，因为这种过渡同样被哈贝马斯的商谈理论所确认。[2] 不过，这只能部分解决"充足理由"的可普遍化问题；如果需要完全解决这一问题，还需要进一步的说明。

三、特殊实例命题的修正与理由论证的型式

当能够初步确定事实命题可以经由"充足理由"推导出规范性命题后，紧接着需要分析"作为充足理由的事实是否必然以规则形式呈现"的命题。这一命题事关"充足理由"的类型，更确切地说是回答"规则是否为充足理由的排他类型"的追问。该追问是阿列克西"法律论辩作为普遍实践论辩的特殊实例命题"（以下简称"特殊实例命题"）的合理推论，[3]它将包括以下两个子问题：第一，特殊实例命题本身是否成立；第二，特殊实例命题能否导出规则的排他性地位。

有关特殊实例命题认知问题的争议焦点是：审判的论证能否基于程序主义的商谈理论而成为实践商谈的特殊内容。阿列克西在此提出了三项可能阻碍特殊实例命题成立的异议，并分别给出了辩护意见。具言之，三项异议分别包括：第一，审判的论证中不涉及"应该做或不做什么"或者"应该允许做或不做什么"的实践问题；第二，审判的论证不提出正确性要求；第三，即使审判的论证具有正确性要求，但程序和实体上的诸

---

① 参见［德］罗伯特·阿列克西：《法律论证理论——作为法律证立理论的理性论辩理论》，舒国滢译，中国法制出版社 2002 年版，第 113-114 页。

② 参见［德］乌尔弗里德·诺伊曼：《法律论证学》，张青波译，法律出版社 2014 年版，第 82 页。基于经验的论证可否普遍证成的问题，可以参考张志铭教授和于浩教授提出的"大范围经验"与"事理逻辑"的交融论题。参见张志铭、于浩：《共和国法治认识的逻辑展开》，载《法学研究》2013 年第 3 期，第 6-7 页。

③ 舒国滢教授曾经概括阿列克西的提出这一命题的理论依据。参见舒国滢：《走出"明希豪森困境"》，载［德］罗伯特·阿列克西：《法律论证理论——作为法律证立理论的理性论辩理论》，舒国滢译，中国法制出版社 2002 年版，第 13-14 页。另外需要说明的是，特殊实例命题是阿列克西法律论证理论中最具争议性的问题，不少学者都曾与阿列克西就此命题展开争论。参见［德］乌尔弗里德·诺伊曼：《法律论证学》，张青波译，法律出版社 2014 年版，第 94-104 页。

多限制将阻碍它成为商谈。相对应的辩护意见是:第一,许多法律问题的确与事实认定相关,但也有一些法律问题涉及规范性命题的证立,"外部证成"就是典型。第二,根据法律命题进行的证立活动如同根据普遍实践命题的证立活动,且司法实务中法官的确负有依实在法证立裁判的法定义务。至于判决本身是否需要具备合法性(legality),即符合自然法上的正确性,以及如何在现实生活中对待此种法律证立的正确性,则与本题无甚关联。第三,较之于普遍实践论辩,法律论证的确受到诸多限制,但这些限制并不能妨碍法律论辩成为普遍实践论辩的子类型。而且也正是得益于这种发生在有效法秩序内的论证,审判才能够被称为"理性证立"。①

诺伊曼曾针对阿列克西辩护给出过较为中肯的反对意见,可以归纳为以下三点:②

第一,实践论证指向的是实质正确,而法律论证指向的是基于成文法和法律程序的理论正确。在某种程度上,这也是"客观真实"与"程序真实"的区分。

第二,实践论证与法教义学之间存在理论裂缝,导致法律论证无法被证明为普遍实践论证的特殊实例。尽管阿列克西试图用"外部证成"与"内部证成"的模式来为推论的不同方式划定边界,但这种理论建构方法并不能掩盖它们在本质上存在的差异。法教义学的根本意图是令法律成为控制行为选择的机制,而实践论证更关心议论如何确保得到共识的支撑。而且,如果法教义学能够把评价性问题转变为认知和求真问题的话,那么法教义学将不是实践商谈,而是基于未经反思之先验命题而展开的理论商谈——这倒也契合"教义学"的意蕴。此时至多能够认为,法律论证部分包含实践论证的内容,但不能称它们构成"特殊—普遍"关系。

第三,"内部证成"和"外部证成"的区分可能混淆社会规则和语言规则,导致法律论证无法获取融贯的本体论与方法论基础。例如,在"猫躺

① 参见[德]罗伯特·阿列克西:《法律论证理论——作为法律证立理论的理性论辩理论》,舒国滢译,中国法制出版社2002年版,第264-272页。按照阿列克西的举例,此处法官所负有的证立的法定义务例如:《德国联邦宪法法院法》第30条第1款:"联邦宪法法院……裁决应以书面形式作出,并应说明理由,并由参与裁决的法官签署。举行口头听证的,应当公开宣布决定和作出决定的主要理由。……"又如《德国民事诉讼法》第313条第1款第6项:"判决书应载明:……裁决所依据的理由。"

② 参见[德]乌尔弗里德·诺伊曼:《法律论证学》,张青波译,法律出版社2014年版,第94-100页。

在垫子上,但我不相信"这个论证结论中,一方面,"我不相信"是基于客观的社会规则的判断,而"猫躺在垫子上"是基于语言规则的判断。如果"猫躺在垫子上"是一个经过内部证成而获取的结论,那么它表明法律判决的正确性源于作为语言规则的法律。但另一方面,"我不相信"的价值判断被纳入法律论证当中,又意味着法律判决正确性的标准还可能源于社会规则。当然在很多场合,社会规则和语言规则是可以相互重叠的,例如法律可以规定"法官必须依法裁判,且不得拒绝裁判",但并不能否定以下悖论的客观存在,即判决的正确性必须排他地来自语言规则,且同时又来自社会规则。这也就不难理解,为什么在证立裁判规范或者确定涵摄的逻辑大前提时,会在文义解释、主观目的解释、客观目的解释何者优先的问题上争执不休,更遑论法学诠释学对法律文本与其解释者的另类理解,因为裁判者的审判和解释法律的活动需要受到上述悖论的影响。

总而言之,如果不是秉持法律原旨主义立场,那么批判视角将必然介入审判过程。此时,并非所有的法律言说行为都以语言规则作为支撑,而必须考虑社会规则在其中的功能。这种结论说明:我们不能也不可能质疑一项法律在具体的论证中不能成为充足理由,因为且仅仅因为它是法律。不过,这并不表明它在逻辑或道德层面也能够当然地成为"充足理由",否则将违反实践论证的批判功能以及法律拟制所指向的价值判断。此时,"理性"的裁判(符合社会规则的裁判)和"符合有效法"的裁判(符合语言规则的裁判)只具有偶然的一致,更准确地说是内容而非逻辑的一致性。

本书认为,上述针对法律论证与普遍实践论证的界定表明,法律论证与普遍实践论证在内容上存在联系,但不足以认定二者构成"特殊—普遍"关系。倘若从内容而非方法或言语行为的角度去理解特殊实例,则特殊实例命题仍然成立,不妨称之为"修正的特殊实例命题"。① 这种思路

---

① 应当明确的是,阿列克西在初始提出"特殊实例命题"时,也是以内容上的特殊来引出"特殊实例"的表述。参见[德]罗伯特·阿列克西:《法律论证理论——作为法律证立理论的理性论辩理论》,舒国滢译,中国法制出版社 2002 年版,第 18 页。而且,阿列克西还把法律论辩区分为经验性、分析性和规范性三种:经验性论辩是指"描述和说明特定论述的频度、特定谈话群体和谈话的情境的相互关系、特定论述的应用、论述的影响力、运用特定论述的动机或运用特定群体在论述的有效性问题上占主导地位的观点的动机";分析性论辩是指"涉及的是实际已出现或可能将出现的论述的逻辑结构";规范性论辩是指"提出和证立法律论辩的合理性(理性)标准"。参见[德]罗伯特·阿列克西:《法律论证理论——作为法律证立理论的理性论辩理论》,舒国滢译,中国法制出版社 2002 年版,第 18-19 页。

与法律实证主义之"分离命题"的现有解释进路保持一致,即法律规范不排除含有道德内容,但这些道德内容并不因此成为证立法律规范性的理由。此时,属于普遍实践论证的论述,必须转化为法律的论述之后才可以被用于证立审判。①

由于这种转化涉及价值判断,因此将落脚到正义、合目的性、法律安定性何者优先的问题。一般来说,为了平衡法律安定性与法律的合目的性,就需要借助包括原则在内的一般条款,对具体的法律论述进行微调;同时,也需要借助某些被普遍承认的法律效力判准来平衡法律的安定性与正义的关系。在这个过程中,法律的合目的性和正义均与普遍实践论证相关,它们分享共同的价值取向,是法律通向社会的渠道;由于法律论证需要借助法律的封闭运作来确保自身符合理性的要求,故必须强调法的安定性。考虑到正义、合目的性、法律安定性三者的价值取向不同,因而需要借助它们之间的转化来实现具体的论证。基于法律论证的"论题取向"特征,"论题"的概念将成为三者的汇聚核心。具体可以如图 5-2 所示:

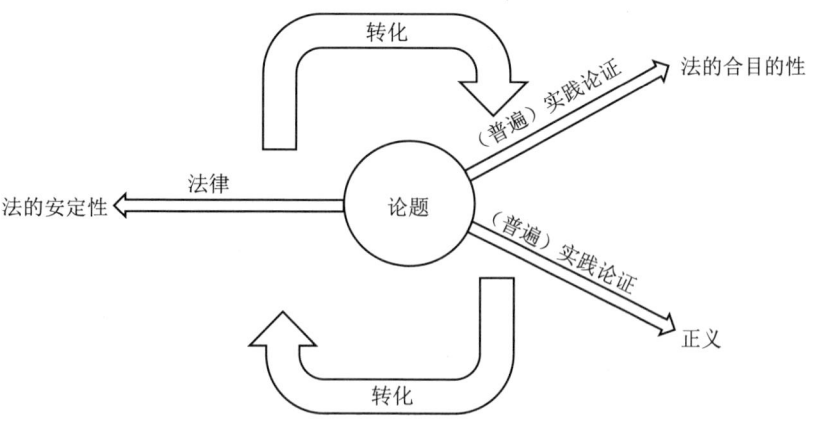

图 5-2 修正的特殊实例命题以及法律论证与(普遍)实践论证的转化

以上针对特殊实例命题的理论重述,具有以下特征:第一,能更好说明法律论证与普遍实践论证之间的关系,并且能够以"论题"概念为核

---

① 参见[德]乌尔弗里德·诺伊曼:《法律论证学》,张青波译,法律出版社 2014 年版,第99 页。

心,将法律论证和普遍实践论证模式与法的安定性、合目的性、正义等价值组合在一起,在内容或者论证领域的角度重新发现"特殊实例命题"的含义。第二,在尊重法律论证理论的理论完整性前提下重新阐发法律论证理论的论题底色,可以更准确地说明更具包容性的裁判获取程序的理论基础。第三,在坚持实践商谈的程序理性同时,重申商谈以论点(论题)和论据(理由)为主轴的实质内容。

"特殊实例"的"特殊性"指向内容或论证领域而非方法和逻辑结构之结论,说明规则并不能成为充足理由的唯一类型。虽然规则作为普遍实践论证和法律论证的先验条件,同时以单称的规范性命题作为普遍实践论证和法律论证的内容,而且以逻辑符号充当相关规则的表达式,但并不能因此证明规则构成"充足理由"的排他性类型。

首先,这里存在两种规则类型,一是先验的或者是可以被分析所证实的论证规则,二是作为论辩对象的"单称的规范性命题"。但第一种规则只是从形式层面去给定论证的事实(D)、主张(C)、理据(W)的应然状态,它更多体现为操作性或技术性规则,因此只能充当论证的路标,或称之为论证得以顺利进行的形式结构,而非论证的适格对象。第二种规则即使能够蕴含实质内容,却也只是涵摄而非论证的直接对象,否则将产生逻辑悖论。① 例如在内部证成中,"单称的规范性命题"作为涵摄的逻辑大前提,就是通过递归来发现的。此时,如果认为第二种规则是论证的直接对象,那么在得出该规则前的递归就不能算作论证活动,这无疑是前后矛盾的。其次,由于阿列克西将图尔敏的论证模式基本迁移至普遍实践论证和外部证成的表达中,这一部分在很大程度上是"非逻辑"的实质论证,如果我们仍然把"逻辑"认定为形式逻辑,而非图尔敏所说的"根据理据所开展的论证"。

一言以蔽,规则并不是论证的排他类型。确切地说,规则只是证立结论所必需的排他类型,或者说论证的充足理由只能以规则作为载体,但不代表参与论证的理由只能是规则。是故,实践论证的中心任务就是在多

---

① 在有关普遍实践论证的问题上,阿列克西似乎正是如此认为的,然而在法律论证的环节中,他却似乎忽略了这一观点。参见[德]罗伯特·阿列克西:《法律论证理论——作为法律证立理论的理性论辩理论》,舒国滢译,中国法制出版社 2002 年版,第 246 页。

元的论证理由中找寻可普遍化的"行为理由"［reason（s）for actions］，而且这些行为理由不仅为论证本身提供前提条件，也同时成为论证所需的充足条件。就此，我们不妨用"行为理由"的概念来更精确地表述"充足理由"在法律论证中的双重意义。相应地，法律论证就是从复数的事实类型中推导出能够充当可普遍化的行为理由，并使之表述为可以指引行动的规则形式。在这个意义上，"理由论证"将取代"法律论证"，成为更准确描述审判活动的方案：它以既有的法律论证理论为核心，调和论题学/修辞学脉络与法教义学脉络之间的裂缝（需要注意的是，遵循先例恰是二者之综合），并进一步推进法律推论与价值判断的实践作业。

第四节　理由论证的可废止性

理由论证的论证型式表明，它是各方主体围绕特定的法律论题，围绕着法律所捍卫的基本价值而展开的话语实践过程。在这个过程中，参与法律议论和社会议论的各方主体需要借助包括法律在内的多元理由类型反复进行论辩，从而形成一个"生成共识—共识被废止—生成新的共识"这样一个循环往复的过程，最终获得一个能被各方所接受的结论。在这个过程中，原有的论证结论能够被新的共识所废止，是理由论证的突出特征。于是，"论证的可废止性"就成为理由论证的重要属性，"可废止地论证"则成为理由论证的核心方法。

一、"可废止性"的概念及其由来

（一）"可废止性"的英文文义

在英文中，"可废止"（defeasible）以及其名词"可废止性"（defeasibility）主要是用于法律或法哲学场合。[①] 根据《柯林斯英语词典》

[①] 国内关于法律可废止性命题的基础性综述。参见舒国滢主编：《法学方法论论丛》（第3卷），中国法制出版社2016年版，第1-5页；宋旭光：《为什么应当将法律看作是可废止的?》，载《人大法律评论》编辑委员会组编：《人大法律评论》（2016年卷第3辑·总第22辑），法律出版社2017年版，第165-182页；陈坤：《可废止法律推理与法治》，载《法制与社会发展》2019年第6期，第165-183页。

网络版,"可废止"有两种含义,一是在法律上"(指地产或土地权益)可被击败或使无效";二是在哲学上"(指判断、意见等)具有有利于己的前提,但在相反证据被发现时可以被修改"。在《韦氏词典》网络版中,"可废止"都表达了类似的意思。例如《韦氏词典》网络版说明,"可废止"是指法哲学上"原则上可以修改、有效反对、没收或取消",它最早出现在15世纪的中古英语中,且可以经由盎格鲁—诺曼法语上溯至古法语的词根"desfesant"(英文表达为"undoing",即"取消"或"毁灭"的含义)。又如《布莱克法律词典》网络版(第2版)把"可废止"被定义为:"某一主体被击败,被取消,被撤销,或在未来事件发生时或后续条件的履行而被撤销,或在某些条件限制下所撤销。通常指不动产和地上利益。例如,抵押权人的不动产可以被抵押人的取回权所废止(即抵押权人的不动产应为被抵押权人的取回权所击败)。"因此在文义上,"可废止性"是描述某些不动产上的权利因其他不动产上权利的合法行使而被撤销或被废止的状态。

(二)哈特对"可废止性"概念的拓展用法及其争议

哈特在1948年的《责任与权利的归属》一文中,首次拓展了"可废止"概念的用法:

> 当学生了解到英国法上存在一些为生效合同所需要的积极条件(例如至少有缔约双方、一方的要约、另一方的承诺、某些情况下所需的书面备忘录以及对价)后,他对合同这一法律概念的理解仍然是不完整的,即使他已经习得了法律人针对"要约""承诺""备忘录""对价"等技术性但仍模糊不清的术语的解释技术,这种概念理解的不完整性仍然存在。在这些情况下,他仍然需要了解能够击败一项存在有效合同主张的东西是什么,即使所有主张合同有效的条件都已经被满足。该作业尽管必要,却并非总是充分。这就是学生仍然要了解的在"除非"这个词语之后的内容,而这个词语应当伴随着这些条件的陈述。法律概念的这一项特征,在日常英语的词汇中并不存在。"有条件的"和"消极的"等词语具有"错误的"含义,但我有些犹豫地借用并扩展了法律上的一个词语,即"可废止的",这个词被用于

在诸多偶然事件下能够被终结或"击败"的财产上之合法利益,而如果上述的偶然事件并未成就,则它们仍然保存原样。此时,在这个意义上,合同就是一个可废止的概念。[①]

可见,哈特是从法律概念运行的实践角度理解法律概念的本质,此时法律概念的例外情况就可以定义为"可废止性"。这种方式能够表明法律概念与日常概念的差异之处:当出现但书规定的例外状态时,原本被确定的法律概念的用法就需要被废止。可见,法律概念的"可废止性"是哈特借助言语行为(speech-acts)来反对还原论(reductionism)的重要依据,这种认知方式甚至可以被认为是人类行为的基本特征。[②]

不过,哈特对"可废止性"的延伸用法却受到学界的普遍质疑,尽管不少学者都承认这一理论作业的价值。[③] 例如,布宁在讨论法律规则的可废止性时指出,规则的可废止性是指规则在适用过程中,因其自身所具有的"开放结构"而存在适用之例外状态,它将导致规则无法被适用的后果。在这里,规则可废止性的证成并不是通过穷举规则适用的所有例外状态,而是首先说明例外状态不可穷尽,进而通过穷举规则适用的充分条件来实现的。就此而言,法律可废止性的见解,一方面说明了法律形式主义的局限性:如果法律规则是可废止的,那么法律规则就不能达到适用演绎模式所需的最佳状态,进而说明法律演绎模式具有逻辑局限性。但另一方面,可废止的见解却未能为法律概念和规则理解问题带来学术增量,因为这一概念的问题域都包含在法律现实主义和法律形式主义的论题中。[④]

尽管如此,布宁还是给出了法律可废止性的检验路径:正是因为规则

---

① H. L. A. Hart, *The Ascription of Responsibility and Rights*, 49 Proceedings of the Aristotelian Society 171, 174-175 (1948).

② See Gordon Baker, *Defeasibility and Meaning*, in P. M. S. Hacker & Joseph Raz eds., Law, Morality, and Society: Essays in Honour of H. L. A. Hart, Clarendon Press, 1979, p. 31.

③ 例如弗里德里克·肖尔就直接否定了法律具有可废止性。See Frederick Schauer, *On the Supposed Defeasibility of Legal Rules*, 51 Current Legal Problems 223, 223-240 (1998). 中译本参见[美]弗里德里克·肖尔:《论法律规则被假设的可废止性》,王志勇译、宋旭光校,载舒国滢主编:《法学方法论论丛》(第3卷),中国法制出版社2016年版,第58-73页。

④ See Leonard G. Boonin, *Concerning the Defeasibility of Legal Rules*, 26 Philosophy and Phenomenological Research 371, 371-372, 378 (1966).

的例外不可被穷尽,所以只需穷举规则成立的充分条件。但问题在于,给出规则成立的充分条件就势必导出规则存在例外的认知,因此针对可废止性的检验实际上就等于没有检验,这种论证思路显然属于循环论证。换句话说,法律概念或者法律规则是否具有可废止性,并不能通过诉诸理性的检验,而是必须保持在"非真非假"的状态之中。

贝克在 1977 年的《可废止性与意义》一文中也同样指出了这一点,[①]尽管哈特早在 1967 年出版的《惩罚与责任》一书中就明示放弃了他对可废止性的引申用法。[②]贝克认为,哈特对"可废止"概念的用法实际上脱胎于奥斯丁讨论"裤词"(trouser-words)含义的方法,即词语的定义并非来自其内容,而是来自否定词的对比:

> 失望是双重的。哈特的可废止性概念似乎极具启发意义,并可能产生丰富的成果。它使我们的头脑充满想法和明显的洞见。它似乎在许多领域都有应用,特别是在分析某些产生哲学争议的特定词汇,例如"真实""确定""自愿"。在澄清这些概念方面,人们认识到这些表达是"裤词"(trouser-words)或"排除器"(excluders),即这些概念是可废止的。这似乎是澄清上的一大进步。尽管如此,可废止性概念尽管有其承诺,但似乎过于脆弱,以致无法支持任何重要结论。将其应用于非法律概念,与将其应用于法律概念一样困难重重。我们无法将可废止性概念嫁接到基于真值条件的意义观念。这阻碍了我们巩固它生成洞见的印象,以及我们开发它明显的潜力。[③]

他进一步提出,哈特拓展"可废止"用法的目的是证明法律概念具有"不可还原地被废止的"(irreducibly defeasible)属性。这一立场关涉哈特平衡以下两个涉及现实主义(realism)与还原论的基础性原则的理论作业:一是给出有关法律概念和法律陈述的普遍陈述,它关乎哈特理论的实

---

① See Gordon Baker, *Defeasibility and Meaning*, in P. M. S. Hacker & Joseph Raz eds., Law, Morality, and Society: Essays in Honour of H. L. A. Hart, Clarendon Press, 1979, p. 35.

② See H. L. A. Hart, *Preface of Punishment and Responsibility: Essays in the Philosophy of Law*, Oxford University Press, 2008.

③ Gordon Baker, *Defeasibility and Meaning*, in P. M. S. Hacker & Joseph Raz eds., Law, Morality, and Society: Essays in Honour of H. L. A. Hart, Clarendon Press, 1979, p. 43.

践证立;二是这些法律概念与法律陈述都是独一无二的(*sui generis*)。①

但是,概念可废止性的认知会产生三个后果②:第一个后果,有关证明负担(onus of proof)或证明责任的分配,这是由于支持原告诉求的表面(prima-facie)理由和对方相应提出的反对意见均仅仅关涉事实争议,并不被要求用作证立某个概念具有可废止性。而且,概念可废止的特征是通过"抗辩清单"也就是列举有关合同概念的用法是否成立的积极条件与消极条件的方式来呈现的,但这种方式并不能证明可废止的法律概念与针对法律概念的还原论分析之间存在着逻辑分野。第二个后果,是只有在所有的证据都能证实的特殊情况下,可废止概念的应用才能被证立,因为但书条款只有在例外状态被证实的情况下才能成立,而此时才能证实概念具有可废止性。换句话说,由于概念的可废止性高度依赖举证负担的程序性规则,使得有关可废止概念的话语实践只能提供必要且一般充分的条件(necessary and normally sufficient conditions),却不能提供完全充分的条件。因此,可废止概念在用法上难以自证其融贯性。第三个后果,是通过言语行为来确立可废止概念的进路将不能使用"种加属差"(*per genus et differentiam*)的定义方法,而只能通过强化抗辩清单来实现概念的证成。

不难发现,哈特的理论尝试之所以"失败",是因为它在很大程度上混淆了概念的可废止性与事实的可废止性,而这又直接指向哈特对法律概念的方法论进路,即通过描述使用法律概念的言语行为来调和概念生成的现实主义进路与还原论进路。尽管这种方法把本体论意义上的"可废止性"作为言语博弈与概念生成的结构化媒介,通过言语行为之间的相互否定来阻断概念形成的演绎—还原论进路,但哈特有关但书、例外状态、抗辩清单等内容的讨论,非常直观地说明了可废止的不是法律"概念",而是生成规范性法律概念的、作为"事实"的话语实践,也就是通过言语行为来不断驳倒对方论点和论据的过程。

---

① See Gordon Baker, *Defeasibility and Meaning*, in P. M. S. Hacker & Joseph Raz eds., Law, Morality, and Society: Essays in Honour of H. L. A. Hart, Clarendon Press, 1979, p. 26-28.

② See Gordon Baker, *Defeasibility and Meaning*, in P. M. S. Hacker & Joseph Raz eds., Law, Morality, and Society: Essays in Honour of H. L. A. Hart, Clarendon Press, 1979, p. 32-34.

尽管如此,"可废止性"的概念仍然在继续拓展它在法律理论中的空间。贝克废止了哈特废止其可废止性应用的理论作业,就是一个例证。此外,"可废止性"逐步进入政治哲学、道德哲学、人工智能与法的领域,在很大程度上也可以归功于哈特的理论尝试。[①]

(三)波洛克对可废止概念的拓展性研究

在推进可废止性概念的规范性和逻辑研究上,法律的人工智能运用(AI application in law)这项面向法律未来的科学研究事业无疑起到了极其重要的作用。它要求借助逻辑运算符号,将作为日常逻辑的法律论证算法化,此时"可废止性"就成为推进法与人工智能的跨学科研究的核心概念。

这一路径首先是由深耕认识论、逻辑哲学、认知科学、人工智能的美国哲学家约翰·波洛克在 20 世纪 60 年代所奠基。他本人也因此被学界誉为"可废止推理先生"(Mr. Defeasible Reasoning),尽管他并未关注过法律推理理论,也不承认哈特对可废止概念的重释,还对非形式逻辑(informal logic)或修辞敬而远之。

波洛克在 1972 年的《知识与证立》中,通过重新界定认识论的逻辑基础来推导出不同认知获取所需的理由类型(types of reason)。他指出,通过直觉获得认识是一个常见的心理学事实,而哲学家往往希望能够将基于直觉的认知模式即"直觉模式"(model of intuition)作为提供信念(belief)的逻辑基础,此时,通过"直觉模式"确立的信念就被称作"不可辩驳"(incorrigible)的信念。[②] 但是,"P 无可辩驳地证立 S"的信念意味着以下观点必然为真:如果 S 相信或者将要相信 P,那么 S 就因相信 P 而获得或将要获得证立;同时,"由于错误的信念仍然可以被证立,一项被证

---

① See T. Girill, *On the Defeasibility of Duties*, 12 The Journal of Value Inquiry 197, 197-209 (1978); J. McDowell, *Criteria, Defeasibility, and Knowledge*, 68 Studies in the Philosophy of Logic and Knowledge 455, 455-479 (1982); Ronald P. Loui, *Hart's Critics on Defeasible Concepts and Ascriptivism*, Report Number: WUCS-95-02 (1995); All Computer Science and Engineering Research, https://openscholarship. wustl. edu/cse_research/362; J. Hage & A. Peczenik, *Law, morals and defeasibility*, 13 Ratio Juris 305, 305-325 (2000).

② See J. L. Pollock, *Knowledge and Justification*, Princeton University Press, 1972, p.23.

立的不可辩驳的信念未必不可辩驳地为真"①,故人们在认识论上的基本信念可能只是表面上(prima facie)被证立。这个观点可以表达为以下命题:

"P在表面上证立S"意味着"这样一个观点必然为真:如果S相信或者将要相信P,且S没有理由认为P为假,那么S就因相信P而获得或将要获得证立。"②

这个命题表明,认识论上的基础信念仅仅因感知而获得表面上的证立,它们不能因此被认为是不可辩驳的。波洛克进而把这些证立论题的理由称为"逻辑上好的理由"(logically good reasons),它有别于担保结论为真的"结论性理由"(conclusive reasons)。这种"逻辑上好的理由"可以进一步分出"表面成立的理由"(*prima facie* reasons):

表面成立的理由是这样一个理由:它本身就是一个信任某事的好的理由,且它将保证证立某事,但当它与其他某些信念结合在一起之后,它可能就不再是好的理由。③

在这里,"可废止"(defeasible)就是指"表面成立的理由"因"其他某些信念"而不再成立。这些否定性信念就被称为"击败理由"(defeaters):

如果P是S相信Q的一项逻辑理由,那么当且仅当P和R的组合不是S相信Q的逻辑理由时,R是击败P的理由。④

就此而言,"表面成立的理由"是证明"击败理由"客观存在的理由。

在逻辑上,P作为Q的表面成立的理由,是指:当且仅当不存在反例的情况下,P与Q构成实质蕴涵关系,记作:

$$P \Rightarrow Q$$

R作为击败P的理由,表示它否定P与Q的上述关系,可以相应地记作:

$$R = \neg\ (P \Rightarrow Q)$$

---

① J. L. Pollock, *Knowledge and Justification*, Princeton University Press, 1972, p.30.

② J. L. Pollock, *Knowledge and Justification*, Princeton University Press, 1972, p.30.

③ J. L. Pollock, *Knowledge and Justification*, Princeton University Press, 1972, p.40.

④ J. L. Pollock, *Knowledge and Justification*, Princeton University Press, 1972, p.42.

可见，在逻辑上存在两种击败理由：第一种是否定 P 与 Q 之间构成实质蕴涵关系，也就是否定信念与其支撑之间存在关联的"底切的击败理由"（undercutting defeaters），其定义为：

P 是支持 S 相信 Q 的一项表面成立的理由，而 R 是一项针对 P 的底切的击败理由，当且仅当 R 是一项击败理由，且 R 是一项否定 P 不为真除非 Q 为真的理由。[①]

可以记作：

$$P \Rightarrow Q$$
$$R \neq P \text{ 且 } R = \neg\ (P \Rightarrow Q)$$
$$R \text{ 击败 } P$$

第二种是证明 Q 为假，也就是否定信念本身为真的"反驳的击败理由"（rebutting defeaters），其定义为：

P 是支持 Q 的一项表面成立的理由，而 R 是一项针对 P 的反驳的击败理由，当且仅当 R 是一项击败理由且 R 是一项支持 ¬ Q 信念的理由。[②]

可以记作：

$$P \Rightarrow Q$$
$$R \neq P \text{ 且 } R \Rightarrow \neg\ Q$$
$$R \text{ 击败 } P$$

此时，如果要维持 P 为真，就必须否定"底切的击败理由"或"反驳的击败理由"。是故，当满足以下两个条件时，P 作为"表面成立的理由"恒成立：

$$P = \neg\ [R = \neg\ (P \Rightarrow Q)] \tag{1}$$

$$P = \neg\ (R \Rightarrow \neg\ Q) \tag{2}$$

至此可以发现，S 不相信任何击败理由，是证立"表面成立的理由"的充要条件：

---

① J. L. Pollock, *Defeasible Reasoning*, 11 Cognitive science 481, 485（1987）.

② J. L. Pollock, *Defeasible Reasoning*, 11 Cognitive science 481, 485（1987）.

如果 P 是 S 相信 Q 的一项表面成立的理由,且 S 基于他对 P 的信念而无可争议地(justifiably)相信 P 和 Q,那么当且仅当他不相信针对该表面成立理由的任何击败理由,S 有理由相信 Q。[1]

不难发现,P 恒成立的关键是 S 更愿意相信 P 与 Q 在"逻辑推定"(logical presumption)的意义上构成实质蕴涵关系。在这里,P 作为"表面成立的理由"将与盖然性问题直接挂钩。例如在演绎推理项下,波洛克就曾这样给定理由之证明力的命题:

如果 G 是有关 F 的投射(projectible),且 (Gx/Fx) 的概率高,则 Fa 是支持 Ga 的一项表面成立的理由。[2]

利用这个命题,我们实际上可以不断进行理由与概率之间的迭代,如有关"底切的击败理由"就可以写作以下的例证:如果 G 是关于(F 和 H)的投射,且(Gx/Fx 和 Hx)的概率小于(Gx/Fx)的概率,则 Ha 是以下实质蕴涵条件句的一项底切的击败理由:如果 G 是有关 F 的投射(projectible),且(Gx/Fx)的概率高,则 Fa 是支持 Ga 的一项表面成立的理由。

而在归纳推理项下,情况则有所不同:

"如果 F 是关于 G 的投射,且 X 是关于 F 的集合,那么'X 中的所有元素是 G'是一项'所有的 F 都是 G'的一项表面成立的理由。"同理,有关统计归纳的"底切的击败理由"就可以写作以下的例证:"如果 F 和 ¬F 是关于 G 的投射,且 X 是 F 的集合,则 X 中属于 G 的元素的比例 r 是'(Gx/Fx)的概率约等于 r'的表面成立的理由。"[3]

这正好符合了语用学对于语词含义的实践性理解,[4]在某种意义上

---

[1] J. L. Pollock, *Knowledge and Justification*, Princeton University Press, 1972, p. 44.

[2] J. L. Pollock, *Defeasible Reasoning*, 11 Cognitive science 481, 488 (1987).

[3] J. L. Pollock, *Defeasible Reasoning*, 11 Cognitive science 481, 488-489 (1987).

[4] 此处不妨联系一下"x 是红色的"和"对 S 来说,x 是红色的"的区别。J. L. Pollock, *Criteria and Our Knowledge of the Material World*, 76 The Philosophical Review 28, 40(1967).

也暗合图尔敏论证理论中有关反驳条件（rebuttal）的论述。① 如果结合阿列克西对图尔敏论证结构的改造，也就是反驳条件本身也有其理据（W）和支撑（B）的结构，则表面成立的理由的意义将更加突出。

二、逻辑化的"可废止性"概念在法学研究中的"再入"

（一）可废止性与非单调性推理的结合：乔瓦尼·萨尔托尔的分析

麦考密克在有关可废止性概念的研究中曾提到，针对诉讼中的可废止性，有借助逻辑分析以深入探求其本质的需要。这一理论作业肇始于意大利学者乔瓦尼·萨尔托尔的研究。在 1995 年的《法律推理中的可废止性》中，他首先从作为条件性规范（conditional norms）的法律规则入手，将法律规则上的要素区分"待决要素"（probanda）和"不可反驳的前提"（non-refutanda）两种，进而借助规范的要件分析方法，说明裁判结果的证立过程就是"待决要素"和"不可反驳的前提"相互转化的过程。进言之，支撑这一转化过程的是各类要件事实，例如"建构性事实/阻碍性事实"（Constitutive *vs.* impediment facts）、"推定/非推定事实"（Presumed *vs.* non-presumed facts）、"已证事实/无相反证明的事实"（Facts to be proved *vs.* facts of which there must not be contrary proof）、"原告举证事实/被告举证事实"（Facts for which the onus of the proof is on the plaintiff *vs.* facts for which the onus of the proof is on the defendant）、"积极事实/消极事实"（Positive *vs.* negative facts）。②

这些根源于法律规范要件的事实类型说明：法律本身所具有的不确定性将在司法裁判中导出规则和裁判后果上的例外状态，它们都有可能推翻原来所确定的事实。又因为形式逻辑无法处理这种事实归类的反复问题，因此只有通过"非单调推理"才能解决实践操作上的困难。③ 所谓"非单调推理"与一般形式推理（又称为"单调推理"）相对，是指满足以下条件的推理：

---

① See J. L. Pollock, *Defeasible Reasoning*, 11 Cognitive science 481, 481-518 (1987).

② See Giovanni Sartor, *Defeasibility in Legal Reasoning*, in Z. Bankowski, I. White, Hahn & Ulrike eds., Informatics and the foundations of legal reasoning, Springer, 1995, p. 119-130.

③ See Giovanni Sartor, *Defeasibility in Legal Reasoning*, in Z. Bankowski, I. White, Hahn & Ulrike eds., Informatics and the foundations of legal reasoning, Springer, 1995, p. 130-131.

如果结论 C 来自前提集 Π1,且它也从前提集 Π1 的任意超集 Π2 中产生结论 C(从每一个集合 Π 中经由增加 Π1 的前提所得)。[①]

后来,荷兰学者雅普·哈赫将"非单调推理"与"单调推理"归纳为:

一个逻辑系统是单调的,当且仅当它满足如下特性:若一个语句集 S＊是另一个语句集 S 的超集(扩展集),那么,在该逻辑系统中,由语句集 S＊所得出的结论集 C＊,也同样是由语句集 S 所得出的结论集 C 的超集(扩展集)。而一个逻辑系统是非单调的,当且仅当它不是单调的。[②]

在引入"非单调推理"的概念后,萨尔托尔进一步指出,法律推理的非单调性凝聚在"可废止性"的概念当中,指的是在增加新的案件事实或纳入新的利益衡量后,原先已经获得的结论将可能作废,判决理由也可能得到更新。在这个意义上,"可废止性"因其自身特性而具备启发功能(heuristic function),亦即在推理活动中探索和承认新知识的能力。[③]

由此可见,萨尔托尔有关法律可废止性的研究,成为哈特/麦考密克进路和约翰·波洛克进路的理论连结点:一方面,他将缺省逻辑的"非单调性"特征嫁接到法律的可废止性概念中,使可废止性概念具备了逻辑化的前提条件;另一方面,他仍然坚持将可废止性与法律规则的例外状态和司法实践的话语博弈相衔接,使可废止性概念与条件性规范(conditional norms)、信念变迁(belief change)、规范性前提(normative antecedents)、法律效果(legal effects)等联系起来。

(二)规范的法律可废止性概念:阿尔乔龙的建模

在萨尔托尔的基础上,卡洛斯·阿尔乔龙进一步从规范性层面讨论

---

① Giovanni Sartor, *Defeasibility in Legal Reasoning*, in Z. Bankowski, I. White, Hahn & Ulrike eds. , Informatics and the foundations of legal reasoning, Springer, 1995, p. 134-135.

② 参见[荷]雅普·哈赫:《法律逻辑研究》,谢耘译,中国政法大学出版社 2015 年版,第 10 页。

③ See Giovanni Sartor, *Defeasibility in Legal Reasoning*, in Z. Bankowski, I. White, Hahn & Ulrike eds. , Informatics and the foundations of legal reasoning, Springer, 1995, p. 139-144. 萨尔托尔甚至还认为,德沃金有关原则和规则的论辩,在某种意义上可以被视为可废止性之启发功能的实例。Ibid. , p. 142-144.

可废止性概念。在 1996 年的《论法律与逻辑》中,阿尔乔龙将可废止性概念与"规范性裂缝"(normative gap)结合起来,作为调和形式主义法学与现实主义法学的渠道,意在实现法律解释的动态平衡。①

阿尔乔龙认为,基于演绎法则而形成的实证法的运行体系即形式主义法学(他称之为"Master System")因具有以下三大原则而能够确保法律运作的动态本质:一是"不得回避原则"(principle of unavoidability)即禁止拒绝裁判原则;二是"证立原则"(principle of justification)即司法决定必须基于一定的理由而作出,而法官也必须陈述他们作出相应决定的理由;三是"合法律性原则"(principle of legality),也就是裁判的做出必须基于实证法规范。与此同时,阿尔乔龙用"Master Book"的概念来指代静态的法律文本的总和。②

Master System 和 Master Book 这两个概念成功营造出法律文本的形式性与法律解释的相对主观性之间的规范性裂缝。此时,就需要借助可废止性概念,充分使用日常生活语言来解释法律文本的具体意义、填补法律漏洞、彰显实证法的运作内涵并最大限度地体现法律解释的客观性,最终克服法律不确定性问题。

申言之,法律文本存在着两种不确定性:第一种是因文本模糊性、多义性、专门性而产生的不确定性。解决这种不确定性的法律解释是"非创造性"解释,因为法律的含义蕴含在法律文本的逻辑结构之内。第二种不确定性就体现在法律的可废止性之中。它在法律解释中承担以下三项功能:③

第一,作为明示的例外(an express exception),在作为条件句的法律规则中发挥否定前件的功能,即废止那些可推导出结论的必要条件。例如,某法律规则体现为"如果 A,则 B"的形式,此时加入使条件 A 不成立

---

① 这从他对哈特有关"高贵之梦"(noble dream)的表达援引中可见一斑。C. E. Alchourrón, *On Law and Logic*, 9 Ratio Juris 331, 337–339 (1996). 哈特的文章见[英]H. L. A. 哈特:《英国人眼中的美国法理学:噩梦与高贵之梦》,载《法理学与哲学论文集》,支振锋译,法律出版社 2005 年版,第 129–152 页。

② See C. E. Alchourrón, *On Law and Logic*, 9 Ratio Juris 331, 333–334, 338–339 (1996).

③ See C. E. Alchourrón, *On Law and Logic*, 9 Ratio Juris 331, 339–343 (1996).

的条件 C,则该法律规则即被废止。

第二,作为隐含的例外(an implicit exception)来否定整个假言推理的真值,此时大多数的法律规则都将满足可废止性的要求,因为存在着复数的否定法律规则的例外条件。在这个意义上,可废止性的概念就与法律的规范性联系起来,因为规范性概念与可废止性概念一样,都与言说者的信念和具体言说所处的语境密切相关。例如,某人 X 在特定时间 T 中断言"如果 A,则 B",此时加入条件 C,使"如果 A 且 C,则 B"的条件句为假,则条件 C 就废止了该法律规则在具体条件 A 当中的适用余地。

第三,作为"隐含的非例外"(an implicit non-exception)或者"待决的例外"(undetermined as an exception)。例如,当某人 X 在特定时间 T 中断言"如果 A,则 B"与"如果 A 且 C,则 B"两个条件句,由于"如果 A,则 B"与"如果 A 且 C,则 B"这两个断言的真值都由言说的主体 X 和言说的语境 T 所决定,此时既不能当即确定条件 C 会否废止条件 A,也不能当即确定"如果 A,则 B"与"如果 A 且 C,则 B"何者为真、何者为假。条件 C 因而具有了"隐含的非例外"和"待决的例外"的属性。

法律可废止性的这三项功能,有助于裁判者在审判时将隐含的例外或非例外要件明确化。一方面,可废止性通过陈述理由和强化理由论证而给出法律解释,这种法律解释严格来说并不在法律逻辑所覆盖的固有范围之内,因此具有"创造性";另一方面,裁判者对法律的解释实际上仍然受到合法律性原则的拘束,因此这种创造性并不逾越法律形式性规范的边界。可见,阿尔乔龙除了将可废止性概念作为平衡法律形式主义与法律现实主义的媒介外,还将其作为法官遵从法律含义和能动解释法律的中点。

(三)"建模法律论证"与可废止推理:帕肯的研究

如前所述,哈特在 1948 年失败地成功用"可废止性"概念描述法律概念和规则中的例外状态;约翰·波洛克在 1967 年成功将"可废止性"与针对规范的理由论证逻辑化。从 1970 年开始的人工智能与法的研究,尤其是自 20 世纪 80 年代以来有关非单调逻辑和法律推理的逻辑建模研究,事实上都是二者的理论延伸。① 此外,可废止性与司法活动(举证、质证、法庭辩论环节)密切相关的特征,也意味着有必要针对可废止性进行更深入的逻辑化、符号化,以完善审判中的专家系统。

荷兰学者亨利·帕肯在 1997 年出版的《建模法律论证的逻辑工具——法律可废止推理研究》较具代表性地从人工智能的法律应用和法律的算法化角度,进一步探索把法律改造为适用于建模的形式逻辑推论,由此加强了理由论证的逻辑化研究。该研究把"可废止推理"(defeasible reasoning)作为关键词,探索将符合道义逻辑(deontic logic)的法律规则及其运作机制改造为人工智能所需的建模法律论证(modelling legal arguments)。

在这里,可废止概念成为建模法律论证之内容基础。有关程序主义与陈述主义的论辩表明,由于实践的知识必然是经验所得,可废止性因而成为知识的本质特征。而知识应当通过程序来展开,也就是要在程序中展示知识将如何被人所运用,于是知识就存在着被推翻的契机。是故,在设计相应的程序时,就需要考虑充分反映知识的可废止本质。在法律领域,这种程序设计就被称为"建模法律论证"。②

同时,由于可废止概念在概念上的镜像是非单调逻辑,它还进一步成为建模法律论证的逻辑基础。在标准逻辑即单调逻辑中,法律规则主要表现为条件句的形式,亦即逻辑前件和逻辑后件之间构成实质蕴涵关系,是故法律的结论势必蕴含在其前件之中。遵循这种线性结构所进行的逻辑推理将体现其单调性,它能够保证排除新加入的信息对结论的污染,也能够无须穷尽所有的知识就可以得到最终的结论。③ 然而,人们不能确保新加入的信息不会动摇最终的结论,也不能确保在未穷尽知识检索的情况下所宣布的结论就必定为真。单调逻辑的弊端由此显现。进言

---

① See Bruce G. Buchanan & Thomas E. Headrick, *Some Speculation about Artificial Intelligence and Legal Reasoning*, 23 Stanford Law Review 40, 40-62 (1970); Anne von der Lieth Gardner, *An Artificial Intelligence Approach to Legal Reasoning*, MIT Press, 1987; Kevin. D. Ashley, *Modeling Legal Arguments: Reasoning with Cases and Hypotheticals*, MIT press, 1991.

② 参见[荷]亨利·帕肯:《建模法律论证的逻辑工具——法律可废止推理研究》,熊明辉译,中国政法大学出版社 2015 年版,第 10-13 页。

③ 参见[荷]亨利·帕肯:《建模法律论证的逻辑工具——法律可废止推理研究》,熊明辉译,中国政法大学出版社 2015 年版,第 69 页。

之,它不能解决以下三个方面的内容:第一,不能在结构中容纳推理的例外状况,也不能明确判定例外状况对原有规则将产生何种程度的影响。第二,过度依赖利益衡量、价值判断等实质推理以及修辞等"技艺"来判定法律概念的开放结构,难以完成人工智能与法的研究的核心任务之一,亦即将法律概念的开放结构符号化、逻辑化。第三,不能处理"不一致信息推理"(reasoning with inconsistent information),也就是不能有序地处理规则冲突(例如新法优于旧法、上位法优于下位法、特殊法优于一般法),不能做到将法律开放结构的议论形式化。① 此时,"非单调逻辑"的功能就凸显出来了:一方面,它能够容纳例外状况,使原先获得的结论因其他信息的加入而被废止;另一方面,也能够对逻辑推理和法律议论中的每一个步骤都进行形式化、符号化处理。

可见,可废止性不仅能够被用于有关例外问题的讨论,实际上还体现了界定论证之语义标准的核心功能:

> 非单调逻辑系统的发展,比传统的单调系统能更好的适应复杂论证的现实结构,使得可能并要求原则上重新确定法律逻辑和法律论证的关系。对非单调逻辑标志性的是,扩大前提的集合,有可能导致限制可推导出之语句的集合,而在单调逻辑中,逻辑上有效的推论,不会因为扩大前提集而变得无效。……对法律论证这种系统因此是有趣的,因为它允许描绘规则—例外—关系:通过例外或例外规则,一般规则不会像在单调逻辑那样被证伪,而是仅仅在其适用范围中被限制。由此,它更多地在允许例外的图尔敏推论规则的意义上,而不是古典逻辑系统的前提之意义上被理解。②

由于缺省逻辑是非单调逻辑的经典逻辑,帕肯顺势用它来呈现可废止推理的模态,并集中体现在例外与规则的形式化处理机制之中。这正是帕肯对可废止概念所做出的理论贡献。此外,他深化了阿尔乔龙有关例外状态的界定,并在波洛克有关"击败理论"的基础上形成了三种"击

---

① 参见[荷]亨利·帕肯:《建模法律论证的逻辑工具——法律可废止推理研究》,熊明辉译,中国政法大学出版社 2015 年版,第 55-64 页。

② [德]乌尔弗里德·诺伊曼:《法律论证学》,张青波译,法律出版社 2014 年版,第 40 页。

败理由"的组合。

帕肯在此提出了三种可废止推理的应用:一是用来表达显性例外即规则的例外条件;二是用来表达解决方案相互不兼容时的选择;三是用来表达解决方案兼容时的更优选择。在这里,有关处理规则例外条件的可废止推理建模,具有较重要的理论意义。具体来说,可废止推理通过表达显性例外的方式,是通过综合约翰·波洛克的"反驳的击败理由"和"底切的击败理由",以及布鲁卡的"强例外"和"弱例外"来实现的。帕肯根据缺省逻辑重新界定了它们:第一,所谓"硬例外",就是指规则本身应当存在例外,表现为明确的但书或"除非"条款。用缺省逻辑的表达,就是规则呈现出的显性例外被用作否定信念与其支撑的关联,即直接将例外的一阶公式[表达为 $\forall x.$ 条件$(x) \to \neg$ 使无效(x)]添加到事实集 F 之中。此时,"硬例外"也表现为"硬反驳的击败理由"(hard rebutting defeaters)。第二,所谓"软例外",则是指规则本身不应当存在例外,或者认为规则本身是不充分的例外,例如"有相反规定的除外"等条款。用缺省逻辑的表达,就是借助事实集 F,来构建新的证成理由 $\beta_{m(x)}$,并因此产生可废止的扩充集 E_i。这两种分类将进一步被综合为以下三类:(1)"软底切的击败理由"(soft undercutting defeaters),也就是不充分的显性例外被用作否定信念与其支撑的关联,此时应当把不充分的显性例外形式化为缺省集 Δ 而非事实集 F。(2)"软反驳的击败理由"(soft rebutting defeaters),也就是不充分的显性例外被用作否定信念本身,也就是将不充分的显性例外形式化为事实集 F。(3)"硬反驳的击败理由"(hard rebutting defeaters),即前述的"硬例外"。①

帕肯的分析极大有利于借助可废止推理,解决有关显性例外、优先选择、理由排序的问题,变得更具现实意义。尽管这种形式化、符号化的理论作业,更加适切于人工智能的建模法律系统而非描述日常的司法裁判,但这种理论的拓展,却对后续有关可废止性与理由论证的研究提供了更广阔的视野。

---

① 参见[荷]亨利·帕肯:《建模法律论证的逻辑工具——法律可废止推理研究》,熊明辉译,中国政法大学出版社 2015 年版,第 78、117、124-128 页。

三、可废止性概念的类型

上述有关可废止性在法律论证理论和法与人工智能的交叉学科研究表明,可废止性重新走入法学理论的视野,事实上得益于两个研究立场在认识论(epistemology)上的合流:第一,实践哲学在法学当中的复兴,法律的描述性社会学研究获得了新的重视;第二,法律的人工智能运用以及人工智能的建模推理研究兴起,日常逻辑形式化、符号化的理论作业变得日益紧迫。它们把可废止性概念的研究与审判实践结合起来,使之与理由论证活动相捆绑。在此,可废止性与理由论证的联系集中体现在可废止性的类型分析之中。

(一)"概念用法的可废止性"

哈特将法律概念和规则中的"但书"和"除非"等例外情况称为"可废止",也就是法律概念的例外状态可以废止原先已被确定的概念用法。这种认知表明,概念本身就包含了它不再适用的废止条件,故可废止性首先就体现为"概念的可废止性"(conceptual defeasibility)。[①]

这种将可废止性归结到概念的理解存在以下困难:第一,不能说明"可废止的"究竟是处于法律结构中,记载于法律文本上的"法律概念",还是在抗辩清单中呈现出来的动态的"法律概念";第二,不能说明概念可废止的根本原因究竟是概念的固有属性,还是在审判中与相关概念相勾连的要件事实,又或者是概念所指向的那些客观现象与参与庭审各方的主观心态。诚然,哈特讨论的确实是"概念的可废止性",不过倘若结合哈特引入"可废止性"的初衷,就可以发现,他讨论的实际上是"概念用法的可废止性"(defeasibility of conceptual usage)。

"概念用法的可废止性"包括以下两个追问:第一,"概念用法"缘何具有"可废止性"?第二,"概念用法"所对应的什么内容体现出其"可废止性"?麦考密克有关可废止性的研究恰好回应了上述两项内容,这源于他将"可废止性"概念作为串联"制度事实"(institutional facts)和司法的"实用主义与现实主义"(pragmatic and realism)的媒介。

---

① 参见[荷]雅普·哈赫:《法律逻辑研究》,谢耘译,中国政法大学出版社 2015 年版,第 12 页。

（二）"内在于规则的可废止性"

在麦考密克的制度事实理论中，构成制定法"三合一结构"中的终止规则也具有可废止的特征：

> 法律必须用一般的概念进行表述，但是，其中所规定的条件则能够做出的推论有时被忽略了，而在某些案件中，恰恰是这些被省略的因素才是确定实事实性质的关键。①

有学者把哈特对可废止性的初始理解和麦考密克对终止规则的可废止性结合起来，认为"内在于规则的可废止性"（internal defeasibility of rules）是法律规则的本质属性。例如牛津大学法学院的理查德·图尔认为，倘若希望公平或正义等价值理念能够对法律规范的解释产生实质影响，就需要认真对待以"除非……"（unless）为特征的条款，并把这种或明示或暗示的可废止条款（defeasible clauses）视为任意的完整法律陈述的基本要素。进言之，用"可废止性"概念来理解和表达法律内涵，不仅可以平衡"全有或全无的规则"（all-or-nothing rules）与裁量命题，而且能够协调法律规则的文义要求与深层价值，还能较为妥当地兼顾"基于规则的推理"和"涉及法律固有的深层次价值的开放性内部道德推理"（open-ended internal moral reasoning invoking deeper values inherent in law）。② 此时，法律就可以被表述为以下的结构：

> 作为开放的、可废止的、规范性的条件命题，法律的概念可以概括如下：如果 A（法律定义的事实），则应当为 B（法律确定的后果），除非存在（1）有效的例外，是（i）已知且已确定的例外，或（ii）迄今为止尚未确定的例外；或（2）优先考虑，包括（iii）衡平和/或正义、（iv）政策、（v）宽大处理（mercy）、（vi）目的、

---

① Neil MacCormick, *Defeasibility in Law and Logic*, in Z. Bankowski, I. White, Hahn & Ulrike eds., Informatics and the Foundations of Legal Reasoning, Springer, 1995, p. 103. 麦考密克后来对该文稍作改动，更名为"Arguing Defensibly"并收入 *Rhetoric and the Rule of Law: A Theory of Legal Reasoning* 一书中。Neil MacCormick, *Rhetoric and the Rule of Law: A Theory of Legal Reasoning*, Oxford University Press, 2005, Chap. 12, p. 237-253. 中译本参见［英］尼尔·麦考密克：《修辞与法治——一种法律推理理论》，程朝阳、孙光宁译，程朝阳审校，北京大学出版社 2014 年版，第 308-326 页。

② See R. H. Tur, *Defeasibilism*, 21 Oxford Journal of Legal Studies 355, 355-368（2001）.

（vii）权利、（viii）其他的（residual category）"极好理由"或"令人信服的异议"。[1]

当然，由于"内在于规则的可废止性"建立在哈特的见解之上，因此这种观点也招致了部分学者的质疑。例如，让·卡洛斯·贝戎在 2001 年的《为什么法律推理是可废止的？》一文中认为，规则的可废止性并不是法律规则的本质属性。他认为，主张规则具有可废止性的理由有二，一是根据肖尔有关规则"包含过度"的观点，规则可以适用于其本来不适用的场合；二是个别规则并未预先包含某些需要"预先取得平衡"（balance-in-advance）的理由，需要从原则中捕获这些理由。但是，根据肖尔的"决策的固守模式"（entrenched model of decision-making），理由与法律规则的数量是保持一致的；同时，规则与原则的冲突也是偶然事件，因此那些需要优先适用的理由及其载体即法律的元规范（meta-norms）自然也是偶然存在的。这两个论据证实，存在着不可被废止的法律规范，因此可废止性并不是规则的本质属性。[2]

对此，雅普·哈赫认为，贝戎针对规则可废止性提出的两点理由实际上说的仍然是"法律决定论"与"法官决定论"这两种运用法律规则的极端模式：第一，"固守模式"意味着机械适用法律规则，却并不关心支撑规则正当化的原则，也不关心规则适用的结果是否妥当；第二，强调原则中蕴含着规则中缺失的论证理由，容易取消规则的规范意义，还可能使审判径自向一般条款逃逸，导致规则蜕变为经验法则。不过，"规则可以被废止"并不等同于"每一条规则都存在着例外状态"；毋宁说，"规则的可废止性"是指规则在适用中存在着被废止的风险。所以贝戎给出的"存在不可被废止的法律规范"结论，至多只是在反对意义上指出了规则存在被废止的理论可能，而不能认为它否定了规则的可废止性。[3]

（三）"要件事实的可废止性"

有研究进一步提出，法律的可废止性源于具体的案件事实。此时法

---

[1]　R. H. Tur, *Defeasibilism*, 21 Oxford Journal of Legal Studies 355, 368（2001）.

[2]　See Juan Carlos Bayón, *d 2 Diritti & Questioni Pubbliche* 1, 11-12（2002）.

[3]　参见[荷]雅普·哈赫:《法律逻辑研究》，谢耘译，中国政法大学出版社 2015 年版，第26-28 页。

律的例外状态不是源于但书条款的适用,而是源于条款所对应的事实。例如,指导案例 33 号"瑞士嘉吉国际公司诉福建金石制油有限公司等确认合同无效纠纷案"的裁判要旨指出,"债务人将主要财产以明显不合理低价转让给其关联公司,关联公司在明知债务人欠债的情况下,未实际支付对价的,可以认定债务人与其关联公司恶意串通、损害债权人利益,与此相关的财产转让合同应当认定为无效",也就是符合 1999 年《合同法》第 52 条第 2 项"恶意串通,损害国家、集体或者第三人利益"的合同无效的规定。① 此时,原本成立的财产转让合同就因债务人与其关联公司恶意串通、损害债权人利益的情形被证实而废止。而且,这种废止是至始、必然、绝对无效,换言之,合同无效的事实将具有绝对溯及力。此时,决定合同被废止的原因就是:满足合同成立要件的要件事实被具有溯及力的他项要件事实所改变,而非关涉这些事实的信念被改变。这种循要件事实被废止的轨迹去根本地废止法律适用的特征,不妨称之为"要件事实的可废止性"。雅普·哈赫则将其命名为"本体论的可废止性"(ontological defeasibility)。②

与此同时,法律因适用事实而证成例外状态的思路还会证实"法律规则不能被法律废止"(legal rules cannot be legally defeated)的命题。就此而言,除了法律之外,道德也可能影响例外状态的生成。③ 萨尔托尔认为,由于可废止性关涉构成规范性资格和效果的能力,并最终指向法律或道德本质的事实根基,因此可废止性并不蕴含于法律规则及其所导出的规则,而是属于那些与规则有关的具体事实,他称之为"本体可废止性"(ontic defeasibility),并认为造成本体可废止的原因是不同事实之间存在的证明力差异。④ 在此延长线上,法律所服务的目的和价值将成为决定

---

① 参见指导案例 33 号"瑞士嘉吉国际公司诉福建金石制油有限公司等确认合同无效纠纷案"。

② See J. Hage, *Law and Defeasibility*, 11 Artificial Intelligence and Law 221, 222 - 223 (2003). 中译本见[荷]亚普·哈格:《法律与可废止性》,宋旭光译,载舒国滢主编:《法学方法论论丛》(第 3 卷),中国法制出版社 2016 年版,第 9 页。

③ Leonard G. Miller, *Rules and Exceptions*, 66 Ethics 262, 262 - 70 (1956), quoted in Fernando Atria, On Law and Legal Reasoning, Bloomsbury Publishing, 2002, p. 123-124.

④ G. Sartor, *Syllogism and Defeasibility*: *A Comment on Neil MacCormick's Rhetoric and the Rule of Law*, EUI-LAW Working Papers, 2006/23, p. 10.

法律规则能否被废止的终极性理由,这种可废止性也相应地被命名为"基于理论的可废止性"(theory-based defeasibility)。[1]

另外,还有学者将影响法律可废止性的环境(environment of defeasibility)归纳为以下三点:第一,各类例外状况;第二,行为功利主义和后果功利主义;第三,商谈伦理。[2] 如果这种理解正确,那么法律适用就要在形式推理、后果主义、道德关怀之间取得平衡,可废止性所指涉的正是这种相互平衡的过程。[3]

可见,尽管雅普·哈赫与萨尔托尔都提到了在本体论层面上的可废止性,但具体的内容却并不完全等同。雅普·哈赫给出的"本体论可废止性"是指法律规则所指向的要件事实具有可废止性,而且此种可废止性仅仅针对不同要件事实与相关法律规范的意义关联;而萨尔托尔提到的"本体可废止性"实际上是指法律的规范性根基即法律系谱具有可废止效能,它体现在不同的事实终极地证立或排除法律的规范性效力。

(四)"诉讼的可废止性"

在本质上,审判的理由论证是理由的说服力竞赛,参与竞赛的理由及其论证具有说服力上的强弱之分,进而存在理由之间的相互辩驳,并最终在理由的权衡和比较中生成判决结论。麦考密克称之为"法律过程中的实用主义"(pragmatism in legal process)。

不难发现,此种对审判过程和理由论证的见解同样蕴藏着"可废止性"概念。在1995年的《法律与逻辑中的可废止性》一文中,麦考密克区分了"法律中的可废止性"(defeasibility in law)与"可废止逻辑"(defeasible logic),前者是指初始有效的法律安排被后续论证排除,而后者则是指人们进行推理或获取实质蕴涵关系的基本方法之一,它主要用在无法按形式逻辑要求连结条件句与结论的场合。[4]

---

[1] H. Prakken & G. Sartor, *The Three Faces of Defeasibility in the Law*, 17 Ratio Juris 118, 130-136 (2004).

[2] Fernando Atria, *On Law and Legal Reasoning*, Bloomsbury Publishing, 2002, p.125-135.

[3] 参见[英]尼尔·麦考密克:《修辞与法治——一种法律推理理论》,程朝阳、孙光宁译,程朝阳审校,北京大学出版社2014年版,第325页。

[4] Neil MacCormick, *Defeasibility in Law and Logic*, in Z. Bankowski, I. White, Hahn & Ulrike eds., Informatics and the foundations of legal reasoning, Springer, 1995, p.99-117.

这种界定可废止性的思路首先与"法律作为制度事实"的命题相重叠。在通过行动建构法律规则的具体用法后,法律就可以算作界定权利义务关系的行为模式。但在疑难案件中,这些规则的通行解释可能无法实现,原来的预期效果也会相应地落空。在这个意义上,可废止性体现在审判两造主体之间的互动与博弈之中,不妨称之为"诉讼的可废止性"(procedural defeasibility)。① 与之类似,萨尔托尔将这种可废止性植根于当事人之间的举证责任分配与证明责任的承担上,②并进一步提出"以程序为基础的可废止性"(process-based defeasibility),以此夯实审判话语博弈的程序真实基础。③ 由于"诉讼"(procedure)必然以程序(process)为基础,故下文将二者统称为"诉讼的可废止性"。

麦考密克指出,在诉讼的可废止中,能够通过法庭辩论而证明案中存在法律规定的例外情形并因此驳倒对方诉讼请求的,就被称为"明确的可废止性"(express defeasibility)。与之相对,如果法律的制度性规则的"明确形式"(express formulations)总能恰当表达出这些规则的"一般必要和推定充分"(ordinary necessary and presumptively sufficient)条件,那么规则的这种"明确形式"就可以被认为具有"隐含的可废止性"(implicit defeasibility)。④ 换句话说,如果参加审判的理由论证的主体能够从法律规范的外观中合理推知隐含其中的原则、政策或其他价值,这些隐含的价值判断就会直接或间接地发挥废止规则的功能。首先,"直接废止功能"是指隐含的价值能够在案件裁判中直接废止明确的法律规则。"泸州遗产案"的判决理由就是典例。⑤ 其次,"间接废止功能"是指这些隐含的价值要求裁判者在自由裁量中赋予规范以新的意义并以此废止其一般意

---

① 参见[英]尼尔·麦考密克:《修辞与法治——一种法律推理理论》,程朝阳、孙光宁译,程朝阳审校,北京大学出版社 2014 年版,第 312 页。

② G. Sartor, *Syllogism and Defeasibility: A Comment on Neil MacCormick's Rhetoric and the Rule of Law*, EUI-LAW Working Papers, 2006/23, p. 12.

③ H. Prakken & G. Sartor, *The Three Faces of Defeasibility in the Law*, 17 Ratio Juris 118, 125-130. (2004).

④ Neil MacCormick, *Defeasibility in Law and Logic*, in Z. Bankowski, I. White, Hahn & Ulrike eds., Informatics and the foundations of legal reasoning, Springer, 1995, p. 100-101.

⑤ 张学英诉蒋伦芳遗赠纠纷案,四川省泸州市纳溪区人民法院(2001)纳溪民初字第 561 号民事判决书,四川省泸州市中级人民法院(2001)泸民一终字第 621 号民事判决书。

义。麦考密克以"R *v.* National Insurance Commissioner ex p. Connor"案为例,在该案中,由于裁判规则只是规定"法律不允许任何人因其直接犯罪行为获利",而本案中的嫌疑人是过失导致其丈夫死亡,因此她仍然有资格获得抚恤金,这无疑违背了裁判规则的核心内涵。为此,法官运用自由裁量权,从客观角度解释"直接犯罪行为",使"直接犯罪行为"不仅包括故意杀人犯罪,也包括过失致人死亡的犯罪。[1]

可见,"诉讼的可废止性"的内涵是具体的诉讼请求及其请求权基础能否经得起对方主张的反驳,或者能否经得起法律价值的检验。是故,将这种可废止性理解为(1)案件被判定为"疑难案件"的风险或(2)一方败诉的风险,将更为恰当。在英美法上,这两种风险承受的契机常常发生在裁判者通过自由裁量进行价值判断和区分判例的场合中,此举令作为风险的法律可废止性与审判不确定性概念联系起来。此时,"明确的可废止性"就可以被认为是在法律或判例中具有高度可预测性的可废止性,且这种"高度可预测性"就体现在规则会否在特定情形下与原则、政策、价值相冲突;反之,就可以证立"隐含的可废止性"。此时,可废止性概念与司法注重释法说理的目标相衔接,就获得了更为充分的证明。[2]

四、可废止性对理由论证的影响

可废止性的类型分析能够说明从原初的"概念用法的可废止性"到"诉讼的可废止性"的概念演变过程。[3] 在此处,"诉讼的可废止性"将使可废止性的概念的研究导向更深层次的领域,更令可废止概念与理由论证在根本上产生关联。

（一）自诉讼可废止性分出的"认知可废止性"与"证成可废止性"

有关"诉讼可废止性"的界定表明,法律可废止性表面上是指规则因

---

[1] R *v.* National Insurance Commissioner ex p. Connor, [1981] AII ER 770. 参见[英]尼尔·麦考密克:《修辞与法治———一种法律推理理论》,程朝阳、孙光宁译,程朝阳审校,北京大学出版社 2014 年版,第 314 页。

[2] 参见[英]尼尔·麦考密克:《修辞与法治———一种法律推理理论》,程朝阳、孙光宁译,程朝阳审校,北京大学出版社 2014 年版,第 316—317、321—324 页。

[3] 波兰学者布罗热克也在此给出了法律可废止性的分类法。See Bartosz Brożek, *Defeasibility of Legal Reasoning*, Zakamycze, 2004, p. 204. 转引自宋旭光:《论法学中的可废止性》,载《法制与社会发展》2019 年第 2 期,第 123 页。

新事实的确证而被推翻,但在深层次上,却源自人们对相关事实和规则的信念的变化。帕肯认为,人类大部分乃至全部的信念都具有"可修正性"(revisability),新的信念的形成会修正(也就是废止)原有的信念,无论这种废止的原因是感觉的改变、遗忘,还是因为理性的选择。[①] 由于这种信念是行为主体对外在事物的认知,因此"信念的可废止性"也被称为"认知的可废止性"(epistemic defeasibility)。

无独有偶,萨尔托尔也在讨论"诉讼的可废止性"时提出了"认知的可废止"(cognitive defeasibility)[②],作为勾连"本体的可废止性"与"诉讼的可废止性"的媒介,体现在举证责任分配上。[③] 根据"本体可废止性"的界定,法律或道德的系谱只有在获得行动主体的承认之后,才能从单纯的事实状态转化为规范状态,意味着本体论上的论证理由将促使行动主体进行思维加工并产生相应的认知,进而根据这种认知所形成的信念来寻找适切的行动方案。有关诉讼可废止性的内容也表明,行为主体因要件事实而引发信念,这些信念将反过来使行为主体产生该要件事实的法律后果的认知,并最终导出相应的后果。由于本体废止性恰好发生在废止事实的层面,而认知的可废止性是针对事实所产生的主体信念的废止,故认知的可废止性可以认为是本体可废止性在行动主体思维和心理层面的表征。此时,本体可废止性所指代的要件事实的相互反驳也被转化为行动主体因事实的先后继起而引发的信念修正(belief revisability)并产生废止先前信念的效果。

民法理论上意思表示在主观层面的三个层次,可以视为从本体可废止性转化为认知可废止性的范例。其中,行为人感知外在事实的步骤即为"行为意思",表示表意人是有实施某项行为的意识,其外在行动是自主意思支配的结果;行为人对客观事实产生法律上认知的步骤即为"表示

---

① 参见[荷]雅普·哈赫:《法律逻辑研究》,谢耘译,中国政法大学出版社2015年版,第12页。

② 需要说明的是,尽管"cognitive defeasibility"和"epistemic defeasibility"都可以被翻译为"认知可废止性",但他们仍然有所差别。在英文中,"cognitive"与心理功能中处理逻辑的那一部分相关,并因此与处理心理情绪的情感功能相对;"epistemic"则是与知识或"认知"即cognitive相关的。

③ G. Sartor, *Syllogism and Defeasibility: A Comment on Neil MacCormick's Rhetoric and the Rule of Law*, EUI-LAW Working Papers, 2006/23, p. 11-12.

意识",表明行为人清楚其行为具有法律上意义;行为人主观上希望能够经由相关法律上认知产生特定后果的步骤即为"法效意思",表示行为人希望依其表示而发生特定法律效果。① 此时,行为主体的信念修正也就是指意思表示的三步骤不断地循环往复,并废止原先既存的法效意思的过程。

可以明确,认知可废止性指的是行动主体内心中对外在事物的信念变迁。这是内化于行为人的主观心理现象,只是由于缺乏客观的效果行为,它不构成论证或逻辑上的可废止性。② 如果希望在论证层面实现可废止性,就需要将信念修正过程外部化,使之投射在相应的论证活动之中,不妨称之为"论证的可废止性"。"诉讼的可废止性"正是它的代表。除此之外,帕肯和萨尔托尔在2004年的《可废止性在法律中的三种面孔》一文中提出的"以推论为基础的可废止性"(inference-based defeasibility),也可以被视为论证可废止性的典型。③ 但正如萨尔托尔所指出的那样:

> 当某人仅仅考虑推理这使用他所有用的知识来进行可废止推论并判定它们之间的冲突时(例如在可废止推理的逻辑说明中……),可废止推理的推理过程似乎是一项逻辑过程。显然,当某人还出于建构新的相关推论的目的而考虑需要获取新信息(经验性或规范性)时,可废止性的查询(defeasible inquiries)就超出了逻辑。④

这表明,除了引发论证的认知存在着可废止性外,也存在针对论证目的的另一种可废止性即"证成的可废止性"(justification defeasibility)或者"证成的废止"(justification defeat)。帕肯将"证成的可废止性"定义为"由于其支持性信念发生变化而导致某一信念被废止的现象"⑤,也就是

---

① 参见朱庆育:《民法总论》(第2版),北京大学出版社2016年版,第196-197页。

② 参见[荷]雅普·哈赫:《法律逻辑研究》,谢耘译,中国政法大学出版社2015年版,第12页。

③ See H. Prakken & G. Sartor, *The Three Faces of Defeasibility in the Law*, 17 Ratio Juris 118, 118-139 (2004).

④ G. Sartor, *Syllogism and Defeasibility: A Comment on Neil MacCormick's Rhetoric and the Rule of Law*, EUI-LAW Working Papers, 2006/23, p. 11.

⑤ 参见[荷]雅普·哈赫:《法律逻辑研究》,谢耘译,中国政法大学出版社2015年版,第13页。

将可废止性建立在否定证成结论而非论证之上。此时"认知的废止"（epistemic defeat）就是"证成的废止"的合理结果。[1] 同时，证成的废止之所以超出（go beyond）逻辑，是因为它实际上既包括一阶的废止，也包括二阶的废止：一方面，它作为针对支撑的击败理由，可以废止一项支撑信念（a backup belief）的二阶信念（a second-order belief），这使得它不同于波洛克所提到的"反驳的击败理由"（针对信念本身的否定）或"底切的击败理由"（针对信念及其支撑间逻辑关联的否定）；另一方面，它也同时体现出"反驳的击败理由"和"底切的击败理由"的内涵。是故，证成的废止不止是否定逻辑前件或逻辑后件，还否定它们之间构成实质蕴涵关系。[2]

在这里，证成的废止还可以进一步区分为"绝对证成"（absolute justification）与"相对证成"（relative justification），前者是指一个为真（true）的信念能够获取自一项"好的论证"（a good argument），后者则是指同一个"好的论证"能够获取一个有效的（valid）信念，而信念的有效性恰恰意味着它是不完全确定的，是可以被改变的。进言之，信念必然以集合形式存在着，而且这样一个信念集的内容是不确定的，因为证成的废止就意味着原先信念集里的元素（信念）将由于论证的推进而不复存在于后续的信念集之中。[3] 有学者据此认为，可废止性就是指，在信念集中增加额外的理由或反对理由来使结论失效。[4] 这一界定表明，证成的可废止性必然需要借助理由及相应的论证活动。

（二）证成的可废止性与二阶证立模式

事实上，诉讼的可废止性和证成的可废止性能够终极地诉诸理由论证活动的原因，是借助了论证具有可废止性的概念中介。有学者认为，

---

[1] 参见［荷］雅普·哈赫：《法律逻辑研究》，谢耘译，中国政法大学出版社 2015 年版，第 13-14 页。

[2] 有学者也将这种证成的可废止性归纳为针对法律大前提、小前提、推理过程三个环节的废止。参见杨敏：《论法律推理的可废止性》，"第十六届全国法律逻辑学术讨论会（成就·反思·前瞻——中国法律逻辑三十年）"会议论文，2008 年 7 月于哈尔滨，第 100-104 页。

[3] 参见［荷］雅普·哈赫：《法律逻辑研究》，谢耘译，中国政法大学出版社 2015 年版，第 14-15 页。

[4] Wang Peng-Hsiang, *Defeasibility in der Juristischen Begründung*, Nomos-Verlag-Ges., 2004, S. 11.

"可废止性"对法律运作的意义在于,它能够使法律在运作中了解自身。① 而诉讼可废止性(体现为证明责任的分配上)和规则可废止性的讨论也已经证实可废止性推理的客观存在。有学者甚至将冲突规则(conflicting rules)和规则的可废止性即"规则的例外"(exceptions to rules)作为证成可废止性的两个特征。② 不过,证成的可废止性实际上还存在着第三个理由,它与二阶证立模式紧密相关。

在审判中,规则之所以能够被废止,是因为裁判者在适用规则时不仅需要关照字面含义,还要注重正当化规则的规范性理由以及规则在个案中适用的具体效果,雅普·哈赫把它定义为"情形—法律后果组合"(case-legal consequences pair, CLCP),这种组合在论证中对应二阶证立(哈赫称之为"发现的语境",context of discovery)。它意在论证审判所使用的大前提缘何能够同时指出案件的法律后果及与之有关的具体情形。"情形—法律后果组合"的出现意味着审判出现了两个或两个以上可以适用于本案的裁判规则,此时证成的废止就会发挥出它的功能:第一,它揭示那些能够合理兼顾特定情形之例外的理由及其实施效果的规则所指示的信念,将废止不能提供上述理由的规则所指示的信念;第二,它一方面支撑上述例外的理由及其实施效果,另一方面还将同时指向与非法律世界(non-legal world)相关的事实。③

可见,证成可废止性解决的是二阶证立所应对的两个问题:其一是法律资源问题,相关法律概念、规则、原则的理解需要取得现实世界资源的支持,且这些资源实际上构成法律实效性的重要支持;其二是阐明"情形—法律后果组合",也就是着眼于法律适用的可普遍化要求,并通过"类案同判"来实现法律体系的融贯。在这个意义上,除非法律不存在例外的解释空间,否则针对法律资源的描述活动都将成为废止"情形—法律后果组合"的标准。通俗地说,就是社会效果通过确定裁判大前提的方法决定了法律效果。这显然是后果主义审判的思路。

---

① 参见[荷]雅普·哈赫:《法律逻辑研究》,谢耘译,中国政法大学出版社 2015 年版,第 9 页。

② 参见[荷]阿尔诺·R. 洛德:《对话法律——法律证成和论证的对话模型》,魏斌译,中国政法大学出版社 2016 年版,第 17-20 页。

③ 参见[荷]雅普·哈赫:《法律逻辑研究》,谢耘译,中国政法大学出版社 2015 年版,第 21-23 页。

是故,只要承认论证过程存在着二阶证立,只要承认二阶证立中必然需要考虑不同规则的裁判后果、裁判理由以及社会现实状况,那么,证成的可废止性就必然存在,尽管个别法律规则的确不存在任何例外空间。① 这进一步强化了证成的可废止性与理由论证之间的关联。这里甚至可以在本体论层面提出一个更强的命题:论证必然允许废止,而论证所指向的证成活动必然需要借助相应的理由来实现其可废止力,除非规范本身不存在例外空间。②

(三)证成可废止性在"信念修正+理由论证"框架中的证立

最后需要讨论的,就是证成的可废止性如何通过理由论证而实现。审判的两造当事人的主张都需要有具体规范性理由作为支撑,并且在论证过程中,他们还需要关心是否存在例外理由,关心这些例外理由是否减损支撑他们主张的理由的论证强度和效力,以及进一步关注这些例外理由是否还存在着"例外的例外"也就是二阶的例外理由。③ 例如在指导案例 33 号"瑞士嘉吉国际公司诉福建金石制油有限公司等确认合同无效纠纷案"中提到的 1999 年《合同法》第 52 条,就是关于合同绝对无效的规定。但如果继续观察 1999 年《合同法》有关合同效力的其他判定条文,可知第 54 条是关于合同相对无效即可变更可撤销的理由,它们构成了削弱或取消生效合同效力的例外规定。同时,观察 1999 年《合同法》文本可

----

① 参见[德]卡斯滕·贝克尔:《规则、原则与可废止性》,宋旭光译,载舒国滢主编:《法学方法论论丛》(第 3 卷),中国法制出版社 2016 年版,第 44-57 页。

② 相关文献,可参见 W. J. Waluchow, *Defeasibility and Legal Positivism*, in J. F. Beltrán & G. B. Ratti eds., The Logic of Legal Requirements: Essays on Defeasibility, Oxford University Press, 2012, p. 254-267. 中译本参见[加拿大]威尔弗里德·瓦卢乔:《可废止性与法律实证主义》,宋旭光译,载《法哲学与法社会学论丛》(2016 年卷·总第 21 卷),法律出版社 2016 年版,第 250-272 页;J. F. Beltrán & G. B. Ratti, *Validity and Defeasibility in the Legal Domain*, 29 Law and Philosophy 601, 601 – 626 (2010); Frederick Schauer, *Is Defeasibility an Essential Property of Law*?, in J. F. Beltrán & G. B. Ratti eds., The Logic of Legal Requirements: Essays on Defeasibility, Oxford University Press, 2012, p.77-88(中译本见[美]弗里德里克·绍尔:《可废止性是法律的本质属性吗?》,宋旭光译,载《法律方法》2015 年第 1 期,第 1-12 页); V. Strahovnik, *Legal Positivism and the Defeasibility of Legal Norms*, 59 Dignitas 219, 219 – 234 (2018); P. Chiassoni, *Defeasibility and Legal Indeterminacy*, in Interpretation Without Truth: A Realistic Enquiry, Springer, 2019, p. 221-253.

③ G. Sartor, *Syllogism and Defeasibility: A Comment on Neil MacCormick's Rhetoric and the Rule of Law*, EUI-LAW Working Papers, 2006/23, p. 11.

知,第 55 条是关于撤销权消灭的规定,它的规范意旨是削弱或取消第 54 条有关合同可变更可撤销的内容,因而构成了二阶的例外理由。在此例中,在内容上能够废止 1999 年《合同法》第 52 条的第 54 条,以及部分废止第 54 条的第 55 条,都是明确存在于规范中的例外条款,它们构成上文中帕肯提出的"硬例外"的理由,亦即"硬反驳的击败理由"(hard rebutting defeaters)。当行动主体能够认知此种理由后,他们的理由论证要么是继续寻找三阶的例外理由,要么就直接修正原有的信念,但无论如何,这些论证活动都将反映行动主体在"合同是否成立"问题上的信念修正过程。

不难发现,上述的证成可废止过程反映的是行为主体对规范所持有的信念因持续出现例外情形而不断遭受修正的过程,它由多个逻辑三段论(syllogism)构成。这一过程可参见表 5-3:

表 5-3　借助法律规范促成的证成可废止性

事实状态	逻辑三段论	信念状态	证成状态
合同生效	(无)	"合同有效"信念	证成"合同有效"
合同生效,但存在自始无效之风险	大前提:缔约过程中发生重大误解的(1999 年《合同法》第 54 条第 1 项)	"生效合同因重大误解而存在自始无效的风险,是否有效将取决于享有权利的一方当事人是否行使其变更权或撤销权"的信念	"合同有效"的证成因出现自始无效的风险而被废止
	小前提:生效合同确系在一方当事人发生重大误解的情况下订立		
	发生重大误解的一方当事人享有合同的变更权或撤销权		
合同生效	撤销权人明示或以行为表示放弃撤销权的,撤销权消灭(1999 年《合同法》第 55 条第一项)	"生效合同因撤销权人以其行为放弃撤销权而继续有效"的信念	"合同有效的证成因出现自始无效的风险而被废止"的证成,因撤销权人的撤销权归于消灭而被废止
	撤销权人继续履行合同,并请求合同相对方为对待给付		
	撤销权消灭		

除此之外，"非法律世界"的资源和原则也可能导致证成被废止。在此不妨以哈特虚构的"公园禁止车辆入内"规范为例，通过化用《憨豆先生》第 5 集当中的一个桥段来说明不同的车辆是如何成为该条款的例外情形，并最终废止原先的证成活动：[①]

表 5-4　综合借助法外资源与法律原则促成的证成可废止性

事实状态	逻辑三段论	事实推论	信念状态	证成状态
存在"公园禁止车辆入内"的规范	（无）	（无）	"公园禁止车辆入内"的信念	证成"公园禁止车辆入内"的事实
示例一：憨豆先生驾驶电动轮椅进入公园	大前提：公园禁止车辆入内	（无）	"公园禁止车辆入内"的信念	"公园禁止车辆入内"的证成因憨豆先生驾驶电动轮椅、且电动轮椅不属于车辆而被废止
	（无）	电动轮椅是否属于"车辆"？	"公园禁止车辆入内的规则并不一定适用在憨豆先生身上，因为他驾驶的是电动轮椅而不是车辆"的信念	
	小前提：（假定）电动轮椅在英国不被认为属于"车辆"	（无）		
	结论：憨豆先生可以乘坐电动轮椅进入公园	（无）	"公园禁止车辆入内的规则不适用在憨豆先生身上"的信念	

[①] 《憨豆先生》是一部由罗温·艾金森主演的英国电视喜剧。本书化用的桥段源自第 5 集"憨豆先生大麻烦"，剧情是：憨豆先生去野餐时热心帮助一名儿童修理无故损坏的玩具船遥控器，却不料导致遥控器发生频率冲突，使得该遥控器能够同时操纵一位在湖畔休憩的老妇人的电动轮椅。后来孩童在操作玩具船驶向远方的同时也使电动轮椅径直驶向湖边，最终把孩童推往湖里。

续表

事实状态	逻辑三段论	事实推论	信念状态	证成状态
示例二:憨豆先生的电动轮椅失控,使一名儿童失足落水(水深0.5米)。消防车、救护车要求进入公园拯救儿童	大前提:公园禁止车辆入内	(无)	"公园禁止车辆入内"的信念	"公园禁止车辆入内"的规则因更高原则击败而废止
	(无)	消防车和救护车必然属于"车辆",但特殊情况下应否例外地允许进入公园?	"公园禁止车辆入内的规则需要被更高的原则所击败,因为拯救生命健康的权利高于维持公园安宁的权利"的信念	
		"公园禁止车辆入内"的规范目的是为了维持公园安宁,而在拯救儿童面前,应否暂时允许破坏公园安宁?	"在具体情况下仅仅需要救护车进入就可以拯救生命,因此车辆进入公园对规则的破坏应被限制在最小程度"的信念	
		为拯救儿童而破坏公园安宁,应否切合个案的现实,体现比例原则?		
	小前提一:救护车进入公园拯救儿童,符合比例原则	(无)	(无)	
	小前提二:消防车进入公园拯救儿童,不符合比例原则	(无)	(无)	
	结论:救护车允许进入公园,但消防车不允许进入公园	(无)	"救护车允许进入公园,但消防车不允许进入公园"的信念	

不难发现，上述例子描述的证成的可废止，都是以演绎逻辑为基础的信念修正过程。[1] 不妨将其归纳为"演绎逻辑+信念修正"方案。这一理论方案与利用非单调逻辑来处理推理和证成可废止性的方案形成直接竞争关系。那么，在回应证成的可废止性的问题上，这两种方案孰优孰劣？

这是法律可废止性研究中长期存在争议的问题。这两条路径似乎并没有过多的理论交集。[2] 在计算机科学领域，关于逻辑可废止的论题从一开始就建立在了非单调逻辑的基础上。[3] 随着研究的推进，非单调逻辑与道义逻辑(deontic logic)相结合，此后才有了人工智能与法的应用研究。[4] 而对从事人工智能与法的应用研究的学者来说，他们从事的是面向未来的，将法律人工智能化和规范解释解释算法化的事业，因此为满足人工智能的建模逻辑，相关研究应当尽可能贯彻符号化、形式化的要求，还可能通过建构算法"黑箱"来尽量压缩论证反复和出现模糊地带的空间。是故，采取非单调逻辑来分析证成的可废止性问题，的确有较强的说服力。

但是，对关注审判实务和方法论的学者来说，似乎更适宜把证成的可废止性研究看作是对既有问题的更合理回答，而这些既有问题是：如何更加科学、客观、整全地回答审判规则选择的合理性问题；疑难案件中例外情况的介入是否影响，如何影响如何理由论证的问题；审判如何在满足依

----

[1] 相类似的分析，可参见[美]史蒂文·J. 伯顿：《法律和法律推理导论》，张志铭、解兴权译，中国政法大学出版社1998年版，第26页以下。

[2] See J. L. Pollock, *Defeasible Reasoning with Variable Degrees of Justification*, 133 Artificial Intelligence 233, 233-282 (2001).

[3] See L. Royakkers & F. Dignum, *Defeasible Reasoning with Legal Rules*, in Donald Nute ed., Defeasible deontic logic, Springer, 2012, p. 263-286. 有关在人工智能中所用到的非单调性论证框架的建构，可参见林方真和董番明的研究，其中后者的研究成果是当前非单调性论证结构的通说。See Lin Fangzhen & Yoav Shoham, *Argument Systems: A Uniform Basis for Nonmonotonic Reasoning*, in Ronald J. Brachman, Hector J. Levesque & Raymond Reiter eds., Proceedings of the First International Conference on Principles of Knowledge Representation and Reasoning, Morgan Kaufmann Publishers Inc., 1989, p. 245 - 255; Dung Phan Minh, *An Argumentation Semantics for Logic Programming with Explicit Negation*, in David S. Warren ed., Proceedings of the Tenth International Conference on Logic Programming on Logic Programming, MIT Press, 1993, p.616-630.

[4] 相关综述可参见李娜、张莉敏：《论西方可废止性道义逻辑的形式化研究及其存在的问题》，载《哲学动态》2006年第2期，第50-54页。

法裁判要求的同时回应舆论和民意的问题；等等。一言以蔽之，这些研究关注的是如何在事实判定、证明责任、心证公开、规范适用等审判环节全面加强说理，提供合法、合理、合情的审判理由并佐以有力且可视化的论证，最终在形式主义法学和现实主义法学之间走出第三条道路。

基于上述理由，有学者认为二者并无明显的优劣之分，①例如萨尔托尔认为，非单调逻辑或者"演绎逻辑+信念修正"的方案都能获得证成可废止的效果，而且它们的推论过程也都能够转化为逻辑三段论的表现形式，尽管这两个方案都并非严格的形式逻辑。② 也有学者在此质疑非单调推理的意义。③ 阿尔乔龙更是直接认为，只能用"演绎逻辑＋信念修正"的方案来讨论证成的可废止性，而不能采用非单调逻辑的进路。④ 他认为，首先，规则具有可废止特征，是一种"可废止条件句"（defeasible conditionals）。其次，证成可废止性是为了解决例外情况的介入对证成活动的影响，而且这种例外将直接或间接针对规则，因此在从事证成的可废止性检验时，应当先确立以通常情况（normal circumstances）为基础的对照组，而所谓的"通常情况"其实就是一般的法律证成方案。可见，在这样一个检验可废止条件句的信念修正实验中，唯一的变量就是信念修正的动力，也就是不断进入论证活动中例外情况，它们由新的事实和理由所组成。而推进论证的逻辑是不变的，也就是在审判中通常使用的演绎逻辑，而不是非单调逻辑。

这里需要重点关注例外情况将如何废止原有的信念。不妨在此试举一例。《刑法》第 17 条第 1 款和第 2 款规定，"已满十六周岁的人犯罪，应当负刑事责任。已满十四周岁不满十六周岁的人，犯故意杀人、故意伤害

---

① 参见高伟伟：《可废止性法律推理的理论与实践——基于严格主义法律推理的检讨》，载《北方法学》2019 年第 4 期，第 139-150 页。

② G. Sartor, *Defeasibility in Legal Reasoning*. EUI-LAW Working Papers. 2009/02, p. 5-7.

③ See Arend Soeteman, *Legal Logic? Or Can We Do Without?*, 11 Artificial Intelligence and Law 197, 197-210 (2003). 中译本参见［荷］阿伦德·舒特曼：《法律论证的可废止性需要特殊的法律逻辑吗?》，宋旭光译，载舒国滢主编：《法学方法论论丛》（第 3 卷），中国法制出版社 2016 年版，第 29-43 页。

④ C. E. Alchourrón, *Philosophical Foundations of Deontic Logic and the Logic of Defeasible Conditionals*, in John-Jules Ch. Meyer & R. J. Wieringa eds., Deontic Logic in Computer Science: Normative System Specification, Wiley & Sons, Inc., 1994, 69f. 转引自［荷］雅普·哈赫：《法律逻辑研究》，谢耘译，中国政法大学出版社 2015 年版，第 29-31 页。

致人重伤或者死亡、强奸、抢劫、贩卖毒品、放火、爆炸、投毒罪的,应当负刑事责任"。上述内容可以被拆分为以下规范:

1. 未满 16 周岁的人犯罪,不应当负刑事责任。(反对解释)

2. 已满 14 周岁不满 16 周岁的人,不应当负刑事责任。(当然解释)

3. 已满 14 周岁不满 16 周岁的人犯有《刑法》第 17 条第 2 款规定的八种行为的,应当负刑事责任。(针对第 1 款的例外情况)

此时,根据上述第 1 条和第 2 条规范所建立起的信念是"已满 14 周岁不满 16 周岁的人,不负刑事责任"。如果一名 14 周岁少年实施了故意杀人行为,那么就需要引入上述第 3 条规范,将原有信念修正为"已满 14 周岁的人犯故意杀人的,应当负刑事责任"。与之形成对比,如果该名 14 周岁少年实施的是过失致人死亡行为,那么也需要引入上述第 3 条规范,将原有信念修正为"已满 14 周岁的人犯过失致人死亡的,由于不符合第 3 条的规定,不应当负刑事责任"。

不难发现,上述的信念修正过程恰好发生在上文所提到的演绎过程之中。而如果采取非单调逻辑,有关 14 周岁少年实施故意杀人行为的,就会是下面这个状态:

1. 根据第 1 条和第 2 条规范,建立起"已满 14 周岁不满 16 周岁的人,不负刑事责任"的信念;

2. 由于第 3 条规范的存在,"一名 14 周岁少年实施了故意杀人行为"的事实将导致"已满 14 周岁不满 16 周岁的人,不负刑事责任"的信念作废。(硬例外的击败理由)

3. 建立起"已满 14 周岁不满 16 周岁的人犯故意杀人的,应当负刑事责任"的新的信念。

显然,两种逻辑所呈现出的信念变迁(belief change)存在着差别。在"演绎逻辑+信念修正"的方案中,信念变迁体现出某种先后继起的关系,新的信念是在原有的信念上修正(modify)而成。若采取非单调逻辑的思路,信念变迁就体现出信念的完全替代(replacement),也就是原有信念完全作废,新信念完全取代原有信念,虽然它们在内容上确有重叠之处。

不过,对审判的理由论证而言,这种差别实际上并不明显,因为从更宽泛的角度来说，最终的审判结果产自理由论证而非逻辑推论。这也是证成可废止性的意义内核。而且，逻辑单调与否，并不妨害最终结果的准确实现。根据上文，逻辑是否具有单调性，取决于前提集中所对应的结论集在前提集析出的前提子集中是否仍然能够找寻与之相对应的，从结论集中析出的结论子集。简单地说，如果在前提集中任意增加子集而结论集保持不变，就构成单调逻辑，反之就是非单调逻辑。就此而言，上面有关《刑法》第 17 条第 1 款和第 2 款的逻辑推论分析，显然更应当被视为一项非单调逻辑的操作，因为第 2 款中构成例外情况的 8 种犯罪作为子前提，并不能对应"不应当负刑事责任"的结论，而是对应着"应当负刑事责任"的结论，且后者与原结论集之间是反对关系。这显然是一项非单调逻辑，也是该条款作为硬例外理由的体现。

不过，并非所有的法律推论过程都是非单调的。在依据原则的审判中尤其如此。例如上文转引的"R *v.* National Insurance Commissioner ex p. Connor"一案，该案遵循的是帕尔默案的裁判理由，而帕尔默案裁判理由的正当化理由是"任何人不得从其伤害他人的行为中获益"的法谚，它与该案判决理由"法律不允许任何人因其直接犯罪行为获益"之间构成了原则与规则的关系。在该原则指引下，该案中的裁判者也自然能够得出"直接犯罪行为"与"伤害他人的行为"在客观上等同的充分条件是"直接犯罪行为"并不以行为人具有故意之犯意为限，因此可以把过失致人死亡的行为也评价为"直接犯罪行为"，所以该案与帕尔默案构成同类型案件。照此逻辑，在"任何人不得从其伤害他人的行为中获益"形成的前提集中析出"过失致人死亡的行为属于伤害他人的行为"这样一个前提，并不会导致最终结果的改变，此时推论就呈现出逻辑单调性。

就此而言，在理论上可取的做法似乎是：将信念修正作为证成可废止性的核心意涵，同时搁置有关单调逻辑或非单调逻辑的争执。正如雅普·哈赫所言，究竟选择非单调逻辑，还是选择"演绎逻辑+信念修正"的方案，实际上是一种"实用的考虑"，也就是没有对错之分。① 只是在这里，需要关注哈赫对此所作的理论辩护。他指出：如果逻辑能够与信念变

---

① 参见［荷］雅普·哈赫：《法律逻辑研究》，谢耘译，中国政法大学出版社 2015 年版，第 31 页。

迁相关,那逻辑处理的就不是规范性陈述句的真值问题,而是人们应当如何合理相信某一观点的问题。换言之,逻辑解决的是"证成"而不是发现"真假"的问题,此时逻辑就是一种"评估"与"接受"的方法,即评估某一项观点能否为人们所接受。在这种逻辑观之下无所谓对单调逻辑或非单调逻辑的坚持,因为这样的区分也将不复存在。[1]

诚然,这种观点有其合理之处。不少关注审判推论的学者也倾向于对逻辑做上述的扩充解释。[2] 的确,现代逻辑等同于"形式逻辑"的正统观点,使人们在讨论诸如"实质逻辑""日常逻辑"等问题时显得手足无措。但此种对逻辑理念的修正,实际上是把修辞学与论题学的研究领域也涵盖到了逻辑项下,步子未免迈得过大。事实上,证成的可废止就意味着形式逻辑在理由论证当中只能提供有限的功能。即使是按照"逻辑三段论"的格式来显现信念变迁机制的过程,也不能算作真正的逻辑三段论,因为逻辑三段论的确不能处理例外情况。甚至可以认为,当"论证"而非"推理"出现在法学研究时,就已经意味着纯粹的形式主义法学和现实主义法学都处在理论破产的边缘,此时通过更新对逻辑的理解来强化论证合理性的制度设计,似乎意义不大。是故,将证成的可废止性植根于信念修正,并将其外部化为复数的理由论证活动,似乎即为足够。

---

① 参见[荷]雅普·哈赫:《法律逻辑研究》,谢耘译,中国政法大学出版社 2015 年版,第33-38 页。

② 参见[英]尼尔·麦考密克:《修辞与法治——一种法律推理理论》,程朝阳、孙光宁译,程朝阳审校,北京大学出版社 2014 年版,第四章"为演绎主义辩护"。

结 论

"依据理由的论证"即"理由论证",它作为研究中国审判的"前置命题",既是描述获取裁判结论的方法,也是分析中国式法律议论与社会议论之互动的中层理论的关键词,意在回答"为什么需要说理"以及"法律活动为什么需要理由"的问题。在普遍性维度上,"审判需要理由"的判断源于对"公共生活为何需要理由"这一问题的回答,而这个回答可以追溯至个人得以高扬意志自由并因此成为独立个体的现代性理论,能够更加准确地把握实践形成差异的原因及其社会基础。在现代性理论中,个人的自主性共识使分歧(disagreements)、差异(differences)、沟通(communication)成为理由在人类活动中得以合理存在的前提条件,使得多元、差异和分化的现代社会下的"差异形成分歧、分歧需要沟通、沟通需要理由"见解成为理由论证之必要性的宏观证立。现代性的一个核心观念就是承认个体的理性色彩,明确个体有能力自主地处理与自身、与他者之间的关系,并在这种基础上形成以主体间的相互承认为基础的政治共同体。但是,正是由于确认了个体的理性、知性力与自主能力,原子化的个人将成为社会的基础。此时人与人之间的差异也就不可避免地存在着,而且这种差异将不可能在个体本位的社会中被消除。同时,社会的进步将导致社会分工进一步细化,进而使不同的社会结构承担着不同的社会功能。反过来,社会功能的分化也进一步改变着社会结构的面貌,每个个体的社会角色及其功能的差异性也因社会结构的变化而日益增强。此时,基于不同的角色分化而参与社会生活的诸多个体,就必然面临着相互承认的问题。

在这个意义上,政治共同体是个体间相互承认的最高体现。但政治共同体只是确保了抽象的公民能够有参与公共生活的资格,却并不奢求能够完全取消这些公民身上所加诸的各类社会角色。相反,政治共同体在某种程度上还希望公民及其团体保有这种差异性,以便能够通过他们的自我管治来实现全社会的治理。于是,基于这种角色分化所形成的差异性,就成为政治共同体实现社会治理的基础。而中国审判活动所强调的参与社会治理、实现社会整合的功能也恰恰能因此而彰显。

从现代法治和现代社会的角度来说,审判之所以需要理由论证,是因为在差异、多元、分化的现代社会当中,只有充分的说理才能确保参与争讼的各方做到胜败皆服,也只有在审判中严密论证思路、给出充足理由,才能使审判结论经得起实践的检验,也才能为促进法学研究和法治建设提供素材。这就需要关注社会存在着哪些可能为司法实践回应的价值主张和利益类型。在这里,基于“国家和市民社会”框架的理论发掘市民社会作为伦理共同体的意涵,明确诸如国家主义、社群主义、法团主义等与政治国家、市民社会相关的社会思潮,在根本上关涉伦理共同体的规范性基础来源,并进一步指向伦理共同体缘何可能的制度和价值光谱。尽管这些思潮并不一定都能在刻下的中国找到自己的具体现实状态,但它们作为现代社会的思潮,无疑能够有助于澄清司法需要回应的、作为现代的社会需要的类型。

在关注理由论证的现代性基础时,也应当重视中国社会的本土特殊性对中国审判的理由论证的影响。中国的超大型复杂社会的属性决定了审判所回应的社会需要中还包括具有自身特色的以及传统的社会观念。在这里,无论“第三领域”的理论争执是否能够准确说明中国的确存在着这样一个公权力与私人领域之间模糊的社会权力运行的过渡地带,都已经足以说明:作为后发的法律现代化国家的司法装置,中国的审判一方面要回应现代所独有的那些社会因素,另一方面也需要关照仍然持续影响着社会主体信念与行为的传统中国文化要素,从而平衡法律效果和社会效果,使审判的说理和结果能经得起法律和实践的检验。

在这里特别需要重视的是中国传统社会秩序中的"情""理"要素。用现代的学术语言,"情理"的关系可以被看作基于特殊主义的关系网络的互惠而形成的社会压力结构。当这种社会压力传递到裁判者和诉讼双方后,一种基于关系的直觉主义的司法裁判风格得以形成。在这种风格的指引下的中国传统审判以维护伦理的确定性和人际关系的稳定性为基础,而非以定分止争为核心依归。与"情""理"要素相适切的"法"在实施中则呈现出基于关系而形成的直觉主义式触发机制,也就是裁判者会基于具体的情境和伦理判断来理解和实施法律规则,而绝非仅仅停留在阐明法律规范的内容及其效力之上。

当明晰现代和传统社会的社会需求的类型后,探知现代中国审判应对它们的方式,就成为研究的关键内容。在这里,传统的"情理"观念与现代法律的非对抗性,成为重要的研究切入点。当代中国审判跨越前现代、现代、后现代的行为背景,不止是现实情况在审判中的具体投射,也同时是革命法制赋予中国法院和法律体系的基本底色,还是中国法院重建合法性的基本立足点。这表现为:一方面司法实践强调依法判案,另一方面强调以当事人服判息诉为最终的追求;一方面司法实践强调依据规则办事,另一方面也明确司法需要贯彻公共政策和最大限度贴近社会道德规范。这种情况就使得中国的司法实践需要直面更为复杂的裁判情景、协调更多的利益关系、进行更多的权衡。在很长的一段时期内,这些内容是通过审判与调解的有机组合和相互协调来实现的。但在调解与审判的制度性背离愈发明显的情况下,应当要求审判也具备证明法律与情理能够和谐共生的能力。在此情况下,传统的情理观念与现代法律之间的非对抗性关系,进一步增强了法律在维系文明、促进社会连结、增强社会控制上的实效性,但也同时晓谕:审判的过程并不只是实现法律的规定并单纯地施加法律义务。况且,相较于简单依赖于法律强制力,增强审判参与主体在审判过程中的参与度,辩证地对待不同主体在审判当中的差异性,提高不同主体在审判当中的获得感,将在更大程度上增强审判的道义性和实效性。

如果说理由论证赋予了上述作业的相关内容,那么法律程序就确保了理由论证的形式性。程序是理由论证的首要基础。理由论证必须建立在以程序为基础的对话条件之上，从而推动理由给予以及与之相关的正当化、合理化论证。基于程序的法律之治是法治的核心意涵，也就是以法律为基础的社会规则自治。程序营造的是这样的一个话语空间：不同角色都能将他们所指向的社会利益带入法律的竞技场，并将他们的利益博弈转化为可视化、可预期、明确的话语博弈。程序同时还为他们的博弈提供话语的武器，最终促成一定的共识，尽管新的危机可能潜藏在这种共识之中。在这里，程序成为合意得以可能的基础，而合意也因程序的存在而得以可能。正是在这样一种循环往复的正当性证成机制之中，程序得以为契约、进而为具体的乃至抽象的合意创制条件，并使自身成为合意所创造出来的结果。正是由于程序的这种功能，多元社会的分层或分团所形成的纵横交错，你中有我的利益平衡格局得以可能，"重叠共识"也才得以可能。这种寻求社会最大公约数的理论作业，一旦被统合在法律之中，就将内化为法律意识形态。而程序恰是法律意识形态的根基。此时是否还需要追求新的伦理共同体，似乎也已经不再重要。

当明确程序对法律和社会公共生活的基础意义之后，程序所提供的法律话语的竞技功能也将彻底向全社会开放。由于程序讲求话语的交锋、各方观点的相互辩驳，也因此存在着立论、观点、论据、话语，规则以至整个论证过程被证立、继而被推翻、复又重新整理、再而被推翻的此消彼长、螺旋上升的议论活动。这种议论同样存在于法律的场合。所不同的是，程序确立了辩驳的场所、明晰了辩驳的条件、规定了辩驳的方式，并重新确立了不同角色在其中的地位。审判活动就是其典型。

在这个基础上，有关"法律效果"和"社会效果"的概念界定就可以被正式转化为有关"法条主义"和"后果主义"的比较。有关法律的政治性的学说也表明，无论是法条主义还是后果主义，裁判所试图维护的法益或实现的目的都具有相当程度的优越性。不过与法条主义所不同的是，后果主义的论证路径下的裁判目的在更多时候是实用导向的，这源于后果主义始终处于行为功利主义和规则功利主义的规范性分歧之中，因而始终无法摆脱在"法律决定论"和"法官决定论"之间摇摆的宿命。于是，一种循实践路径的调和方案出台了，它可以被视为"柔性的法条主义"，主张根据规范要件事实在生活中的意义("事物本质")来理解法律,并且以此实现法律规范与生活事实的相互对应。在诠释学中,这种对应是依赖于文本和行为主体通过对话而实现视域融合。这种对话也就是"共识"与"共识的可废止"的否定之否定机制。这也恰好契合了程序所开放出来的话语辩驳的空间。

当然,"理由论证"作为以理由为基础的论证,更重要的意义是能够揭示"理由"的力量:它不仅仅是一种言说的资源,更是支持人们行为的核心力量,这恰好是本体论意义上"理由"概念的研究领域。这些研究指出:第一,理由可以区分为信念理由和行为理由,而后者是支持人们行为的真正的理由,它是一种事实状态。第二,理由可以被区分为一阶理由和二阶理由,其中一阶理由是人们基于通盘考虑之后所获取的行为理由,而二阶理由则是排除一阶理由效力、或者促使行为主体选择特定的一阶理由的行为理由。第三,理由也可以被区分为操作性理由和辅助性理由,前者是行为主体真正能够依循的理由,后者是说明具体行为是否恰当合理的理由。此外,行为理由支持人们行动的原因,大致可以归纳为以下两种思路:第一,行为理由能够使人们实现某一个预设的目的;第二,按照行为理由去行动,就是人们应当去做的事情。在这里,"基于欲望的理由观"(又称为"理由内在论")、"基于价值的理由观"(又称为"理由实在论")、"基于主体性的理由观"(又称为"理由超验论"),都能兼顾上述两个内容,它们也因此论证了行为理由的规范性来源。

在此基础上,有必要进一步依托实践哲学上的"理由"和"行为理由"概念来为理由论证寻找正当性根据。这一理论作业将通过以下几个关键词来解决:行为理由、法律规则、法律规范性、规范性裂缝、规则的证立、制度事实。简单来说,法律的规范性问题能够通过行为理由与法律规则的关系而获得重述,此时法律规则能够蕴涵和给予行为理由,甚至它本身也是行为理由的特殊实例。首先,法律通常以三种方式给予行为理由,一是纯粹认知地给予理由,二是触发地给予理由,三是强有力地给予理由。其中,"触发地给予理由"是指法律规则所给予的理由"触发"了那些原本就已经存在于该环境中的其他理由,法律就是通过这种方式来给予行为理由。可见,法律规则实际上是通过启发行为主体在具体语境下的实践慎思来使他们寻找到真正的行为理由。这也是促成法律规则、原则以及辅助裁判者在事实认定和法律适用等问题上所使用的经验法则和公共政策等转变行为理由,并在个案中支撑审判的理由论证的根源。但是,法律规则给予的行为理由并不直接指引行为主体进行具体行动,这些行为理由无法在任何情况下都能启发行为主体的实践慎思。

这一论证结果表明了两个内容:第一,由于法律规则给予的行为理由具有独断性和"独立于内容"的特征,法律规则给予的行为理由并不是"真正的行为理由",即使二者可能在内容上存在重叠;第二,在除去法律规则给予排他性理由的条件下(因为排他性理由仅仅在逻辑上成立,或者说它更应当被视为是一种冲突规则),如果法律规则明确地给予行为主体一项理由,而这项理由与行为主体的实践慎思之间可能发生冲突,就意味着法律规则所给予的理由与真正的行为理由不一致,这种不一致就被定义为行为理由的"规范性裂缝"。

规范性裂缝的解决,是在逻辑上证立法律给予行为理由的关键步骤。具体来说,法律规则蕴涵或作为行为理由的命题表明法律规则作为行为理由,给出了另外一项或者一系列与现存其他行为理由(即一阶理由)不同的行为理由;反映在实践之中,就是依据法律规则所给予的理由行事和依据其他行为理由行事之间在实践效果上存在着差异,由此导出针对行为理由的实践差异。同时,它也恰好说明了法律所给予的理由与真正指引行为人行事的行为理由之间可能存在着断裂,这恰好落入了"规范性裂缝"的概念范围之内,但也同时说明,消除规范性裂缝是证明法律规则所给予的理由就是行为人"做正确之事"的充分条件。而消除这种规范性裂缝的契机,就在于说明法律所给予的行为理由能够在内容上限定或覆盖行为主体进行通盘考虑时可能导出的那些一阶理由,这不妨称为"在实践中消除实践差异"。

但是,实践差异不可能被根本消除,至少在逻辑上不能被消除。如果把行为理由看作一种服务于行为目的的工具,那么行为主体在具体的行动时所选出的最佳理由就是最能满足该具体行动目标的理由。但是,法律规则的普遍性决定了法律规则所提供的理由也应当满足可普遍化要求。由于存在规范性裂缝,法律规则所给予的理由只能部分地满足行为主体的行为目标,这也意味着,普遍行为的目的与具体行动的目的之间存在着不可通约的差异。所以,解决规范性裂缝也就是证立以下命题:法律给予的理由与通盘考虑所导出的一阶理由在逻辑上的差异并不必然地传递到两种理由的内容上,换句话说就是这两种理由在内容上应当相互协调或一致。

要想做到这一点,在方法论上有两种思路:第一种是"敏感于规则的特殊主义"的思路,也就是暂时搁置法律规则给予理由的二阶理由属性,并把它纳入行为主体的通盘考虑。但问题在于,只要把法律规则所给予的理由纳入通盘考虑,那么无论是原初意义上的"敏感于规则的特殊主义",还是主张可以被更佳的理由推翻的"推定的实证主义",事实上都必然存在着法律规则给予的理由无法被全部正当化的可能,因为全部寄托于通盘考虑的正当化路线在概率上也天然存在着被否定的空间。所以,第二种思路就是预设一个比普遍行为目标和具体行动目标更为优越的新目标,法律规则给予理由的正当性,就在于它能确保行为人的行动足以实现这一更为优越的目标。

同样地,在理解"更为优越的目标"时,也存在着实质主义和形式主义两种路径,前者是指通过实体意义上的调和来平衡集体行为目标和具体行动目标,它导向法律规则给予理由的生成机制,探索这些规范性理由是如何从复数的行为主体的通盘考虑中被筛选、抽象并提炼而成,它导出了制度的法律理论。而后者则是诉诸"服务的权威观念",它是指法律规则所具有的权威能够帮助行为主体划定通盘考虑的范围,或者影响通盘考虑中不同行为理由的权重——这似乎与"触发地给予理由"的方式存在相通之处。

制度的法律理论认为,行为主体的行动意义是通过具体的制度和情境来赋予的,也就是塞尔所说的"x 在语境 c 中算作 y"。根据麦考密克的"亚当·斯密式定言命令",规则之所以能够生成并提供一项可普遍化的行为理由,是行为人在实践时怀有同理心,在深思熟虑时主动从他人角度判断自己的行为是否可取。这种"公正的判断"一旦获得普遍化,就会在社会中形成针对某一种行为模式的规范性态度,进而产生一项与之有关的规范性理由,并继而生成一项规则。所以,在讨论规则给予的行为理由的生成和发展机制时要注意,一方面需要行为主体按照上述的定言命令行事,另一方面也要注重社会议论,结合社会的具体要求对规则作"灵活解释"并生成复数的差异化的"制度实例"。

在这个意义上,以"理由"的概念切入审判活动,继而描述理由论证的过程,有助于从实践哲学的角度来更清楚地说明法律论证的实践本质,更加清晰地关注社会议论所聚焦的那些价值类型。而且,法官在现实当中的确会考虑到来自法律世界之外的各类因素。这些存在于法律世界之外、为司法裁判所关注的价值类型和现实需要,正是所谓"社会效果"的重要组成部分。此时,理由论证就为裁判者合理地转化和正当地说明这些价值类型与现实需要创造了制度与方法上的渠道。这种分析思路还有助于理解"理由论证"何以成为研究中国审判的"前置命题",特别是有助于理解中国法院在贯彻"法律效果与社会效果的有机统一"的司法政策,实现通过司法的社会治理过程当中是如何确保裁判能够准确地发现最佳的理由判断,从而使法律发现的过程得到最佳化的诠释。

在方法论上,理由论证是从现有的法律论证理论中生长出来的,理由论证的论证型式需要以重述法律论证理论为基础。在法律论证中,"论题"概念是导出"理由论证"概念的研究起点,尽管图尔敏并没有明确地在他的理论模型中使用"论题"概念和修辞,但这一理论模型无疑处在理论革新的时间窗口之上。基于图尔敏的论证理论、佩雷尔曼的新修辞学、菲韦格的论题学法学研究,一种超越于科学主义的论证形式得以可能。这种论证的特殊性在于:或然性命题也可以成为论证的前提,以此区别于以绝对性命题为前提的"证明"。论证的这种前提并不必然是无可置疑的、形式完整的,因此并不要求是纯然思辨的论题。由于只要求前提具有相对的有效性,能够被论证各方或听众普遍接受,因此这些前提是允许价值判断的实践性命题。

因此,论题导向的论证尤其重视论辩各方对有关命题的认可,推论结果也要以各方是否认可或接受为最终落脚点。不过,这些论证或多或少地吸收了形式逻辑和科学主义的合理性,反映在他们对形式逻辑的不同看法之上:图尔敏的论证理论则在对逻辑三段论的改造中提出了其自身的逻辑论证模型;佩雷尔曼的新修辞学将论证能否获得普遍"接受"的关键因素放在了"听众"的概念上,而能够说服"普遍听众"的恰是形式推理和公理性命题;菲韦格尤其关注从古典修辞学中开放出来的"论题学"概念,但在科学主义的背景下,他认为应当发挥论题学对科学的法学的补充与修正的关系。此外,他们都普遍认为,需要调和形式推理与实质推理的关系,例如图尔敏的论证理论在更为包容的角度去理解"形式推理",而佩雷尔曼的新修辞学则在最为抽象的为普遍听众所接受的层面上引入了形式逻辑。

这种以论题导向为基础的论证思维和调和实质推理与形式推理的思路,极大地影响了以阿列克西为代表的法律论证理论研习者。阿列克西的法律论证理论试图将"论证"作为主线,串联起"实践哲学的法学""法律论证作为论证之特殊实例""论证的法律教义学"三个命题,并进一步调和形式推理与实质推理。其中的关键要素就是抓住修辞学与论题学对论证理论的一个观点,即应当区分"论证前提的获取"与"论证结果的获取";形式逻辑至多只能协助论证主体获取论证结果,而不能获取论证前提。在这一区分的指引下,阿列克西提出了"内部证成"和"外部证成"的区分,认为论证的核心在于内部证成,但论证的重心却在外部证成。他为此还重述了适合法律论证理论的法律教义学模型。不过,由于为了调和涵摄与实践的关系,他的理论将涵摄压缩到了内部证成的最后一个环节,而把大量的论证环节交给了外部证成。而且,尽管外部证成的利益衡量也要诉诸权衡性规则,但这样的规范利益衡量的规则并不充分,而且大量以原则的形式存在着,使得这种规则在很大程度上变成了正当化法官自由裁量权的依据。

麦考密克的法律论证理论实际上是阿列克西法律论证理论的具体化,尤其是"二阶证立"(对应"外部证成")和"演绎证立"(对应"内部证成")的区分,更可以说是对阿列克西理论的直接应用。当然,出于描述司法实务的需要和英美法智识的影响,麦考密克的理论又与阿列克西的理论存在着相似性和差异性。首先,麦考密克的法律推理理论是严格的法庭中心主义立场。他认为,裁判结论的获取当然来自规则的力量,也因此要确保规则规范性的传导机制,故非常强调演绎的作用。但是,这种演绎并不能严格地认为是逻辑三段论,毋宁说是图尔敏式的逻辑论证模式,或者说是英美法裁判中对"演绎"的理解。其次,他认为,只有当不存在能够圆满解决待决案件或者说庭审各方对裁判依据有异议(通常是援引的先例不同)的情况下,才可能需要专门就法律规则的选择进行证立,换句话说,他是从外在的描述性视角来理解法律论证活动,这与他早期(也就是 20 世纪 80 年代前)服膺于哈特的法律实证主义有着密切关系,也因此有别于阿列克西运用逻辑符号和共识来进行分析的思路。最后,在"二阶证立"的问题上,麦考密克明确提出了遵循"一致性"和"协调性"论辩的"后果主义论辩"标准,也就是针对裁判依据的选择,除了要满足相应的价值判断之外,还需要满足与有关法律规则或原则的逻辑一致性以及与整体法律体系的协调性,这实际上也是对阿列克西在"外部证成"中所提出的抽象的公式(尤其是有关利益衡量需要按照有关规则来进行的二阶规则)的具体化。至于瓦瑟斯特罗姆的"二阶证立程序",在很大程度上是启发麦考密克提出"二阶证立"理论的素材。他们在二阶证立缘何产生的问题上存在分歧:瓦瑟斯特罗姆的理论基于促进衡平程序和遵循先例的平衡,麦考密克的理论充分吸收了阿列克西的论证理论与英美法律推理的内容。修辞学和论题学的理论痕迹则处处可觅。

上述分析说明:现代的法律论证理论是以修辞学和论题为基础的。在论证理论的视野中,首先要解决的是论证前提的内容正确性问题,也就是"我们要讨论什么"以及"我们所讨论的内容为真"。形式推理并不会解决这些问题,因为形式推理必然以被给定的、无须怀疑的前提为起点。根据亚里士多德的论证传统,当推论出现含混不清时就需要诉诸实践理性的考虑,而针对实践理性的方法就是修辞和辩证法。这些内容都能最终归结到"论题"这个思索起点。

论题学和修辞学尤其注重论题在论证中的意义。由于修辞学和论题学没有受到科学主义的熏陶,所以它并不严格地在哲学上区分理论和实践。也因此它认为,所有的论证都要在人们同意的情况下进行。这是事实与实践问题,而非规范或理论问题。所以,修辞无处不在,它不过被逐渐地分化为各种利益判断,以及寻找这种利益判断的方法的各种论述和各种方法。同时,论题也无处不在,只要有诉诸修辞的地方,就必然存在着被修辞所服务的论题。至此,论题恰好构成了法律与多元世界沟通的桥梁。这正好被反思现代主义的理论家用来处理或然性命题和日常语言所组建成的法律规则的解释问题。

但是,工具始终是工具。在现代的语境下,修辞学和论题学都应当为现代的问题服务,即如何填补形式推理在论证过程中的漏洞。这在很大程度上源于语言上的模糊性。所以修辞学才会明确,我们一方面要用语言来获取关于论证前提和论证内容的共识,在另一方面又强调在最抽象最普遍的意义上,形式推理具有最高的价值,即使"新修辞学"也以此为最高取向。同时,论题学的意义更多在于提醒人们,应当注意某个领域之中必然存在着的模糊、混淆、含混不清,这些内容都不是形式推理所能解决的,也就其成为需要诉诸实质判断或价值判断之处。

就此而言,论证应当被认为是以言说为核心的共识获取的模型。在此基础上,阿列克西推出了一个调和形式推理与辩证推理的法律论证理论。但他的困难也恰在于,这样的调和并不能从根本上去获取完整的准确的法律论证过程,尤其是难以描述论题的展开过程。换句话说,论证的过程既要把握主体之间的沟通和相互了解,又要打通实践与事物本质之间的联系,而这一调和方案不仅难以在实质上同时实现上述内容,而且未能进一步揭示论题在论证中的核心地位,议论作为论证的本质以及形式逻辑在论证中的描述性和说明性功能。

此时,只有"理由"概念能够站立在主体性和事物本质之两端,使二者成为一个能够相互连接的概念组合。而且,由于沟通和辩论都是为了给最终的实践提供理由,所以主体的相互了解以及物的本质呈现,都必须建立在理由之基础之上。同时,如果事物本质是由人之相互理解所发现的,那么我们也可以这样说:是理由促成了事物本质之发现,因此它可以在外观上等同于事物本质。如果进一步从亚里士多德而不是现代哲学(尤其是康德哲学)的意义上去理解事物本质和主体间了解的问题,则甚至可以提出一个更强的命题,那就是"理由就是事物本质"。

至此可以明确:论证是一个论题导向的实践作业,论题导向的思路也不只是存在于证立大前提的环节,而是同样存在于逻辑三段论的推演环节,因此贯穿法律论证的全过程。此时,审判并不仅仅依赖于法律内部的自我运作,甚至并不仅仅满足于既有的论题,而且还需要面向社会以引入相应的社会性资源,使审判兼顾法律和社会议论。因此,"论证"本身并不局限于"法律论证",还需要纳入"社会资源的论证",表明裁决的生成是法律与其他社会资源共同作为证立裁决的理由的结果。因而,"行为理由"将成为论证的关键指向。换句话说,论证因行为理由而可能;论证旨在提供可普遍化的行为理由,并普遍地指引人们的行动。在这个意义上,"法律论证"可以被认为是"理由论证"的一项特殊实例。理由论证能更清晰地描述:外部证成与法律适用;法教义学和遵循先例;先验的程序主义与程序之于世界的实践论辩等问题。在方法论上,理由论证不仅不排除形式推理,反而是综合各类推理的方法论综合主义的代表。此时,替代"法律论证"的"理由论证"将成为研究获取审判结论的新方案。它专注于裁判者给予行为理由的原因、方式以及可以作为行为理由的具体类型——这也是增强裁判说理、证立裁判活动的关键要素;它能更充分描述各类社会规范在审判活动中相互辩驳的过程;也能全面展示这些出现在审判中的各类规范与法律规范之间的复杂关系。

审判作为一种以理由论证为典范的实践推论活动,强调的是依托程序所开放出来的"共识"与"共识的可废止"的话语辩驳的否定之否定机制。在论证理论中,描述这种相互辩驳的活动的专有词汇是"可废止地论证",它有一个更为专业的术语即"可废止性"。这一概念原本是英美土地法中的概念,指不动产的权利可以因他人的有效权利宣示而被推翻。后来哈特在表示法律论证的话语博弈过程时,将"可废止性"作为讨论法律概念是如何在控辩双方的相互攻防中被证立或被证伪的切入点。只是他没有更清楚说明这种"可废止性"是概念用法的"可废止性",进而造成了不少的理论公案,甚至他后来也认为自己的实践是失败的。

不过,联系到审判的二阶证立模式,可废止性将在更大的理论舞台上获得了大展身手的机会,其影响开始从法律方法论向法的本体论领域,并开始逐渐对审判推论的研究产生影响。人工智能与法的运用研究,又极大的拓展了这一概念的研究空间。麦考密克、萨尔托尔、阿尔乔龙、雅普·哈赫、亨利·帕肯等学者,都按照各自的研究旨趣和研究脉络给出了不同的可废止性说明。但无论是"诉讼的可废止性""本体的可废止性""基于程序的可废止性""要件事实的可废止性""认知的可废止性"抑或是其他类型的可废止性,它们无一不是围绕着理由论证展开的。是故,诸多的可废止类型都是从证成的可废止中分化出来。

一般认为,证成的可废止性发生在二阶证立的场合。可废止性能更清晰地描述论证与证成的关系,但同时也需要更强的理由论证来支撑其可废止性的说明,这表明可废止性的研究将涉及论证的形式化表达及其效力强度等问题。这里有两种论证的路径:一种是非单调逻辑的方案,另外一种是"单调逻辑+信念修正"的方案,它们之间究竟是排他关系、兼容关系,抑或是实用主义的"各取所需",仍然是学界公案。不过有一点是可以确认的,那就是证成的可废止性与信念变迁存在着直接关系。这是现象学的草蛇灰线。据此,"信念变迁+理由论证"的模式更加适合在审判的理由论证领域中讨论证成的可废止性。首先,这一模式继续沿袭了有关信念变迁(信念修正)的可废止说明,更能体现审判对规则意义之强调,也能在更大程度上吸纳和承继既有法律论证理论(特别是阿列克西和麦考密克)的研究成果,还能够更好说明原则、规则与理由论证之间的关系。其次,"信念变迁+理由论证"不仅吸收了非单调逻辑在进行逻辑推论时的灵活性,也在更大程度上兼容了"单调逻辑+信念修正"的模式,因为后者在很大程度上脱胎于二阶证立模式。

此举将使理由论证与可废止性的关系变得更加清晰,不仅可以体现论证的可废止特征,还可以更准确地理解信念变迁在二阶证立模式中的核心地位。除此之外,它还有助于澄清以下问题:第一,论证与涵摄模式的关系,即涵摄究竟是论证的最终步骤还是论证的中流砥柱。第二,事实类比推理与规范演绎推理的关系,即演绎推理是基于规范和事实的涵摄,还是基于规范与事实的对应,或者是基于规范指向的标准案件与个案的事实等置(典型如指导性案例的方法论运用)。第三,文义解释与目的论解释何者优先,即文义的理解先于目的论,还是以"法条竞合"和"法益"为代表的目的论统率文义理解的解释路径。据此,"信念变迁+理由论证"的模式能更好地理解理由论证的过程,也因此强化了可废止性在理由论证的审判程序中的核心地位,进而彰显理由论证的话语博弈与议论之本质。

综上所述,理由论证可以成为展开中国审判的实证研究的前提条件和既定坐标,也因此成为分析当代中国法律与社会互动关系的观察视角和分析方法,并可以为深入开展裁判说理和法律适用的实证研究创造条件。理由论证是尊重审判所处的社会历史和文化背景、正视与审判有关的诸多现实因素、积极调动各主体积极性并以此建构适切的审判行为预期的实践作业。它描述裁判者依据法律规范进行审判的过程,特别是关注裁判者如何积极贯彻公共政策和回应社会的道德诉求,尤其是注意吸收符合现代文明所需,展现传统优秀文化的行为习惯,并摒弃那些为现代法治不相兼容的传统和权力成规,从而在使判决结论尽可能兼顾合情、合理的同时,也为更普遍的社会实践确立行为预期。在这里,理由论证使依法裁判与维护社会公共政策并行不悖的根本原因,首先,通过对话的方式促成正式规范与非正式规范、刚性规范与柔性规范在审判中的协调,使法律获得应有的实效性和规范力。其次,理由论证能够把审判当中的情境纳入考量,能够通过法律规范与个案情境和关系伦理的耦合来促成当事人的服判息诉,从而确保审判的合法性与合理性。这也恰好体现了理由论证作为中国审判的"前置命题"所具有的理论与实践包容性。

参考文献

一、中文文献

(一)论文类

1. 安晨曦：《最高人民法院如何统一法律适用——非正规释法技艺的考察》，载《法律科学(西北政法大学学报)》2016 年第 3 期。

2. 柏桦、崔永生：《"情理法"与明代州县司法审判》，载《学习与探索》2006 年第 1 期。

3. 毕玉谦：《论庭审过程中法官的心证公开》，载《法律适用》2017 年第 7 期。

4. 宾凯：《论卢曼法律悖论理论的隐秘源头》，载《同济大学学报(社会科学版)》2014 年第 2 期。

5. 宾凯：《社会系统论对法律论证的二阶观察》，载《华东政法大学学报》2011 年第 6 期。

6. 蔡琳：《法官如何说理：基于司法职能与法律认识的追问》，载《兰州学刊》2008 年第 12 期。

7. 蔡琳：《融贯论的可能性与限度——作为追求法官论证合理性的适当态度和方法》，载《法律科学(西北政法大学学报)》2008 年第 3 期。

8. 陈爱娥：《事物本质在行政法上之适用》，载《中国法律评论》2019 年第 3 期。

9. 陈金钊：《把法律作为修辞——讲法说理的意义及

其艺术》,载《扬州大学学报(人文社会科学版)》2012 年第 2 期。

10. 陈金钊:《把法律作为修辞——认真对待法律话语》,载《山东大学学报(哲学社会科学版)》2012 年第 1 期。

11. 陈金钊:《对"法治反对解释"命题的诠释——答范进学教授的质疑》,载《法制与社会发展》2008 年第 1 期。

12. 陈金钊:《法律论证的理论探寻》,载《东岳论丛》2005 年第 1 期。

13. 陈金钊:《法治反对解释的原则》,载《法律科学(西北政法学院学报)》2007 年第 3 期。

14. 陈金钊:《反对解释与法治的方法之途——回应范进学教授》,载《现代法学》2008 年第 6 期。

15. 陈景辉:《规则、道德衡量与法律推理》,载《中国法学》2008 年第 5 期。

16. 陈坤:《概念涵摄与规则适用:一个概念与逻辑的分析》,载《法制与社会发展》2017 年第 5 期。

17. 陈坤:《可废止法律推理与法治》,载《法制与社会发展》2019 年第 6 期。

18. 范进学:《"法治反对解释"吗?——与陈金钊教授商榷》,载《法制与社会发展》2008 年第 1 期。

19. 范进学:《权利是否优先于善——论新自由主义与社群主义理论之争》,载《政法论丛》2016 年第 3 期。

20. 范凯文、钱弘道:《论裁判理由的独立价值——中国法治实践学派的一个研究角度》,载《浙江社会科学》2014 年第 4 期。

21. 范凯文:《行为理由:事实与规范的连结》,载《上海交通大学学报(哲学社会科学版)》2016 年第 5 期。

22. 范立波:《规范裂缝的判定与解决》,载《法学家》2010 年第 1 期。

23. 高伟伟:《可废止性法律推理的理论与实践——基于严格主义法律推理的检讨》,载《北方法学》2019 年第 4 期。

24. 葛洪义:《试论法律论证的概念、意义与方法》,载《浙江社会科学》2004 年第 2 期。

25. 郭卫华:《"情"—"理"的历史哲学形态》,载《南昌大学学报(人文社会科学版)》2015 年第 5 期。

26. 何增科:《市民社会概念的历史演变》,载《中国社会科学》1994 年第 5 期。

27. 侯学勇:《证明还是论证——兼论二者在法律论证理论中的关系》,载《东南学术》2007 年第 1 期。

28. 胡永恒:《马锡五审判方式:被"发明"的传统》,载《湖北大学学报(哲学社会科学版)》2014 年第 1 期。

29. 胡云腾:《论裁判文书的说理》,载《法律适用》2009 年第 3 期。

30. 霍存福:《中国传统法文化的文化性状与文化追寻——情理法的发生、发展及其命运》,载《法制与社会发展》2001 年第 3 期。

31. 季涛:《程序理性反抗价值虚无主义的徒劳——就"新程序主义法学范式及其对中国法学发展之意义"和季卫东教授商榷》,载《浙江社会科学》2006 年第 5 期。

32. 季卫东:《法律解释的真谛(上)——探索实用法学的第三道路》,载《中外法学》1998 年第 6 期。

33. 季卫东:《法律议论的社会科学研究新范式》,载《中国法学》2015 年第 6 期。

34. 季卫东:《论法律意识形态》,载《中国社会科学》2015 年第 11 期。

35. 季卫东:《中国的传统法律思维模式》,载《中国法律评论》2014 年第 1 期。

36. 季卫东:《中国式法律议论与相互承认的原理》,载《法学家》2018 年第 6 期。

37. 江必新:《在法律之内寻求社会效果》,载《中国法学》2009 年第 3 期。

38. 焦宝乾:《内部证成与外部证成的区分》,载《浙江学刊》2009 年第 4 期。

39. 金韬:《权威的规范性间隙》,载《道德与文明》2018 年第 2 期。

40. 雷磊:《法律程序为什么重要?——反思现代社会中程序与法治的关系》,载《中外法学》2014 年第 2 期。

41. 雷磊:《从"看得见的正义"到"说得出的正义"——基于最高人民

法院〈关于加强和规范裁判文书释法说理的指导意见〉的解读与反思》，载《法学》2019 年第 1 期。

42. 雷磊：《法律论证何以可能？——与桑本谦先生商榷法律论证理论的基本问题》，载《政法论坛》2008 年第 4 期。

43. 雷磊：《反思司法裁判中的后果考量》，参见《法学家》2019 年第 4 期。

44. 雷磊：《为涵摄模式辩护》，载《中外法学》2016 年第 5 期。

45. 雷磊：《重构"法的渊源"范畴》，载《中国社会科学》2021 年第 6 期。

46. 李娜、张莉敏：《论西方可废止性道义逻辑的形式化研究及其存在的问题》，载《哲学动态》2006 年第 2 期。

47. 李启成：《法律继受中的"制度器物化"批判——以近代中国司法制度设计思路为中心》，载《法学研究》2016 年第 2 期。

48. 李清伟：《司法克制抑或司法能动——兼论公共政策导向下的中国司法能动》，载《法商研究》2012 年第 3 期。

49. 李学尧、葛岩、何俊涛、秦裕林：《认知流畅度对司法裁判的影响》，载《中国社会科学》2014 年第 5 期。

50. 梁治平：《习惯法、社会与国家》，载《读书》1996 年第 9 期。

51. 林浩舟：《自由心证制度的本土实践——以我国西南地区基层环境侵权案件为分析对象》，载《社会》2020 年第 3 期。

52. 凌斌：《"法民关系"影响下的法律思维及其完善》，载《法商研究》2015 年第 5 期。

53. 刘思达：《中国法律的形状》，载《中外法学》2014 年第 4 期。

54. 刘星：《多元法条主义》，载《法制与社会发展》2015 年第 1 期。

55. 刘星：《怎样看待中国法学的"法条主义"》，载《现代法学》2007 年第 2 期。

56. 刘悦笛：《孟子道德动机中的"情"之论辩："肯定情感论"与"否定情感论"》，载《哲学与文化》2017 年第 10 期。

57. 卢云豹：《多元政治与西方法律传统》，载《现代法学》2001 年第 2 期。

58. 马剑银:《现代法治、科层官僚制与"理性铁笼"——从韦伯的社会理论之法出发》,载《清华法学》2008 年第 2 期。

59. 马雁、史志钦:《法治话语、法律议论的公众型构过程与背景——以社会诉讼为载体》,载《北京行政学院学报》2007 年第 1 期。

60. 孟融:《中国法院如何通过司法裁判执行公共政策——以法院贯彻"社会主义核心价值观"的案例为分析对象》,载《法学评论》2018 年第 3 期。

61. 泮伟江:《卢曼与他的现代社会观察》,载《读书》2016 年第 1 期。

62. 泮伟江:《如何理解中国的超大规模性》,载《读书》2019 年第 5 期。

63. 泮伟江:《双重偶联性问题与法律系统的生成:卢曼法社会学的问题结构及其启示》,载《中外法学》2014 年第 2 期。

64. 秦裕林、葛岩、林喜芬:《认知科学在法学研究中的应用述评》,载《法律和社会科学》2017 年第 2 期。

65. 邱昭继:《法律中的可辩驳推理》,载《法律科学(西北政法学院学报)》2005 年第 4 期。

66. 瞿郑龙:《我国司法模式的历史变迁与当代重构——政治视野的考察》,载《法学评论》2016 年第 4 期。

67. 桑本谦:《法律教义是怎样产生的——基于后果主义视角的分析》,载《法学家》2019 年第 4 期。

68. 桑本谦:《法律论证:一个关于司法过程的理论神话——以王斌余案检验阿列克西法律论证理论》,载《中国法学》2007 年第 3 期。

69. 沈宏彬:《法律程序为何重要?》,载《人大法律评论》编辑委员会组编:《人大法律评论》(2018 年卷第 2 辑·总第 27 辑),法律出版社 2019 年版。

70. 宋旭光:《论法学中的可废止性》,载《法制与社会发展》2019 年第 2 期。

71. 宋旭光:《为什么应当将法律看作是可废止的?》,载《人大法律评论》编辑委员会组编:《人大法律评论》(2016 年卷第 3 辑·总第 22 辑),法律出版社 2017 年版。

72. 苏力：《法条主义、民意与难办案件》，载《中外法学》2009 年第 1 期。

73. 苏亦工：《清代"情理"听讼的文化意蕴——兼评滋贺秀三的中西诉讼观》，载《法商研究》2019 年第 3 期。

74. 孙海波：《"后果考量"与"法条主义"的较量——穿行于法律方法的噩梦与美梦之间》，载《法制与社会发展》2015 年第 2 期。

75. 孙海波：《法条主义如何穿越错综复杂》，载《法律科学（西北政法大学学报）》2018 年第 1 期。

76. 孙海波：《告别司法三段论？——对法律推理中形式逻辑的批判与拯救》，载《法制与社会发展》2013 年第 4 期。

77. 孙海波：《在"规范拘束"与"个案正义"之间——论法教义学视野下的价值判断》，载《法学论坛》2014 年第 1 期。

78. 孙永军：《论法官心证公开的构成》，载《南京农业大学学报（社会科学版）》2010 年第 4 期。

79. 唐爱军：《论韦伯的现代性分析框架——兼与马克思的比较》，载《学术研究》2014 年第 11 期。

80. 唐文：《让现代司法理念看得见：试论如何增强疑难案件裁判文书的公信力》，载《法律适用》2005 年第 6 期。

81. 童世骏：《政治文化和现代社会的集体认同——读哈贝马斯近著两种》，载《当代国外马克思主义评论》2000 年卷。

82. 汪海燕：《印证：经验法则、证据规则与证明模式》，载《当代法学》2018 年第 4 期。

83. 汪雄涛：《"情法两尽"抑或是"利益平衡"？》，载《法制与社会发展》2011 年第 1 期。

84. 王彬：《司法裁决中的"顺推法"与"逆推法"》，载《法制与社会发展》2014 年第 1 期。

85. 王国龙：《捍卫法条主义》，载《法律科学（西北政法大学学报）》2011 年第 4 期。

86. 王鹏翔：《独立于理由的内容与法律的规范性》，载《中研院法学期刊》2012 年第 11 期。

87. 吴允中:《Neil MacCormick 的后实证主义法理论》,台湾大学 2016 年硕士学位论文。

88. 肖扬:《中国司法:挑战与改革》,载《人民司法》2005 年第 1 期。

89. 杨敏:《论法律推理的可废止性》,"第十六届全国法律逻辑学术讨论会(成就·反思·前瞻——中国法律逻辑三十年)"会议论文,2008 年 7 月于哈尔滨。

90. 杨知文:《司法裁决的后果主义论证》,载《法律科学(西北政法大学学报)》2009 年第 3 期。

91. 杨知文:《司法判决证立的理由》,载《广东社会科学》2012 年第 4 期。

92. 于浩:《共和国法治建构中的国家主义立场》,载《法制与社会发展》2014 年第 5 期。

93. 俞可平:《马克思的市民社会理论及其历史地位》,载《中国社会科学》1993 年第 4 期。

94. 郁建兴:《黑格尔的市民社会理论》,载《人文杂志》2000 年第 3 期。

95. 张继成:《可能生活的证成与接受——司法判决可接受性的规范研究》,载《法学研究》2008 年第 5 期。

96. 张骐:《司法判决与其他案例中的法律推理方法研究——说理的艺术》,载《中国法学》2001 年第 5 期。

97. 张顺:《后果主义审判:源流、思维特征与理论定位》,载《北方法学》2019 年第 2 期。

98. 张卫平:《认识经验法则》,载《清华法学》2008 年第 6 期。

99. 张文显、于宁:《当代中国法哲学研究范式的转换——从阶级斗争范式到权利本位范式》,载《中国法学》2001 年第 1 期。

100. 张志铭、于浩:《共和国法治认识的逻辑展开》,载《法学研究》2013 年第 3 期。

101. 郑红娥、张艳敏:《论系统信任:关于中国信任问题的思考》,载《江淮论坛》2008 年第 1 期。

102. 郑志华:《由事实迈向规范:刍议情理的二大维度》,载《交大法学》2013 年第 1 期。

（二）著作类

1. 陈景辉：《法律的界限——实证主义命题群之展开》，中国政法大学出版社 2007 年版。

2. 陈景辉：《实践理由与法律推理》，北京大学出版社 2012 年版。

3. 邓正来：《中国法学向何处去——建构"中国法律理想图景"时代的论纲》（第 2 版），商务印书馆 2011 年版。

4. 翟学伟：《人情、面子与权力的再生产》，北京大学出版社 2005 年版。

5. 范凯文：《裁判理由的发现与论证》，中国政法大学出版社 2018 年版。

6. 范忠信、郑定、詹学农：《情理法与中国人——中国传统法律文化探微》，中国人民大学出版社 1992 年版。

7. 韩延龙、常兆儒编：《革命根据地法制文献选编》（中卷），中国社会科学出版社 2013 年版。

8. 贺小荣主编：《最高人民法院民事审判第二庭法官会议纪要——追寻裁判背后的法理》，人民法院出版社 2018 年版。

9. 侯猛：《中国最高人民法院研究——以司法的影响力切入》，法律出版社 2007 年版。

10. 胡昌明主编：《裁判文书释法说理方法：〈最高人民法院裁判文书释法说理指导意见〉的案例解读》，人民法院出版社 2018 年版。

11. 黄光国、胡先缙等：《人情与面子——中国人的权力游戏》，黄光国编订，中国人民大学出版社 2010 年版。

12. 黄韬：《公共政策法院：中国金融法制变迁的司法维度》，法律出版社 2013 年版。

13. 黄宗智主编：《中国研究的范式问题讨论》，社会科学文献出版社 2003 年版。

14. 季卫东：《法治构图》，法律出版社 2012 年版。

15. 季卫东：《法治秩序的建构》（增补版），商务印书馆 2014 年版。

16. 季卫东编著：《议论与法社会学——通过沟通寻找最大公约数的

研究》,译林出版社 2021 年版。

17. 姜世明:《证据评价论》,厦门大学出版社 2017 年版。

18. 金韬:《理由与权威——约瑟夫·拉兹的法律规范性理论》,法律出版社 2021 年版。

19. 金耀基:《中国社会与文化》(增订版),牛津大学出版社 2013 年版。

20. 梁启超:《饮冰室合集·专集》(第 3 册),中华书局 2015 年版。

21.《梁漱溟全集》(第 1 卷),山东人民出版社 2005 年版。

22. 梁漱溟:《中国文化要义》,上海人民出版社 2011 年版。

23.《梁治平自选集》,广西师范大学出版社 1997 年版。

24. 梁治平:《清代习惯法》,广西师范大学出版社 2015 年版。

25. 廖义铭:《佩雷尔曼之新修辞学》,唐山出版社 1997 年版。

26. 林立:《法学方法论与德沃金》,中国政法大学出版社 2002 年版。

27. 刘森林:《历史唯物主义:现代性的多层反思》,中山大学出版社 2016 年版。

28. 牟宗三:《政道与治道》,吉林出版集团有限责任公司 2010 年版。

29. 钱穆:《中国历代政治得失》,生活·读书·新知三联书店 2018 年版。

30. 强世功:《法制与治理——国家转型中的法律》,中国政法大学出版社 2003 年版。

31. 强世功:《立法者的法理学》,生活·读书·新知三联书店 2007 年版。

32. 强世功编:《调解、法制与现代性:中国调解制度研究》,中国法制出版社 2001 年版。

33. 宋北平、孙长江等:《裁判文书的语言、逻辑和理由研究》,人民法院出版社 2017 年版。

34. 宋旭光:《理由、推理与合理性——图尔敏的论证理论》,中国政法大学出版社 2015 年版。

35. 苏力:《法治及其本土资源》,中国政法大学出版社 2004 年版。

36. 孙华璞、王利明、马来客主编:《裁判文书如何说理——以判决说理促司法公开、公正和公信》,北京大学出版社 2016 年版。

37. 唐君毅:《中国文化之精神价值》,广西师范大学出版社 2005 年版。

38. 汪民安、陈永国、张云鹏主编:《现代性基本读本》(上),河南大学出版社 2005 年版。

39. 谢世民编:《以平等为本的自由主义》,台北,开学文化事业公司 2014 年版。

40. 谢世民主编:《理由转向:规范性之哲学研究》,台北,台大出版中心 2015 年版。

41. 徐晨:《在〈法律帝国〉中追问合法性问题》,上海交通大学出版社 2018 年版。

42. 徐向东:《道德哲学与实践理性》,商务印书馆 2007 年版。

43. 杨联陞:《中国文化中"报"、"保"、"包"之意义》,贵州人民出版社 2009 年版。

44. 杨仁寿:《法学方法论之进展——实践哲学的复兴》,台北,三民书局有限公司 2013 年版。

45. 杨一凡、徐立志主编:《历代判例判牍》(第 2 册),中国社会科学院历史研究所宋辽金元史研究室点校,中国社会科学出版社 2005 年版。

46. 张青波:《理性实践法律——当代德国的法之适用理论》,法律出版社 2012 年版。

47. 张志铭、于浩:《转型中国的法治化治理》,法律出版社 2018 年版。

48. 张志铭:《法律解释学》,中国人民大学出版社 2015 年版。

49. 张志铭:《中国法治实践的法理展开》,人民出版社 2018 年版。

50. 郑永流:《法律方法阶梯》,北京大学出版社 2008 年版。

51. 周雪光:《中国国家治理的制度逻辑》,生活·读书·新知三联书店 2017 年版。

52. 朱振:《法律的权威性:基于实践哲学的研究》,上海三联书店 2016 年版。

53. 邹碧华:《要件审判九步法》,法律出版社 2010 年版。

54. 最高人民法院民事审判第二庭编,李国光主编:《民商审判指导与参考》(2002 年第 2 卷·总第 2 卷),人民法院出版社 2003 年版。

55.郑志华:《试评情理法融会贯通的传统价值追求——对清代刑案裁判论证正当性的剖析》,载叶孝信、郭建主编:《中国法律史研究》,学林出版社 2003 年版。

（三）译著类

1.［奥］恩斯特·A.克莱默:《法律方法论》,周万里译,法律出版社 2019 年版。

2.［澳］J.J.C.斯马特、［英］伯纳德·威廉斯:《功利主义:赞成与反对》,劳东燕、刘涛译,北京大学出版社 2018 年版。

3.［丹麦］阿尔夫·罗斯:《指令与规范》,雷磊译,中国法制出版社 2013 年版。

4.［德］阿克塞尔·霍耐特:《为承认而斗争——论社会冲突的道德语法》,胡继华译,曹卫东校,上海人民出版社 2021 年版。

5.［德］阿图尔·考夫曼:《法律获取的程序——一种理性分析》,雷磊译,中国政法大学出版社 2015 年版。

6.［德］贡塔·托依布纳:《宪法的碎片——全球社会宪治》,陆宇峰译,纪海龙校,中央编译出版社 2016 年版。

7.［德］古斯塔夫·拉德布鲁赫:《法哲学》,王朴译,法律出版社 2013 年版。

8.［德］哈贝马斯:《公共领域的结构转型》,曹卫东、王晓珏、刘北城、宋伟杰译,学林出版社 1999 年版。

9.［德］于尔根·哈贝马斯:《后形而上学思想》,曹卫东、付德根译,译林出版社 2012 年版。

10.［德］哈贝马斯:《在事实与规范之间——关于法律和民主法治国的商谈理论》(修订译本),童世骏译,生活·读书·新知三联书店 2014 年版。

11.［德］黑格尔:《法哲学原理》,范扬、张企泰译,商务印书馆 2011 年版。

12.［德］卡尔·恩吉施:《法律思维导论》,郑永流译,法律出版社 2013 年版。

13.［德］卡尔·拉伦茨:《法学方法论》,陈爱娥译,商务印书馆 2003

年版。

14. [德]考夫曼:《类推与事物本质》,吴从周译,台北,学林文化事业公司 2003 年版。

15. [德]罗伯特·阿列克西:《法 理性 商谈——法哲学研究》,朱光、雷磊译,中国法制出版社 2011 年版。

16. [德]罗伯特·阿列克西:《法律论证理论——作为法律证立理论的理性论辩理论》,舒国滢译,中国法制出版社 2002 年版。

17. [德]马克斯·霍克海默、西奥多·阿多诺:《启蒙辩证法——哲学断片》,渠敬东、曹卫东译,上海人民出版社 2006 年版。

18. [德]马克斯·韦伯:《中国的宗教:儒教与道教》,康乐、简惠美译,广西师范大学出版社 2010 年版。

19. [德]马克斯·韦伯:《新教伦理与资本主义精神》,康乐、简惠美译,广西师范大学出版社 2010 年版。

20. [德]马克斯·韦伯:《支配社会学》,康乐、简惠美译,广西师范大学 2010 年版。

21. [德]马克斯·韦伯:《法律社会学　非正当性的支配》,康乐、简惠美译,广西师范大学出版社 2011 年版。

22. [德]尼克拉斯·卢曼:《法社会学》,宾凯、赵春燕译,上海人民出版社 2013 年版。

23. [德]尼克拉斯·卢曼:《社会中的法》,李君韬译,台北,五南图书出版股份有限公司 2015 年版。

24. [德]尼克拉斯·卢曼:《信任:一个社会复杂性的简化机制》,翟铁鹏、李强译,上海人民出版社 2005 年版。

25. [德]特奥多尔·菲韦格:《论题学与法学——论法学的基础研究》,舒国滢译,法律出版社 2012 年版。

26. [德]托马斯·M. J. 默勒斯:《法学方法论》(第 4 版),杜志浩译、李昊、申柳华、江溯、张彤校,北京大学出版社 2022 年版。

27. [德]乌尔弗里德·诺伊曼:《法律论证学》,张青波译,法律出版社 2014 年版。

28. [德]尤尔根·哈贝马斯:《包容他者》,曹卫东译,上海人民出版社 2018 年版。

29.［德］尤尔根·哈贝马斯:《合法化危机》,刘北成、曹卫东译,上海人民出版社 2009 年版。

30.［德］尤尔根·哈贝马斯:《后民族结构》,曹卫东译,上海人民出版社 2019 年版。

31.［德］尤尔根·哈贝马斯:《交往行为理论》(第 1 卷:行为合理性与社会合理化),曹卫东译,上海人民出版社 2018 年版。

32.［法］埃米尔·涂尔干:《社会分工论》,渠东译,生活·读书·新知三联书店 2013 年版。

33.［古希腊］亚里士多德:《形而上学》,苗力田译,中国人民大学出版社 2003 年版。

34.［古希腊］亚里士多德:《政治学》,吴寿彭译,商务印书馆 1965 年版。

35.［荷］阿尔诺·R. 洛德:《对话法律——法律证成和论证的对话模型》,魏斌译,中国政法大学出版社 2016 年版。

36.［荷］亨利·帕肯:《建模法律论证的逻辑工具——法律可废止推理研究》,熊明辉译,中国政法大学出版社 2015 年版。

37.［荷］雅普·哈赫:《法律逻辑研究》,谢耘译,中国政法大学出版社 2015 年版。

38.［加拿大］查尔斯·泰勒:《本真性的伦理》,程炼译,上海三联书店 2012 年版。

39.［美］P. 诺内特、P. 塞尔兹尼克:《转变中的法律与社会:迈向回应型法》,张志铭译,中国政法大学出版社 2004 年版。

40.［美］本杰明·卡多佐:《司法过程的性质》,苏力译,商务印书馆 1998 年版。

41.［美］理查德·波斯纳:《波斯纳法官司法反思录》,苏力译,北京大学出版社 2014 年版。

42.［美］布赖恩·Z. 塔玛纳哈:《法律工具主义:对法治的危害》,陈虎、杨洁译,北京大学出版社 2016 年版。

43.［美］米尔建·R. 达马斯卡:《漂移的证据法》,李学军、刘晓丹、姚永吉、刘为军译,何家弘审校,中国政法大学出版社 2003 年版。

44. [美]罗纳德·德沃金:《法律帝国》,许杨勇译,上海三联书店 2016 年版。

45. [美]德沃金:《认真对待权利》,孙健智译,台北,五南图书出版股份有限公司 2015 年版。

46. [美]弗里德里克·肖尔:《像法律人那样思考:法律推理新论》,雷磊译,中国法制出版社 2016 年版。

47. [美]弗里德里克·肖尔:《依规则游戏:对法律与生活中规则裁判的哲学考察》,黄伟文译,中国政法大学出版社 2015 年版。

48. [美]霍姆斯:《法律的生命在于经验——霍姆斯法学文集》,明辉译,清华大学出版社 2007 年版。

49. [美]克里斯蒂娜·科尔斯戈德等:《规范性的来源》,杨顺利译,上海译文出版社 2010 年版。

50. [美]劳伦斯·E.卡洪:《现代性的困境——哲学、文化和反文化》,王志宏译,商务印书馆 2008 年版。

51. [美]理查德·瓦瑟斯特罗姆:《法官如何裁判》,孙海波译,中国法制出版社 2016 年版。

52. [美]迈克尔·J.桑德尔:《自由主义与正义的局限》,万俊人等译,译林出版社 2011 年版。

53. [美]米歇尔·艾伦·吉莱斯皮:《现代性的神学起源》,张卜天译,湖南科学技术出版社 2012 年版

54. [美]米尔伊安·R.达玛什卡:《司法和国家权力的多种面孔——比较视野中的法律程序》,郑戈译,中国政法大学出版社 2015 年版。

55. [美]斯科特·夏皮罗:《合法性》,郑玉双、刘叶深译,中国法制出版社 2016 年版。

56. [美]塔尔科特·帕森斯:《社会行动的结构》,张明德、夏遇南、彭刚译,译林出版社 2012 年版。

57. [美]约翰·罗尔斯:《政治自由主义》(增订版),万俊人译,译林出版社 2011 年版。

58. [美]约翰·塞尔:《心灵、语言与社会——实在世界中的哲

学》,李步楼译,上海译文出版社 2006 年版。

59. [美]朱尔斯·L. 科尔曼:《原则的实践——为法律理论的实用主义方法辩护》,丁海俊译,法律出版社 2006 年版。

60. [美]茱莉亚·德莱夫:《后果主义》,余露译,华夏出版社 2016 年版。

61. [日]寺田浩明:《权利与冤抑——寺田浩明中国法史论集》,王亚新等译,清华大学出版社 2012 年版。

62. [日]中根千枝:《纵向社会的人际关系》,陈成译,东尔校,商务印书馆 1994 年版。

63. [日]滋贺秀三、寺田浩明、岸本美绪、夫马进:《明清时期的民事审判与民间契约》,王亚新、梁治平编,王亚新、范愉、陈少峰译,法律出版社 1998 年版。

64. [瑞典]亚历山大·佩策尼克:《论法律与理性》,陈曦译,中国政法大学出版社 2015 年版。

65. [匈牙利]阿格尼丝·赫勒:《现代性理论》,李瑞华译,商务印书馆 2005 年版。

66. [匈牙利]卢卡奇:《历史与阶级意识——关于马克思主义辩证法的研究》,杜章智、任立、燕宏远译,商务印书馆 1999 年版。

67. [意]安东尼奥·葛兰西:《狱中札记》,曹春雨、姜丽、张跣译,河南大学出版社 2015 年版。

68. [英]安东尼·吉登斯:《社会的构成》,李康、李猛译,王铭铭校,生活·读书·新知三联书店 1998 年版。

69. [英]安东尼·吉登斯:《现代性的后果》田禾译,黄平校,译林出版社 2011 年版。

70. [英]边沁:《道德与立法原理导论》,时殷弘译,商务印书馆 2000 年版。

71. [英]伯纳德·威廉斯:《道德运气》,徐向东译,上海译文出版社 2007 年版。

72. [英]戴维·罗斯:《正当与善》,[英]菲利普·斯特拉顿-莱克编,林南译,上海译文出版社 2008 年版。

73. [英]德里克·帕菲特:《论重要之事》,阮航、葛四友译,时代出版传媒股份有限公司、北京时代华文书局 2015 年版。

74. [英]H. L. A. 哈特:《法理学与哲学论文集》,支振锋译,法律出版社 2005 年版。

75. [英]H. L. A. 哈特:《法律的概念》(第 3 版),许家馨、李冠宜译,法律出版社 2018 年版。

76. [英]H. L. A. 哈特:《哈特论边沁——法理学与政治理论研究》,谌洪果译,法律出版社 2015 年版。

77. [英]亨利·西季威克:《伦理学方法》,廖申白译,中国社会科学出版社 1993 年版。

78. [英]霍布斯:《利维坦》,黎思复、黎廷弼译,杨昌裕校,商务印书馆 1985 年版。

79. [英]柯普斯登:《西洋哲学史(四):笛卡尔到莱布尼茨》,邝锦伦、陈明福译,傅佩荣校订,台北,黎明文化事业公司 1990 年版。

80. [英]路德维希·维特根斯坦:《哲学研究》,陈嘉映译,上海世纪出版集团、上海人民出版社 2005 年版。

81. [英]洛克:《政府论》(下篇),叶启芳、瞿菊农译,商务印书馆 1964 年版。

82. [英]尼尔·麦考密克、[奥]奥塔·魏因贝格尔:《制度法论》,周叶谦译,中国政法大学出版社 2004 年版。

83. [英]尼尔·麦考密克:《法律推理与法律理论》,姜峰译,法律出版社 2018 年版。

84. [英]尼尔·麦考密克:《法律制度——对法律理论的一种解说》,陈锐、王琳译,法律出版社 2019 年版。

85. [英]尼尔·麦考密克:《修辞与法治——一种法律推理理论》,程朝阳、孙光宁译,程朝阳审校,北京大学出版社 2014 年版。

86. [英]洛克:《人类理解论》(上册),关文运译,商务印书馆 2011 年版。

87. [英]约瑟夫·拉兹:《实践理性与规范》,朱学平译,中国法制出版社 2011 年版。

88.《康德著作全集·第3卷:纯粹理性批判》(第2版),李秋零主编,中国人民大学出版社2013年版。

89.《康德著作全集·第5卷:实践理性批判 判断力批判》,李秋零主编,中国人民大学出版社2013年版。

90.《康德著作全集·第6卷:纯然理性界限内的宗教道德形而上学》,李秋零主编,中国人民大学出版社2013年版。

91.《马克思恩格斯全集》(第31卷),人民出版社1998年版。

92.《马克思恩格斯全集》(第3卷),人民出版社2002年版。

93.《马克思恩格斯选集》(第1卷),人民出版社2012年版。

94.《马克思恩格斯选集》(第4卷),人民出版社2012年版。

95. Georg Kneer、Armin Nassehi:《卢曼社会系统理论导引》,鲁贵显译,台北,巨流图书公司1998年版。

96. 萧公权:《中国乡村——19世纪的帝国控制》,张皓、张升译,九州出版社2018年版。

97. [美]史蒂文·J.伯顿:《法律和法律推理导论》,张志铭、解兴权译,中国政法大学出版社1998年版。

(四)译文类

1. [比利时]沙伊姆·佩雷尔曼:《新修辞学》,陈林林译,载《浙江大学法律评论》(2003年卷),中国社会科学出版社2004年版。

2. [德]贡塔·托依布纳:《社会理论脉络中的法学与法律实践》,纪海龙译,载《交大法学》2015年第3期。

3. [德]卡斯滕·贝克尔:《规则、原则与可废止性》,宋旭光译,载舒国滢主编:《法学方法论论丛》(第3卷),中国法制出版社2016年版。

4. [德]图依布纳:《现代法中的实质要素与反思要素》,矫波译,载《北大法律评论》(第2卷第2辑),法律出版社1999年版。

5. [荷]阿伦德·舒特曼:《法律论证的可废止性需要特殊的法律逻辑吗?》,宋旭光译,载舒国滢主编:《法学方法论论丛》(第3卷),中国法制出版社2016年版。

6. [荷]亚普·哈格:《法律与可废止性》,宋旭光译,载舒国滢主编:《法学方法论论丛》(第3卷),中国法制出版社2016年版。

7. [加拿大]威尔弗里德·瓦卢乔:《可废止性与法律实证主义》,宋旭光译,载《法哲学与法社会学论丛》(2016 年卷·总第 21 卷),法律出版社 2016 年版。

8. [美]弗里德里克·绍尔:《可废止性是法律的本质属性吗?》,宋旭光译,载《法律方法》2015 年第 1 期。

9. [美]弗里德里克·肖尔:《论法律规则被假设的可废止性》,王志勇译、宋旭光校,载舒国滢主编:《法学方法论论丛》(第 3 卷),中国法制出版社 2016 年版。

10. [美]约瑟夫·佐佩蒂:《论题的价值》,高伟伟译,载《法律方法》2017 年第 22 卷。

11. [日]寺田浩明:《清代民事审判:性质及意义——日美两国学者之间的争论》,王亚新译,载《北大法律评论》(第 1 卷第 2 辑),法律出版社 1999 年版。

二、外文文献

(一)著作类

1. Anne von der Lieth Gardner, *An Artificial Intelligence Approach to Legal Reasoning*, MIT Press, 1987.

2. Bernard Williams, *Moral Luck*: *Philosophical Papers* 1973 - 1980, Cambridge University Press, 1982.

3. Chaïm Perelman & Loucie Olbrechts - Tyteca, *The New Rhetoric*: *A Treatise on Argumentation*, trans. by John Wilkinson & Purcell Weaver, University of Notre Dame Press, 1971.

4. Chaïm Perelman, *Justice*, *Law*, *and Argument*: *Essays on Moral and Legal Reasoning*, Springer Netherlands, 1980.

5. Christine M. Korsgaard et al. , *The Sources of Normativity*, Cambridge University Press, 1996.

6. Christine M. Korsgaard, *Self - Constitution*: *Agency*, *Identity*, *and Integrity*, Oxford University Press, 2009.

7. Derek Parfit, Samuel Scheffler ed. , *On What Matters* (*vol. 1*),

Oxford University Press, 2011.

8. Fernando Atria, *On Law and Legal Reasoning*, Bloomsbury Publishing, 2002.

9. H. L. A. Hart, *Essays on Bentham: Jurisprudence and Political Philosophy*, Oxford University Press, 1982.

10. H. L. A. Hart, *Preface of Punishment and Responsibility: Essays in the Philosophy of Law*, Oxford University Press, 2008.

11. J. L. Pollock, *Knowledge and Justification*, Princeton University Press, 1972.

12. John Rogers Searle, *Speech Acts: An Essay in the Philosophy of Language*, Cambridge university press, 1969.

13. Joseph Raz, *Engaging Reason: On the Theory of Value and Action*, Oxford University Press, 1999.

14. Joseph Raz, *Ethics in The Public Domain: Essays in the Morality of Law and Politics*, Oxford University Press, 1994.

15. Joseph Raz, *From Normativity to Responsibility*. Oxford University Press, 2011.

16. Joseph Raz, *Practical Reason and Norms*, Oxford University Press, 1999.

17. Jürgen Habermas, *The Theory of Communicative Action: The Critique of Functionalist Reason* (*Vol. 2*), trans. by Thomas McCarthy, Beacon Press, 2003.

18. Kevin. D. Ashley, *Modeling Legal Arguments: Reasoning with Cases and Hypotheticals*, MIT press, 1991.

19. M. Kienpointner, *Alltagslogik: Struktur und Funktion von Argumentationsmustern*, Frommann-Holzboog, 1992.

20. Neil MacCormick, *Practical Reason in Law and Morality*, Oxford University Press, 2008.

21. Neil MacCormick, *Rhetoric and the Rule of Law: A Theory of Legal Reasoning*, Oxford University Press, 2005.

22. Niklas Luhmann, *Social Systems*, trans. by John Bcdnarz, Jr. & Dirk Baecker, Stanford University Press, 1995.

23. Stephen E. Toulmin, *An Examination of the Place of Reason in Ethics*. Cambridge University Press, 1953.

24. Wang Peng-Hsiang, *Defeasibility in der Juristischen Begründung*, Nomos-Verlag-Ges. , 2004.

25. 季衛東『中国的裁判の構図：公論と履歴管理の狭間で進む司法改革(神戸法学双書)』(有斐閣,2004 年)。

26. 季衛東『超近代の法：中國法秩序の深層構造(MINERVA 人文・社會科学叢書)』(ミネルヴァ書房,1999 年)。

27. 佐々木毅＝山脇直司＝村田雄二郎編『東アジアにおける公共知の創出——過去・現在・未來(公共哲学叢書)』(東京大学出版会,2003 年)。

(二)外文论文

1. Arend Soeteman, *Legal Logic? Or Can We Do Without?*, 11 Artificial Intelligence and Law 197 (2003).

2. Bernard Williams, *Postscript: Some Further Notes on Internal and External Reasons*, in Elijah Millgram ed. , Varieties of Practical Reasoning, Harvard University Press, 2001.

3. Bruce G. Buchanan &Thomas E. Headrick, *Some Speculation about Artificial Intelligence and Legal Reasoning*, 23 Stanford Law Review 40 (1970).

4. C. E. Alchourrón, *On Law and Logic*, 9 Ratio Juris 331 (1996).

5. Chaïm Perelman & William Kluback, *The Realm of Rhetoric*, 17 Philosophy and Rhetoric 240 (1982).

6. Chaïm Perelman, *The New Rhetoric and the Rhetoricians: Remembrances and Comments*, 70 Quarterly Journal of Speech 188 (1984).

7. Charles Taylor, *The Politics of Recognition*, 98 New Contexts of Canadian Criticism 25 (1994).

8. Christine M. Korsgaard, *Skepticism about Practical Reason*, 83 The

Journal of Philosophy 5 (1986).

9. David Enoch, *Reason-Giving and the Law*, 1 Oxford Studies in the Philosophy of Law 1 (2011).

10. David Lyons, *Justification and Judicial Responsibility*, 72 California Law Review 178 (1984).

11. Dung Phan Minh, *An Argumentation Semantics for Logic Programming with Explicit Negation*, in David S. Warren ed. , Proceedings of the Tenth International Conference on Logic Programming on Logic Programming, MIT Press, 1993.

12. Frederick Schauer, *Is Defeasibility an Essential Property of Law?*, in J. F. Beltrán & G. B. Ratti eds. , The Logic of Legal Requirements: Essays on Defeasibility, Oxford University Press, 2012.

13. Frederick Schauer, *On the Supposed Defeasibility of Legal Rules*, 51 Current Legal Problems 223 (1998).

14. Frederick Schauer, *Rules and the Rule of Law*, 14 Harvard Journal of Law & Public Policy 645 (1991).

15. G. E. M. Anscombe, *On Brute Facts*, 18 Analysis 69 (1958).

16. G. Kreuzbauer, *Topics in Contemporary Legal Argumentation: Some Remarks on the Topical Nature of Legal Argumentation in the Continental Law Tradition*, 28 Informal Logic 71 (2008).

17. G. Sartor, *Defeasibility in Legal Reasoning*, EUI-LAW Working Papers. 2(2009).

18. G. Sartor, *Syllogism and Defeasibility: A Comment on Neil MacCormick's Rhetoric and the Rule of Law*, EUI-LAW Working Papers, 23 (2006).

19. Giovanni Sartor, *Defeasibility in Legal Reasoning*, in Z. Bankowski, I. White, Hahn & Ulrike eds. , Informatics and the Foundations of Legal Reasoning, Springer, 1995.

20. Gordon Baker, *Defeasibility and Meaning*, in P. M. S. Hacker & Joseph Raz eds. , Law, Morality, and Society: Essays in Honour of H.

L. A. Hart, Clarendon Press, 1979.

21. H. L. A. Hart, *The Ascription of Responsibility and Rights*, 49 Proceedings of the Aristotelian Society 171 (1948).

22. H. Prakken & G. Sartor, *The Three Faces of Defeasibility in the Law*, 17 Ratio Juris 118, 130–136 (2004).

23. J. F. Beltrán & G. B. Ratti, *Validity and Defeasibility in the Legal Domain*, 29 Law and Philosophy 601 (2010).

24. J. Hage & A. Peczenik, *Law, Morals and Defeasibility*, 13 Ratio Juris 305 (2000).

25. J. Hage, *Law and Defeasibility*, 11 Artificial Intelligence and Law 221 (2003).

26. J. L. Pollock, *Criteria and Our Knowledge of the Material World*, 76 The Philosophical Review 28 (1967).

27. J. L. Pollock, *Defeasible Reasoning with Variable Degrees of Justification*, 133 Artificial Intelligence 233 (2001).

28. J. L. Pollock, *Defeasible Reasoning*, 11 Cognitive science 481 (1987).

29. J. McDowell, *Criteria, Defeasibility, and Knowledge*, 68 Studies in the Philosophy of Logic and Knowledge 455 (1982).

30. John McDowell, *Might There Be External Reasons?*, in Altham, James Edward John & Ross Harrison eds., World, Mind, and Ethics: Essays on the ethical philosophy of Bernard Williams. Cambridge University Press, 1995.

31. John Rogers Searle, *Social Ontology: Some Basic Principles*, 6 Anthropological Theory 12 (2006).

32. Joseph Raz, *Reason, Reasons and Normativity*, in Russ Shafer-Landau, ed., Oxford Studies in Metaethics (Vol. 5), 2008.

33. Joseph Raz, *Reasoning with Rules*, 54 Current Legal Problems 1 (2001).

34. Juan CarlosBayón, *Why is Legal Reasoning Defeasible?*, 2 Diritti &

Questioni Pubbliche 1（2002）.

35. Jules Coleman, *Incorporationism, Conventionality, and the Practical Difference Thesis*, 4 Legal Theory 381（1998）.

36. L. Royakkers & F. Dignum, *Defeasible Reasoning with Legal Rules*, in Donald Nute ed. , Defeasible deontic logic, Springer, 2012.

37. Leonard G. Boonin, *Concerning the Defeasibility of Legal Rules*, 26 Philosophy and Phenomenological Research 371（1966）.

38. LinFangzhen & Yoav Shoham, *Argument Systems: A Uniform Basis for Nonmonotonic Reasoning*, in Ronald J. Brachman, Hector J. Levesque & Raymond Reiter eds. , Proceedings of the First International Conference on Principles of Knowledge Representation and Reasoning, Morgan Kaufmann Publishers Inc. , 1989.

39. Michael S. Moore, *Authority, Law, and Razian Reasons*, 62 South California Law Review 827（1988）.

40. Niklas Luhmann, *Differentiation of Society*, 2 The Canadian Journal of Sociology 29（1977）.

41. P. Chiassoni, *Defeasibility and Legal Indeterminacy*, in Interpretation Without Truth: A Realistic Enquiry, Springer, 2019.

42. R. H. Tur, *Defeasibilism*, 21 Oxford Journal of Legal Studies 355（2001）.

43. Raymond Reiter, *A Logic for Default Reasoning*, 13 Artificial intelligence 81（1980）.

44. Rolf Sartorius, *The Justification of The Judicial Decision*, 78 Ethics 171（1968）.

45. Ronald Dworkin, *Hard Cases*, 88 Harvard Law Review 1057（1975）.

46. Ruth Chang, *All Things Considered*, 18 Philosophical Perspectives 1（2004）.

47. Ruth Chang, *Raz on Reasons, Reason, and Rationality: On Raz's from Normativity to Responsibility*, 8 Jerusalem Review of Legal Studies 1（2013）.

48. T. Girill, *On the Defeasibility of Duties*, 12 The Journal of Value Inquiry 197 (1978).

49. V. Strahovnik, *Legal Positivism and the Defeasibility of Legal Norms*, 59 Dignitas 219 (2018).

50. W. J. Waluchow, *Defeasibility and Legal Positivism*, in J. F. Beltrán & G. B. Ratti eds., The Logic of Legal Requirements: Essays on Defeasibility, Oxford University Press, 2012.

后 记

本书根据我的博士论文修改而成。2015 年兴起的"法教义学"和"社科法学"关于法律研究方法的争执以及试图统合二者的"议论的法社会学"研究，成为我从事学术研究的风陵渡口。在撰写博士论文的时候，"裁判说理"是一个在理论界研究甚少、实务界众说纷纭的话题，而作为其"前置命题"的"理由论证"，更是一个几乎未见法学研究者踏足的表达。在当时，除了伦理学的"实践理由"研究以及约瑟夫·拉兹关于"行为理由"的系列研究之外，我基本上找不到更多的理论脚手架；"基于程序展开话语辩驳"的理论结构，在当时是一个亟待学界形成理论合力、共同参与完善的观点。选择"理由论证"作为我的博士论文选题，正是希望能够从本体论和方法论相融贯的角度来描述中国审判的说理和论证现实，增强"实现法律效果与社会效果的有机统一"表达的科学性并使之褪去"法官独断论"的指责。

在 2020 年毕业并参加工作后，在学院领导的关怀和同事们的鼓励下，我一直期盼能够根据博士论文的研究成果，尽早展开审判的理由论证实证调研活动，分析法官、当事人以及社会公众在具体案件中的不同价值取向、行为动机和具体行动，并结合当代中国社会治理和法律职业发展等内容进行拓展研究。然而由于疫情与工作的种种不确定性，这项计划中的工作迟迟未能开展，不得不采取"批发转零售"和"零敲牛皮糖"的做法,先行修订和出版博士论文,也为之后的田野调查加油鼓气。所幸的是,理论与实务发展的新动态表明本书选题并未过时。而且从实践哲学和伦理学的角度来切入"理由论证"并展开一个横跨法哲学、法律社会学和法学方法论的研究,目前来看也是"少有人走的路",这也给了我出版本书的底气,尽管目前的成稿离我心中的理想研究成果仍然有着不少距离。

在撰写博士论文以及修订和出版本书的过程中,我需要感谢导师季卫东教授。季老师谦谦君子、温文尔雅,秉持群而不党之风,学问早已蜚声中外,却极其尊重和包容后生那稚嫩乃至漏洞百出的研究,不仅不厌其烦地指点迷津,而且提供了极为优越的硬件设施和学术环境,使我一方面得以心无旁骛地开展研究,另一方面也获得了在多元视角中观察法律和社会互动的诸多宝贵机会。季老师充分尊重我在写作过程中的自主性并提出了许多宝贵的修订意见,甚至一一指出论文在题目拟定、谋篇布局、文献综述以及个别表述上的缺陷,每每使我感到惶恐。更为重要的是季老师张弛有度的指导,使我真切意识到问题仍然不在于认识世界,而在于改造世界;问题的关键不在于答案,而在于问题本身。在这个意义上,本书不过是对季老师多年研究的一个小小注释而已。

感谢我在华东师范大学社会学博士后流动站的合作导师、华东师范大学法学院院长张志铭教授。张老师在法律职业、权利理论、法治理论、社会治理理论方面的深厚造诣,让我更深刻地理解法律职业群体的生态,为尽早推进审判的理由论证的实证调研提供了更为充足的理论支持,也给予了我宝贵的自信心。印象最为深刻的是张老师"把话讲清楚"的要求。把一篇复杂的论文用标准、直白的话表达出来,使读者一目了然,是张老师多年从事编辑和教学科研工作的基本要求,更是我一直努力实现的目标。在承担教学工作后,我才真切认识到把复杂的理论用生动的故事、浅显的语言进行表达的难度,也更清晰地意识到自己在写作和阅读上存在的种种不足。张老师倡导用"清楚表达"来抵御学术脱离实践、脱离生活的文风的做法,恰恰就是坚守学术信念、戳破"学术泡沫"的不二法门。我今后将努力按照季老师和张老师的指导教书育人,把他们的育人理念和科研技艺传授给我的学生。

感谢诸多师友在我的求知路上所提供的大量的无私的帮助。最需要感谢的是西南政法大学的周力老师。我们都亲切地喊他"老周"。在朗润园、毓秀湖、烈士墓、缙云山的那些正式或非正式的读书会上，老周严肃而有趣地为我打开了追寻法理的理论之门，并且使我懂得了何谓善的生活。我固执地认为，能够让我在十里洋场的种种诱惑中坚持下来的关键，不只是因为法理学很有趣，而更是因为我有趣地理解法理学。我也固执地认为，这种把学术研究视为游戏的信念来自老周，并把它视为支撑我继续从事学术研究的动力源。还有很多在学业生涯中对我有诸多指导的师友，恕不一一道谢，惟愿未来能共同为中国的法律事业做一些微小的贡献。

本书的核心部分曾分别在吉林大学法学院主办的第十届"新法学·青年论坛"以及华东师范大学哲学系主办的"实践理性与政治道德"学术研讨会上宣读。来自法学理论、政治哲学、伦理学研究领域的诸多师友对本书的内容提出了中肯的批评，这些意见帮助我进一步完善本书的论证架构，也使本书的立论获得了理论的检验。在此谨向各位师友表示诚挚谢意！

特别感谢当代中国出版社副总编辑高山老师和本书责任编辑邓颖君老师。能够在注重传播当代中国故事和中国声音的当代中国出版社出版这本关注当代中国审判的书籍，不得不说是天作之合。"理由论证：中国审判的'前置命题'研究"的标题就在高山老师与我的沟通中出世。邓颖君老师专业、细致、高效的编辑工作则使得本书能够以最为完善的姿态出现在世人面前。

最后需要感谢我的家人。我必须要感谢我的妻子。是你让我真正知道什么是责任、自律和爱。在这些年里，你承担起了许多本不属于你的负担。在难捱的日子里，你是支撑我安然渡过考验的精神动力，希望今后我们能够在相互支持与陪伴中成就属于我们的共同的完美。

致敬我的父亲母亲。你们默默地承担起生活的重负，并无条件地信任和支持着我，全为了让我安心地去做自己喜欢的事情。随着年岁的增长，我逐渐明白到生活的无奈与沧桑。请原谅那个一直以来在你们面前反叛的少年。

我要把本书献给我从未亲见的爷爷和在博士论文完成之际辞世的外公。这本书的情感出发点全然来自你们随时代而波动的政法生涯,它试图回答的问题也全然植根我们共同生活且未曾根本改变的土壤的德性。也许这并非合格的知识分子的思维起点,却无疑是一切现实问题的起源。有时我们过于执着问题的描述和解决方法,以至于常常忘了来时的路。但现在,我可以很自豪地跟未来说到:我们不会忘记,也未曾忘记。

2020 年 4 月 4 日凌晨　原稿于南方港城
2023 年 1 月 25 日午后　改定于瓯江以南